43857

ŒUVRES COMPLÈTES

DE P. ROSSI

PUBLIÉES

PAR ORDRE DU GOUVERNEMENT ITALIEN.

SAINT-DENIS. — TYPOGRAPHIE DE A. MOULIN.

ŒUVRES COMPLÈTES

DE

P. ROSSI

PUBLIÉES

PAR ORDRE DU GOUVERNEMENT ITALIEN

TRAITÉ DE DROIT PÉNAL

3ᵉ Édition

REVUE ET PRÉCÉDÉE D'UNE INTRODUCTION

PAR

M. FAUSTIN HÉLIE

Conseiller à la Cour de Cassation, Membre de l'Institut.

TOME PREMIER

PARIS

LIBRAIRIE DE GUILLAUMIN ET Cᴵᴱ

Éditeurs du Journal des Économistes, de la Collection des principaux Économistes
du Dictionnaire de l'Économie politique, du Dictionnaire universel du Commerce et de la Navigation, etc.

RUE RICHELIEU, 14

1863

DOCUMENTS

RELATIFS A L'INAUGURATION DU MONUMENT ÉLEVÉ A

PELLEGRINO ROSSI

DANS L'UNIVERSITÉ DE BOLOGNE.

———

I

RAPPORT DE LA COMMISSION CHARGÉE DE LA PUBLICATION DES ŒUVRES DE M. ROSSI.

Le 9 mars 1860, M. Farini, alors gouverneur de l'Émilie, publiait un décret portant que, dans l'Université de Bologne, il serait érigé un buste à la mémoire de M. Rossi, et qu'il serait fait une édition de toutes ses œuvres, tant éditées qu'inédites. Il nomma pour l'exécution de ce décret une commission composée de MM. Boncompagni, Carbonieri, Minghetti, Monzoni, Regnoli (1), Zanolini et Zini.

Le royaume italien hérita du gouvernement de l'Émilie l'obligation d'exécuter ce décret, qui n'était que l'accomplissement d'un devoir national envers l'un de nos plus grands citoyens, de nos plus illustres publicistes. Le monument a été solennellement inauguré le 27 avril 1862. Le buste en marbre a été exécuté par le sculp-

teur Galletti, d'après l'œuvre remarquable de M. Tene-
rani ; la partie ornementale du monument est du sculp-
teur Ferri ; l'une et l'autre œuvre ont obtenu les éloges
des connaisseurs. On trouvera plus loin l'inscription
composée par M. Zanolini, député, membre de la Commission pour le monument ; suivent deux discours
prononcés à l'inauguration par MM. Montanari et Boncompagni.

Il importe que le public connaisse ce qui a été fait
pour préparer la publication des Œuvres de Rossi.

La Commission s'est mise en rapport avec la famille
de Pellegrino Rossi pour obtenir d'elle ce que réclamait
l'exécution du mandat dont elle était chargée. Le comte
Édouard Rossi répondit au nom de tous les héritiers,
donna communication des manuscrits qui se trouvaient
chez eux, et fournit toutes les notions qui pourront
guider la députation dans l'accomplissement de son
mandat.

Il résulte de ces renseignements que le Cours de droit
constitutionnel de Rossi est l'œuvre la plus importante
qu'il ait laissée, la mieux faite pour ajouter à sa re-
nommée d'écrivain. On savait déjà par la notice de
M. Mignet que Rossi avait corrigé 60 pages d'épreuves
de ce travail quand l'ambassade de Rome le lui fit interrompre. La leçon d'ouverture, qui contient toute la division des matières, avait été publiée depuis plusieurs
années dans la *Revue de Législation* de M. Wolowski,
et quelques fragments importants du même ouvrage,
rédigés par Rossi d'une façon définitive, se trouvaient
dans les deux volumes de *Mélanges d'Économie politique,
de Philosophie et d'Histoire* publiés, il y a quelques
années, par ses fils chez l'éditeur Guillaumin.

Le comte Édouard Rossi nous fit connaître que le

reste de ce cours n'existait qu'à l'état de notes sténo-
graphiques recueillies par M. Porée, chef de division
au ministère des travaux publics à Paris. Le nom de
M. Porée doit être signalé aux Italiens et à tous ceux
qui s'occupent de droit constitutionnel pour les soins et
l'activité qu'il a consacrés, en vue de la gloire de celui
qui avait été son maître, à la rédaction du contenu de
ces notes. Grâce à lui, le *Cours de Droit constitutionnel*
pourra être publié en entier ; il formera quatre ou cinq
volumes *in-octavo* (2). L'on espère qu'une partie de
l'ouvrage pourra paraître dans l'année courante.

Parmi les papiers communiqués à la Commission par
la famille Rossi, plusieurs contiennent des notes de
leçons sur des matières très-variées : droit romain,
droit pénal, instruction criminelle, économie politique,
législation criminelle des peuples anciens, histoire du
xviii⁰ siècle, histoire de la Suisse. Il ne s'y trouve
point de traces de ses leçons sur l'histoire romaine et
sur le jury, mentionnées dans la notice de M. Hubert,
M. Rossi en Suisse (p. 13-32).

L'érudition et l'éloquence que le maître déployait
dans ces leçons particulières ont laissé une impression
qui ne s'est point effacée chez ses auditeurs.

Malheureusement, ces notes, tracées pour guider la
mémoire du professeur, ne contiennent rien qui puisse
figurer dans la collection de ses œuvres inédites. Voici
ce qui, dans ces papiers, se trouve de nature à être
publié :

1° La traduction en vers italiens du premier chant
du *Corsaire* et de la *Parisina*, de Byron ;

2° *Un Cours d'Économie politique*, composé de leçons
faites en 1834, et différent de celui dont Rossi lui-
même commença la publication en 1840 ;

3° *Les Lettres d'un dilettante politique sur l'Allemagne, la France et l'Italie*, en italien (Florence, Lemon-
nier, 1848), épreuves d'imprimerie toutes prêtes pour
une publication qui fut arrêtée par la nomination de
Rossi au ministère à Rome. On a encore trouvé parmi
ces papiers un registre entier et quelques copies de dépêches écrites par lui pendant son ambassade à Rome.
Les dépêches de Rossi devraient former, avec le Cours
de Droit Constitutionnel, la partie la plus importante de
ses œuvres inédites, mais la plupart des pièces dont on
vient de parler ne concernent que des objets de peu
d'intérêt, et les dépêches d'une grande portée s'y
trouvent en trop petit nombre pour donner une idée
complète des négociations qu'il a suivies à Rome et de
ses appréciations sur les événements qui se passaient
sous ses yeux. — La commission s'est informée, par
l'intermédiaire de la légation italienne à Paris, si les
documents conservés au ministère des affaires étrangères de France pouvaient remplir ces lacunes. M.
Thouvenel a bien voulu se déclarer disposé à communiquer ce qui est resté dans son département, de la
correspondance diplomatique de Rossi ; mais, par malheur, la partie la plus importante paraît y manquer.
La Commission ne négligera rien pour retrouver et pour
faire connaître à l'Italie ces documents d'un si grand
prix.

On nous a aussi remis quelques cahiers intitulés :
Cours de législation criminelle, contenant le résumé des
leçons données par Rossi dans l'année scolaire 1829-
1830. La rédaction n'en est pas de lui et demande
quelques corrections ; elle présente néanmoins avec une
vérité facile à reconnaître la suite de ses idées et de sa
façon de les exposer. Le livre qu'il publia sur le droit

pénal n'était que le commencement d'un ouvrage beaucoup plus vaste dont la seconde partie devait traiter
des divers délits, et la troisième, de la procédure. Le
manuscrit dont il est question suppléera à la seconde
partie et pourra être utile à l'étude du droit criminel,
bien qu'on n'y trouve pas cette manière large et brillante qu'on admire dans le Traité de droit pénal.

Les autres documents sur lesquels la Commission
devra porter son attention sont : 1° les divers écrits de
Rossi insérés dans des publications françaises ; 2° les
leçons qu'il a données ; 3° ses rapports et ses discours
au Conseil Représentatif de Genève et à la Chambre des
pairs de France. Rossi a donné des articles à la *Biblio-
thèque universelle* de Genève, aux *Annales de législation
et d'économie politique*, fondées par lui dans cette même
ville ; au *Fédéral*, journal genevois, qu'il dirigea en
1832 et 1833 ; à la *Revue française*, qui paraissait à
Paris dans le temps qui précéda la révolution de 1830 ;
à la *Revue mensuelle d'économie politique* ; à la *Revue des
Deux-Mondes* ; à la *Revue de législation*, de M. Wolowski.
Quelques-uns de ces articles ont été recueillis dans les
deux volumes de M. Guillaumin ; il en reste toutefois
d'autres d'une certaine importance qui se trouvent
épars dans les diverses publications qu'on vient de citer
et que la commission prendra soin de réunir.

Pour connaître les autres écrits relatifs à l'enseignement ou à la politique qui peuvent se trouver à Genève,
la Commission s'est adressée au professeur Auguste de
la Rive ; elle doit la plus grande reconnaissance à ce
savant distingué, ami intime de Rossi, et qui s'est montré fort disposé à seconder ses recherches. Les travaux
parlementaires de Rossi à Genève se trouvent : 1° dans
l'*Exposé succinct des séances du Conseil Représentatif*, de

1821 à 1827 ; 2° dans le volume intitulé *Archives gene-
voises*, où sont reproduits ses discours de 1827 et de
1828 ; 3° dans le *Mémorial du Conseil représentatif* de
1828 à 1833. L'on examinera ce qui appartient à
Rossi dans ces volumes, et l'on séparera ce qui n'a
qu'un intérêt local de ce qui tient aux principes généraux du droit et de la politique. Une pièce qui aurait
encore aujourd'hui un intérêt d'actualité pour l'Italie
serait son Rapport au Conseil Représentatif, en 1824,
sur la législation qui doit régir les mariages des catholiques. On n'en rencontre aucune trace ni dans les re-
cueils qu'on vient de citer, ni, à ce qui nous a été écrit,
dans les archives de Genève, Rossi n'ayant pas déposé
de copie de son travail ; on ne négligera aucune recherche pour le retrouver.

Rossi fut professeur à l'Académie de Genève de 1819
à 1833, il y enseigna le droit romain, le droit pénal, la
procédure criminelle. Quelques-uns de ses auditeurs
ont recueilli ses leçons. M. de la Rive a obtenu pour
nous de M. Guillaume Prévost, de Genève, la communication de quatre manuscrits où ce jurisconsulte distingué a recueilli les leçons de droit romain données
par Rossi de 1819 à 1822. Le premier volume, de peu
d'étendue, répond à la question : *comment s'établit et se
maintient une jurisprudence nationale.* S'attachant à prendre les faits pour guides, Rossi y trace un tableau historique des développements de la jurisprudence romaine depuis les premiers temps de Rome jusqu'au
règne d'Adrien. Les trois autres volumes contiennent
l'exposition détaillée du droit privé des Romains, précédée d'une esquisse des notions du droit public, sans
lesquelles il serait difficile d'en avoir l'intelligence
complète. On voit par ces écrits que Rossi fut le premier

Italien, le premier peut-être des jurisconsultes de l'Europe occidentale qui mit la science du droit au courant des progrès faits en Allemagne au commencement du siècle. Nous ne savons si quelque autre jusqu'ici a exposé ces doctrines avec autant de bonheur, avec une clarté aussi propre à dégager la pensée parfois obscure des savants allemands.

L'avocat Salvagnoli, de Florence, s'était proposé d'écrire un éloge ou une vie de Rossi, et avait recueilli dans ce dessein des documents que son héritier a eu la courtoisie de nous communiquer. Il s'y trouve une brochure de cinquante pages, sans titre, datée de Genthod, 14 juillet 1815. Rossi y explique la conduite qu'il tint dans les événements qui le menèrent à l'exil.

L'honorable avocat Cocchi, de Bologne, qui a été l'ami et le disciple de Rossi, nous a fourni quelques renseignements biographiques, et un volume intitulé : *Tableaux de la science criminelle*, publié à Macerata en 1816, où se trouve tracé, en douze tableaux, le plan de l'enseignement du droit pénal qu'il donnait à l'Université de Bologne.

M. Buloz, directeur de la *Revue des Deux-Mondes*, a eu l'obligeance de promettre à M. Nigra, ministre du roi à Paris, quelques lettres de Rossi.

La plus grande partie des indications qui précèdent a été portée à la connaissance du public dans la *Gazette officielle du royaume d'Italie*, le 25 avril dernier. Nous avons espéré engager ainsi les personnes qui auraient des écrits inédits de Rossi, des documents ou des renseignements sur sa vie, à nous les communiquer.

Notre espoir n'a pas été déçu. M. Terzetti, bibliothécaire de la Chambre des députés d'Athènes, nous a écrit ce qui suit : « Il existe en Grèce trois ou quatre volumes

manuscrits de leçons d'histoire moderne, données à
Genève par Rossi de 1829 à 1834, et recueillies par un
Grec qui fut l'un de ses disciples les plus distingués.
La même personne a encore recueilli un cours de leçons particulières de droit constitutionnel, faites à
Genève à un petit nombre d'auditeurs. Ce cours se
trouve également ici. Les vues y sont plus générales,
moins françaises, et se rapportent plutôt aux principes
de la science qu'au droit écrit de la France, que Rossi
a dû naturellement commenter dans son cours de
Paris. » M. Terzetti, maintenant absent de son pays,
nous fait espérer qu'après son retour à Athènes il
pourra nous communiquer ces manuscrits précieux.

Une autre personne a mis à notre disposition onze
lettres de Pellegrino Rossi à Vicenzo Monti : la première est de 1811, et la dernière de 1821; elles se rapportent aux débuts de sa carrière littéraire et scientifique.

Dans notre recherche des écrits de Rossi, nous nous
sommes adressés surtout à Paris et à Genève, où il a
passé la plus grande partie de sa vie.

Nous faisons appel aujourd'hui avec instance à toutes
les personnes qui possèdent quelque écrit, quelque
lettre, quelques renseignements concernant la vie ou
les œuvres de l'illustre italien. Nous adressons surtout
notre prière à ceux qui ont eu l'honneur d'être de ses
amis ; ils seront heureux, nous en sommes certains, de
s'associer à l'hommage que nous lui rendons au nom
de sa patrie.

Nous l'adressons à tous ceux qui, sans avoir été de
ses amis, tiendront à honorer la mémoire d'un homme
éminent, grandi encore par le malheur. Nous l'adressons aux Italiens jaloux de l'honneur national. L'une

des grandeurs de l'Italie moderne est d'avoir donné le jour à plusieurs d'entre les hommes qui ont contribué le plus au progrès universel : et peu d'hommes ont plus aidé que Rossi à répandre par leurs écrits l'esprit libéral qui résume le progrès de notre époque. C'est pourquoi nous devons désirer connaître tout ce qui peut mieux dévoiler cette intelligence supérieure, que ses œuvres publiées ne révèlent pas tout entière. Nous le devons encore parce qu'au moment où le nom de Rossi devint européen, les malheurs de sa patrie l'avaient forcé de ne se montrer que sous des traits étrangers ; mais son âme demeura italienne. Il nous sera donc précieux de connaître les documents où il aura peut-être manifesté tout son amour pour l'Italie, toutes les pensées que lui suggéraient les destinées de cette patrie dont il fut toujours l'un des citoyens les plus dévoués.

Devenue libre, l'Italie doit recueillir les écrits où est déposée la pensée de Pellegrino Rossi, et les offrir aux Italiens comme une source d'utiles renseignements ; elle doit achever d'effacer l'ombre qu'a jetée sur elle un crime affreux, dont on a voulu la rendre solidaire ; elle doit revendiquer comme sienne la gloire de cet homme éminent à qui elle donna le jour, et qui lui consacra la meilleure part de ses pensées et de ses affections.

NOTES.

(1) En décembre 1861, M. Regnoli, empêché de continuer à faire partie de la Commission, envoya sa renonciation au ministère.

(2) Deux fragments de lettres que nous écrit M. Porée, donnent une idée de l'importance de cette publication : « Le cours de
» M. Rossi formera trois grandes parties. Dans la première il traite
» de ce qui constitue l'État, et fait l'examen des deux grands prin-
» cipes de l'unité nationale et de l'égalité civile. Dans la seconde il
» s'occupe des droits publics, et dans la troisième de l'organisation
» politique. » — (Lettre du 8 octobre 1861.)
. » Tout ce qui concerne l'unité nationale et l'égalité civile est
» complet. Pour les droits publics qui forment la grosse partie du
» cours, j'ai tout également, sauf deux leçons sur la liberté de
» conscience et une sur la liberté individuelle (droit d'arrestation
» et de détention), mais je ne suis plus très-inquiet sur ces la-
» cunes...... Un ancien disciple de notre illustre professeur est venu
» m'offrir de mettre à ma disposition les notes qu'il avait prises......
» Je suis certain qu'elles sont consciencieusement prises, et que j'y
» trouverai ce qui me manque. Je commence également à me ras-
» surer sur la partie qui termine le cours : les droits politiques. J'ai
» reconnu que les leçons comprenant cette dernière partie, qui se
» trouve entre mes mains, sont au nombre de trente, et les huit
» premières que j'ai déjà traduites en écriture vulgaire se suivent
» parfaitement. Il est donc probable qu'il ne m'en manquera guère,
» si je n'ai pas le tout, et d'ailleurs s'il y avait là quelques lacunes,
» je trouverai sans doute, dans les notes dont je parlais tout à
» l'heure, le moyen de les combler.
» En somme, j'ai en ce moment devant moi plus de 80 leçons
» traduites, et il m'en reste une vingtaine à traduire. Tout bien
» compté nous aurons, je crois, la matière de cinq volumes, ou au
» moins de quatre bien compacts. » — (Lettre du 12 février 1862.)

DÉCRET DE M. FARINI, GOUVERNEUR DES PROVINCES DE L'ÉMILIE.

SOUS LE RÈGNE DE S. M. VICTOR-EMMANUEL II

Le Gouverneur des provinces de l'Émilie,

Considérant que rendre un hommage éclatant aux hommes qui ont illustré la patrie, c'est acquitter une dette de reconnaissance envers ceux qui ne sont plus et donner un noble exemple aux hommes à venir ;

Considérant que Pellegrino Rossi a été parmi les Italiens de ce siècle l'un des plus insignes par ses travaux intellectuels et par les services qu'il a rendus à la cause libérale comme écrivain et comme homme d'État ;

Considérant qu'il appartient principalement aux provinces de l'Émilie d'honorer sa mémoire puisqu'il y est né, qu'il y a achevé ses premières études et qu'il y a pris part à des événements mémorables pour l'indépendance nationale ;

DÉCRÈTE :

ART. 1. — Il sera publié, aux frais de l'État, une édition des œuvres, soit publiées, soit inédites, de Pellegrino Rossi.

ART. 2. — Son buste sera érigé dans l'Université de Bologne avec une inscription qui perpétuera sa mémoire.

ART. 3. — Une Commission est instituée pour recueillir ses écrits inédits, pour prendre soin de l'impression de ces mêmes écrits, ainsi que de ses œuvres déjà éditées et pour veiller à l'exécution du monument décrété.

Donné à Modène le 9 mars 1860.

(Signé) : FARINI.

Et plus bas : A. MONTANÁRI.

III

PELLEGRINO ROSSI

C'EST ICI QU'IL APPRIT, QU'IL ENSEIGNA LA SCIENCE DU DROIT,
DE HAUTES DIGNITÉS LUI FURENT CONFÉRÉES CHEZ DES NATIONS ÉTRANGÈRES;
UNE GLOIRE IMPÉRISSABLE LUI EST ACQUISE PAR SES ÉCRITS
ET PAR SES ACTIONS.
ASSERVIE ET DIVISÉE, L'ITALIE PLEURA SA MORT FUNESTE;
LIBRE ET UNIE
ELLE REND HOMMAGE A SA MÉMOIRE.

Nous joignons le texte italien que la traduction française n'a pu rendre complétement.

PELLEGRINO ROSSI

QUI APPRESE QUI INSEGNÒ LA SCIENZA DEL DIRITTO
SALÌ IN TERRE STRANIERE AD ALTI ONORI
E A GLORIA IMPERITURA COGLI SCRITTI E COLLE OPERE
LUI ATROCEMENTE SPENTO PIANSE LA PATRIA SCHIAVA E DIVISA
A LUI RENDE OMAGGIO LIBERA E UNA.

DISCOURS PRONONCÉ A L'UNIVERSITÉ DE BOLOGNE LE 27 AVRIL 1862 POUR L'INAUGURATION DU MONUMENT ÉLEVÉ A PELLEGRINO ROSSI

PAR M. MONTANARI, RECTEUR DE L'UNIVERSITÉ, SÉNATEUR DU ROYAUME D'ITALIE.

En voyant réunis ici les représentants du gouvernement, ceux de notre armée glorieuse, de notre magistrature honorée, et les hommes qui sont l'honneur de
la science et des beaux-arts, et l'élite de Bologne enfin,
l'Université ne peut qu'éprouver une joie vive et un légitime orgueil. Cette assemblée brillante et nombreuse
est un hommage rendu à la sagesse, à l'esprit libéral,
aux vertus civiles et politiques de l'homme en qui l'U-
niversité de Bologne, mère pendant des siècles de tant
de maîtres fameux en Italie et en Europe, compte une
illustration de plus. C'est avec raison que le gouverneur de l'Émilie, en concevant le projet d'un monument à la mémoire de Rossi, a décidé qu'il serait élevé
à Bologne et dans cet Athénée même, car c'est ici que
Rossi grandit pour la science, c'est ici que dans sa
jeunesse il commença à faire un cours de droit criminel, avant d'aller l'enseigner, dans l'Académie de
Genève, à la Suisse, et dans ses livres immortels à la
France, à l'Italie, à l'Europe entière. C'est ici, à Bo-

logne, qu'il descendit de la chaire dans l'arène politique, entraîné par un ardent amour de la liberté et de
la patrie, au temps où, après les guerres et les désas-
tres de l'empire, un prince entreprenant parcourait
l'Italie l'appelant à l'unité et à l'indépendance. Il prit
part à ce mouvement, fut nommé commissaire suprême
pour l'administration de cette province; et, après de
longues années d'une servitude nouvelle, lorsque Bologne, en 1848, vit l'Italie caresser encore un espoir
d'indépendance et de liberté, elle le nomma son représentant au Conseil des députés à Rome : Bologne
enfin, plus que nulle autre cité, pleura sa mort funeste
et inattendue, comme un désastre irréparable pour
l'Italie.

Je ne puis me défendre d'une profonde émotion en
me voyant appelé à présider l'Université en un jour si
solennel par la gloire et l'infortune qu'il rappelle. Je
n'ai pas seulement appris à admirer Rossi comme
écrivain, en méditant sur ses œuvres politiques et
économiques, mais j'ai eu encore la bonne fortune de
le connaître dans l'intimité, et comme grand citoyen
et comme homme d'État [1]. Je l'ai vu verser des larmes
à la funeste nouvelle de la défaite de Custoza; j'ai vu
avec quelle énergie et quelle intrépidité il se chargea
du gouvernement à Rome, alors que les destinées de
la patrie déclinaient; j'ai connu ses pensées lorsqu'il
essayait, avec Rosmini, Capponi, Gioberti, Troja — les
premiers hommes de l'Italie de ce temps — de sauver,
au milieu de la catastrophe, sinon l'indépendance, du

---

[1] M. Montanari a fait partie de l'administration présidée par Rossi. Après
le 15 novembre il accompagna Pie IX à Gaëte, et il y resta tant qu'on put
conserver l'espoir que le Statut serait maintenu.

moins la liberté de la patrie, par une confédération des gouvernements italiens.

Mais il ne m'appartient pas d'apprécier ici le juris-consulte, le philosophe, le publiciste et l'homme poli-tique dont nous honorons la mémoire ; cette noble tâche est dévolue à l'un des citoyens les plus savants et les plus renommés dont le pays s'honore. Quand le gouvernement de l'Émilie choisit les membres de la Commission chargée de l'érection de ce monument et de la publication des œuvres de Pellegrino Rossi, il jeta les yeux sur des hommes dont la science, le re-nom, les relations amicales avec Rossi assuraient qu'ils répondraient à ce que l'on attendait d'eux. La Com-mission, à son tour, en chargeant le commandeur Bon-compagni de prononcer, dans cette cérémonie, le dis-cours d'inauguration, a dignement interprété les vues du gouvernement italien, qui a voulu donner à cet acte le caractère d'un hommage national. En effet, si le pays lui-même avait dû choisir pour Rossi un digne panégyriste, je ne sais qui eût pu être préféré à M. Boncompagni. Mieux qu'aucun autre, son esprit lu-cide, son jugement sûr était fait pour bien connaître le sens de la vie et des œuvres du grand Italien ; magis-trat de premier ordre, il a laissé dans le corps auquel il a appartenu des regrets et une réputation qui a peu d'égales ; professeur de droit constitutionnel, il compte parmi les premiers de l'Italie ; ministre d'État et fer-vent ami de la liberté et de l'indépendance de la na-tion, chacun connaît son intégrité et sa constance ; le patriotisme qu'il a montré dans les Romagnes, alors que les esprits étaient dans l'anxiété à la suite de la paix de Villafranca, a laissé parmi nous d'heureux sou-venirs ; car si nos fermes volontés étaient pour l'annexion au royaume italien, la diplomatie nous était contraire, et M. Boncompagni, comme président de la ligue des gouvernements de l'Italie centrale, a aidé à l'accomplissement de nos vœux de toute la force de son caractère et de son expérience.

Me faisant donc l'interprète de mes collègues, de l'Université tout entière, je remercie les personnages éminents qui assistent à cette cérémonie; je rends grâce à la Commission, dont l'activité a mené si promptement à bonne fin le monument que nous inaugurons; je vous remercie particulièrement, commandeur Boncompagni, d'être venu prononcer le discours d'inauguration et rendre ainsi cette journée plus mémorable et plus belle. L'Université s'en souviendra et conservera précieusement le monument qu'elle place aujourd'hui à côté de ceux des autres grands Italiens qui ont été l'honneur de cet Athénée. Mais si les monuments sont des hommages éclatants adressés à ceux qui ne sont plus, et des encouragements qui vivent et qui vivront dans l'avenir, c'est un tribut d'honneur bien plus beau à rendre à un grand homme de recueillir les expressions diverses de sa pensée, comme on le fait pour Pellegrino Rossi. Car les écrits de Rossi, qui témoignèrent à l'étranger de la virilité du génie italien alors que la patrie était humiliée et malheureuse, seront une source durable d'enseignements pour les fils de cette patrie, maintenant qu'elle reconquiert sa liberté, son unité et son indépendance.

V

DISCOURS PRONONCÉ A L'UNIVERSITÉ DE BOLOGNE LE 27
AVRIL 1862 POUR L'INAUGURATION DU MONUMENT ÉLEVÉ
A PELLEGRINO ROSSI,

PAR M. BONCOMPAGNI, MEMBRE DE LA COMMISSION.

MESSIEURS,

La vie de Pellegrino Rossi, à qui la patrie élève aujourd'hui ce monument, représente le génie, les douleurs et les espérances de l'Italie contemporaine. Il
entrait dans sa vingt-cinquième année, lorsque, en
1812, cette université, qui l'avait élevé dans les fortes
études, l'appela à l'enseignement du droit. Rossi y fit
briller dès lors cette puissante intelligence qui devait
un jour jeter tant d'éclat. Trois ans après, à l'appel de
Murat, qui proclamait pour la première fois l'indépendance et l'unité de l'Italie, il renonçait aux douceurs
d'une vie studieuse pour les douloureuses agitations de
la politique. Il s'était flatté de l'espoir de voir sa patrie
se relever grande et puissante, et d'associer son nom à
la régénération de l'Italie. Aux illusions dont il s'était
un instant bercé devaient bientôt succéder les souffrances de l'exil, qui devint la destinée de tant d'autres
Italiens illustres, coupables comme lui de vouloir pour

leur patrie une liberté que repoussaient des gouvernements oppresseurs. Rossi trouva à Genève une seconde
patrie ; comme à Bologne il y fut appelé à enseigner
la science du droit. Une grande autorité, M. de Savigny,
ne tarda pas à le proclamer le premier des jurisconsultes vivants de l'Italie, et à déclarer que depuis
Jacques Godefroy jamais personne à Genève n'avait su
donner autant d'éclat à l'enseignement du droit romain.
Ces éloges auraient pu paraître exagérés si la publication de son Traité de droit pénal n'était venue le ranger parmi les publicistes les plus éminents de notre
siècle. En 1833, le gouvernement français fit choix de
Rossi pour remplacer J.-B. Say dans la chaire d'économie politique. Rossi fut accueilli à Paris avec des préventions peu bienveillantes, qui devaient bientôt s'effacer devant les témoignages de l'admiration générale.
Peu de temps après, il eut l'honneur d'ouvrir en France
le premier cours de droit constitutionnel, de faire le
premier l'exposition scientifique de ces institutions qui
avaient été le glorieux privilége de l'Angleterre au temps
de Montesquieu et de Delolme, et qui devenaient alors
l'objet des aspirations et des espérances de toute l'Europe civilisée.

Là finit pour Rossi la carrière de professeur. A Paris
comme à Genève, le gouvernement reconnut qu'aux
lumières du publiciste il joignait l'habileté de l'homme
d'État. Seul parmi les émigrés politiques accueillis par
la France, Rossi avait été nommé membre de la Chambre des pairs. En 1845, l'ambassade de Rome lui fut
confiée : cette destination nouvelle lui fit interrompre
la publication de son cours de droit constitutionnel,
dont il avait à peine corrigé les premières épreuves.
Une main respectueuse recueille aujourd'hui ces pages

qui seront peut-être son plus beau titre de gloire comme
publiciste : ainsi que ses autres écrits, elles seront
bientôt publiées sous les auspices du gouvernement
italien. La collection des œuvres de Rossi sera pour
sa mémoire un monument bien plus éclatant et plus
durable que celui que nous inaugurons aujourd'hui.

C'est après toutes ces vicissitudes que Rossi rentra
dans sa patrie. Il disait à l'un de ses amis : « Lorsque
je passai pour la première fois le Mont-Cenis, après tant
d'années d'absence, je pleurai comme un enfant. »
Quel triste sort les traités de 1815 avaient fait à l'Italie ! Le plus grand de nos publicistes ne pouvait rentrer dans son pays que comme citoyen et ministre d'un
État étranger ! L'illustre exilé, dont les conseils avaient
été accueillis avec respect par deux des nations les plus
civilisées de l'Europe, aurait été repoussé de son pays
natal, s'il était venu y revendiquer le droit de se dire
citoyen italien !

Son retour fut bientôt suivi de ces événements inat-
tendus qui marquèrent la fin du servage de l'Italie, et
de sa résignation à subir le joug étranger. Trois ans
s'étaient écoulés depuis que Rossi avait revu son pays,
lorsque l'influence du nouvel ordre de choses le fit mettre à la tête de l'administration des États-Romains. Il
eût peut-être sauvé le pouvoir temporel du pape, si
l'habileté d'un homme d'État éminent eût pu suffire à
empêcher la ruine d'une institution qui est condamnée
à périr, parce qu'elle est incompatible avec les conditions
actuelles de la civilisation. Détournons notre pensée du
crime atroce qui trancha la noble vie de Rossi, et qui
marque le 15 novembre 1848 comme le jour le plus né-
faste de notre histoire contemporaine. Quelle était alors
la situation de notre patrie ? La marche progressive de

la civilisation chrétienne paraissait arrêtée; sur le con-
tinent européen, les nations les plus éclairées reniaient
les institutions libérales. L'Italie était déchirée entre
deux partis dont l'un provoquait la licence populaire et
l'autre la réaction absolutiste. La victoire était pour ce
parti qui opprime encore aujourd'hui Rome et la Véné-
tie, et qui excitera toujours la juste réprobation de tous
les cœurs généreux, parce que, pour combattre les libertés auxquelles il a voué sa haine, il n'hésite pas à
infliger à sa patrie le fléau de la domination étrangère.
Seule, la monarchie constitutionnelle piémontaise main-
tenait religieusement les libertés publiques, mais elle
ne pouvait empêcher qu'une douloureuse anxiété s'em-
parât de tous les esprits, quand ils se demandaient si sa
persévérance courageuse pourrait conjurer les influences funestes qui paraissaient dominer l'Europe entière.

Réjouissons-nous que ces institutions constitution-
nelles dont Rossi s'était fait l'apôtre aient donné à
cette monarchie la force de fonder un État où se trouvent réunis pour la première fois vingt-deux millions
d'Italiens, auxquels se joignent déjà, par leurs vœux et
par leurs affections, les trois millions de Vénitiens et
de Romains que la domination ou l'intervention étrangère empêchent seules de proclamer la souveraineté de
Victor-Emmanuel, cet héroïque et loyal champion de
la liberté et de l'indépendance nationale.

Le gouvernement italien avait un devoir sacré à
remplir : il devait à la mémoire de Rossi un hommage
solennel. C'est cette dette que nous venons acquitter
aujourd'hui, sous les auspices du gouvernement du
roi. L'Italie revendique ici comme sienne la gloire de
cet homme illustre qui, repoussé de son pays natal et
contraint de devenir citoyen de pays étrangers, ne

cessa jamais de vouer son amour et son respect à la patrie que le ciel lui avait donnée. Par cet acte l'Italie, devenue libre, proteste aujourd'hui à la face du monde civilisé que, lors de l'horrible attentat du 15 novembre 1848, elle était là où se trouve toujours une nation honnête et généreuse, du côté de la victime et contre les assassins. J'aime à croire que du sein de son céleste séjour, la grande âme de Pellegrino Rossi, indignée de l'hommage qu'ont prétendu lui adresser ceux qui ont voulu que la liberté de Rome, de l'Italie, fut immolée sur sa tombe, se réjouit aujourd'hui de l'hommage que la patrie lui rend dans ces lieux qui ont vu briller les premiers rayons de sa gloire.

Qu'on ne dise pas qu'il ne nous appartient point, à nous que notre dévouement pour l'unité italienne range parmi les adversaires du pouvoir temporel de l'Église, de glorifier le grand ministre qui mourut victime de sa fidélité au pape. Rossi était un trop grand publiciste pour ignorer combien l'unité donne de force à une nation, et pour ne pas reconnaître tous les inconvénients et toutes les difficultés inséparables de l'organisation fédérative (1). Dès 1832, il avait prédit que le pouvoir temporel tomberait des faibles mains du pape aussitôt qu'il serait abandonné à lui-même (2). Il écrivait en 1843 ces mémorables paroles : « Que Rome essaie de nous ramener au moyen âge, ou qu'elle renouvelle le pacte qu'elle eut le malheur de signer au seizième siècle avec le pouvoir absolu, l'opinion publique se retire d'elle et fait route à part. Que Rome, au contraire, reconnaisse et sanctifie le développement légitime de l'humanité, qu'elle plaide les droits de la foi et de la conscience, l'alliance de la religion et de la liberté, alors l'opinion publique est avec elle » (3).

Homme d'État, il fit céder ses prédilections et ses ré-
pugnances devant les exigences de la politique, qui
commandaient alors de préférer la fédération à l'unité
et de maintenir le pouvoir temporel du pape ; cœur
magnanime, il sacrifia sans aucune hésitation sa vie au
prince qui lui avait accordé sa confiance, et ce prince
était celui que toute l'Italie avait salué comme le premier auteur de sa rédemption ; libéral inébranlable
dans ses convictions, il ne voulut sauver la royauté
pontificale qu'en la conciliant avec la liberté. Ainsi que
Rossi, les meilleurs citoyens de l'Italie étaient disposés
en ce temps-là à maintenir le pouvoir temporel de la
papauté. Ils pensèrent à l'abolir à mesure qu'ils virent
que toute tentative de conciliation était repoussée par
la cour de Rome, qui cherchait un appui honteux dans
l'intervention étrangère et dans la réaction absolutiste.
Ainsi s'est formée dans la nation la volonté unanime
de s'unir tout entière en un royaume qui ait Rome
pour capitale, Victor-Emmanuel pour roi, le statut constitutionnel pour loi fondamentale, et le respect du
chef de l'Église, de sa liberté, de son indépendance, de
sa dignité, pour devoir inviolable et sacré. Loin de
nous, qui sommes réunis ici pour honorer la mémoire
de Rossi, la supposition odieuse qu'il eût pu hésiter
aujourd'hui entre l'Italie et ses ennemis, maîtres encore de Rome, entre la politique nationale et celle des
étrangers qui s'obstinent à prolonger ce qui n'est plus
la vie, mais l'agonie de la théocratie romaine. Oui,
j'affirme sans hésitation que si le ciel eût conservé Pellegrino Rossi à l'Italie, personne n'aurait contribué
plus que lui à consolider dans son pays le système politique qui a été adopté par tous les esprits d'élite. Le
comte Édouard Rossi a donc bien interprété les devoirs

que lui impose le nom glorieux qu'il porte, lorsqu'en 1859, citoyen français, il quitta les paisibles occupations du barreau pour prendre part à la guerre qui devait donner l'indépendance à la patrie de son père ; il les a bien interprétés, lorsqu'après la paix de Villafranca il resta sous les drapeaux de l'Italie, attendant l'heure, annoncée par l'empereur notre allié, où elle devra être libre des Alpes à l'Adriatique. Adressons donc à la mémoire de Rossi un hommage digne d'elle, en associant ce nom vénéré à la grandeur et aux espérances de l'Italie. Qu'elle lui rende hommage, la municipalité de Carrare, qui nous a donné un noble exemple le jour où elle a placé dans son panthéon l'image de Rossi, dont le nom sera illustre parmi les noms de tous les hommes illustres que sa cité natale a produits. Qu'elle lui rende hommage, cette noble ville de Bologne, si admirable par son dévouement à la cause nationale et libérale ; qu'elle se félicite d'avoir protégé ses premiers pas dans la vie publique : qu'à la gloire d'avoir fait briller la sagesse du droit romain au milieu de la nuit du moyen âge, cette Université ajoute désormais celle d'avoir compté parmi ses élèves, puis parmi ses professeurs, le plus grand des publicistes constitutionnels de notre époque. Qu'elle lui rende hommage, cette jeunesse généreuse qui apprendra par son exemple combien les fortes et sévères études aident à bien servir la patrie ; plus heureuse que lui, elle ne sera pas obligée de prendre le chemin de l'exil pour proclamer son dévouement à la sainte cause de la liberté. Qu'ils lui rendent hommage, tous les Italiens ; qu'ils méditent ses écrits, qu'ils y admirent son génie, qu'ils y apprennent à connaître et à aimer ces institutions libérales auxquelles sont indissolublement liées les destinées de notre patrie !

NOTES

(1) En traçant une ébauche de dépêche dont je possède l'autographe, M. Rossi oubliait un instant qu'il était ministre de France, et arrêtant sa pensée sur les inconvénients d'une confédération, il écrivait ces lignes : « Je dois ajouter que la forme que prend maintenant en Italie la pensée nationale me paraît être la forme fédérative. C'est sous cette forme qu'elle a été présentée au pape : on voudrait en faire le chef de la confédération italienne. Certes il n'y a rien là de bien séduisant à mes yeux. J'ai assez connu la Suisse, et j'adore notre unité française, mais en fait je crois que les unitaires sont peu nombreux et peu influents en Italie ; peut-être aussi les fédéralistes ont-ils raison en ce sens que leur pensée est la plus facile à réaliser un jour, et celle que la France et les autres puissances accepteraient avec moins de répugnance. » C'est bien ici la véritable pensée, la pensée intime de Rossi ; dans ces paroles qui lui échappent comme à son insu, il y a un aveu précieux. Il accepte avec peine l'idée d'une fédération italienne, même dans les circonstances où l'Italie se trouvait alors, et ce n'est pas sans hésitation qu'il approuve les fédéralistes : « peut-être ont-ils raison. » Mais s'ils ont raison, c'est, en premier lieu, parce que pour le moment le parti unitaire est nul en Italie, et en second lieu parce que ce système est le seul que la France et les puissances pourraient accepter un jour. Qu'aurait dit M. Rossi, s'il eût vu en Italie tous les libéraux d'accord pour l'unité, et en Europe l'Angleterre, la France, la Russie et la Prusse reconnaître un royaume d'Italie unitaire? Telle est aujourd'hui la situation de l'Italie. La conduite que tiendrait Rossi, s'il nous eût été conservé, en présence des événements qui s'accomplissent sous nos yeux, ne peut être douteuse pour personne. L'ambassadeur de France de 1847 a révélé la pensée intime du patriote italien.

(2) On lit dans les *Mélanges* publiés chez Guillaumin, tome II, p. 272 : « Le pape et Napoléon étaient deux puissances qui se méconnaissaient l'une l'autre. Napoléon ne comprenait plus la force du

chef du catholicisme. Rome ignorait la portée du principe que Napoléon représentait, la puissance de la révolution.

« Nés dans le même berceau, le christianisme et 1789 ignoraient encore leur commune origine, leur étroite parenté. Et cependant la paix du monde et le progrès de la nouvelle civilisation ne seront assurés que le jour où cette reconnaissance aura lieu, et où la paix fraternelle sera scellée.

. . . . . Il n'y avait avec Rome que deux partis à prendre.

On pouvait s'en tenir au concordat et s'en remettre pour le reste à l'action lente, mais certaine, du temps et de l'exemple. Entourée de gouvernements nouveaux, de nouvelles institutions, de peuples imbus de nouvelles doctrines sociales et politiques, réduite à l'impossibilité d'empêcher l'entrée de ces doctrines dans ses États, que pouvait Rome?

« Le pouvoir temporel serait un jour tombé de ses faibles mains, sans combat, sans effort, comme cela est arrivé hier, *comme cela arrivera demain, si demain l'étranger lui retire son appui.* Napoléon n'avait qu'à déclarer qu'il regarderait comme un cas de guerre, et il en avait le droit, tout débarquement, dans les États du pape, d'une force étrangère, qui aurait ainsi pris position entre son royaume d'Italie et le royaume de Naples.

« Livrée à elle-même, à ses propres forces, aux chances des choses humaines, comme royauté; honorée, respectée, vénérée, comme suprême pontificat, Rome aurait enfin compris que si la religion, le catholicisme, la papauté sont choses saintes, nécessaires, indestructibles, les conquêtes progressives de l'humanité ne le sont pas moins; que le christianisme, loin de les repousser, en a été le principe, le moyen, la sanctification; que si le christianisme, en se répandant dans l'espace, s'est mis en harmonie avec des organisations sociales et des formes politiques très-diverses, s'il a travaillé à les épurer, s'il les a toutes acceptées, il est contraire à son esprit de ne pas se mettre en harmonie avec les réformes sociales qu'il rencontre dans la succession des temps. Si le Christ est venu pour le juif et pour le païen, il est aussi venu pour les hommes de toutes les époques. Il ne nous a point apporté ni la religion d'un lieu, ni la religion d'un siècle. Malheur à ceux qui voudraient rabaisser le catholicisme au rôle d'un statut municipal, ou en faire un anachronisme! Le catholicisme est de tous les lieux, de tous les temps. Il est, et c'est là sa gloire, sa force, son miracle, il est immobile comme la foi, progressif comme la raison. Rome le sait : si elle conserve le dépôt des croyances immuables, elle a plus d'une fois abusé de ce qu'il peut y avoir de variable et de *circonstantiel* dans l'organisation et l'enseignement catholiques. Le jour où la papauté comprendra ces vérités, et ce jour viendra, si réellement elle est assise sur la

pierre angulaire, ce jour-là le catholicisme, qui a facilement triomphé de la crise de l'incrédulité, triomphera d'une maladie bien plus
redoutable, bien plus difficile à guérir, de l'indifférence religieuse.

« L'autre parti, possible peut-être, mais plus dangereux, était
de proclamer hautement comme principe la destruction du pouvoir
temporel du pape; d'en retracer les inconvénients, les abus; d'en
appeler à l'opinion des peuples; de leur faire sentir que les ennemis
de leur émancipation n'étaient point les vicaires du Christ, mais les
princes temporels de Rome, que c'était comme principauté que
Rome avait déserté la cause de la liberté pour celle du privilége,
celle de l'intelligence pour le pouvoir, et mis au service de toutes
les oligarchies l'inquisition et l'*index*. Dans ce système, il fallait
avant tout éviter toute discussion religieuse, entourer la religion,
ses institutions, ses ministres d'un respect profond et sincère; procéder ouvertement, franchement, et surtout ne point s'approprier la
dépouille du saint-siége. Il fallait réunir le royaume d'Italie à Rome,
ou bien permettre à l'État du pape de s'organiser à son gré, de se
donner un gouvernement national. »

(Article sur : l'*Histoire de France sous Napoléon*, par M. Bignon.)

(3) Voici en entier le fragment où se trouve ce passage, tiré de la
chronique de la *Revue des Deux-Mondes* du 31 octobre 1842; il a
été écrit à l'occasion des contestations entre Grégoire XVI et l'empereur Nicolas :

« A l'égard de ceux qui ne veulent pas un czar pour pape, il n'y
a, à ce qu'il paraît, d'autre habileté en Russie que la force, que la
violence. C'est sans doute là un de ces grossiers plagiats dont le gouvernement russe, depuis Pierre le Grand, a déjà donné tant d'exemples à l'Europe. On aura parlé d'unité nationale, on aura rappelé
Louis XIV, la révocation de l'Édit de Nantes, que sais-je? Le fait
est qu'on y est aux prises avec Rome. Rome n'est pas impuissante, même de nos jours, lorsqu'elle a pour elle la raison et le droit.
Si la Russie a des baïonnettes, des prisons, des déserts, Rome a
dans le monde entier des prêtres, des confessionnaux, des églises;
si la Russie a des journaux, Rome a des chaires. Si les cabinets
ménagent la Russie, les peuples écoutent les plaintes du pontife, car
aujourd'hui l'opinion publique est impartiale, même à l'endroit de
Rome. Ce n'est plus le temps où la philosophie mendiait, par de
honteuses flatteries, une protection nullement sincère à Pétersbourg
et à Berlin; ces pitoyables comédies ne sont plus de saison. Que
Rome essaie de nous ramener au moyen âge, ou qu'elle renouvelle
le pacte qu'elle a eu le malheur de signer au seizième siècle avec le
pouvoir absolu, l'opinion publique se retire d'elle et fait route à

part. Que Rome, au contraire, reconnaisse et sanctifie le développement légitime de l'humanité, qu'elle plaide les droits de la foi et de la conscience, l'alliance de la religion et de la liberté, alors l'opinion publique est avec elle, et se moque de ceux qui voudraient encore l'effrayer avec les mots de prêtre, de superstition, de sacristie. C'est là le vrai.

Au fait, le moment est grave pour Rome. Elle se trouve en présence de deux ordres de gouvernement, de principes, d'idées, le gouvernement absolu et le gouvernement constitutionnel, chacun avec ses tendances et ses conséquences. Rome, associée, j'ai presque dit asservie, depuis trois siècles au pouvoir absolu, ne s'empressa point de saluer l'ère nouvelle qu'a ouverte au monde la révolution de 1789. Rome lui a été hostile, ou elle n'a fait que la tolérer de mauvaise grâce, à contre-cœur. Soyons justes : il était difficile qu'il en fût autrement tant qu'on était dans le feu de la révolution. Aujourd'hui l'ordre est rétabli ; les choses ont repris leur cours naturel et régulier ; les gouvernements constitutionnels sont la force et la gloire de l'Europe ; la paix du monde est dans leurs mains. Tant que la France et l'Angleterre ne seront pas aux prises entre elles, toute guerre sérieuse est impossible. C'est vers les gouvernements constitutionnels que se portent l'opinion publique, le vœu et l'espérance des nations. C'est auprès des gouvernements constitutionnels que le catholicisme trouve respect, justice, protection. L'Angleterre elle-même, malgré la suprématie anglicane de ses rois, a émancipé les catholiques, et des orateurs papistes remplissent de l'éclat de leur éloquence les salles de Westminster. L'avenir de Rome est là, dans son alliance intime avec les gouvernements constitutionnels. Le pacte du seizième siècle, malheureux, mais politique alors, serait aujourd'hui à la fois un anachronisme ridicule et une faute énorme. Après avoir, au seizième siècle, abandonné la liberté, parce qu'elle se mourait, voudrait-on aujourd'hui rester fidèle à l'agonie du despotisme ? C'est là une erreur où Rome ne tombera pas, parce qu'il n'est pas dans sa nature d'y tomber. Il faudrait pour cela qu'elle eût un pouvoir qu'elle n'a pas, le pouvoir de se dénaturer, de renoncer à ses principes, à ses traditions, à sa mission. Rome sait proportionner l'instrument mondain aux temps, aux circonstances, aux besoins. Elle ne se sépare jamais définitivement de l'avenir, et l'avenir aujourd'hui appartient aux gouvernements constitutionnels. »

Rossi professait pour la papauté un respect sincère et profond ; il la croyait encore appelée à exercer sur le monde moderne une grande et salutaire influence. Ces sentiments se trouvent exprimés dans les paroles qu'on vient de lire, comme dans son article précédemment cité, sur l'ouvrage de M. Bignon. Il les tenait de son éducation italienne, et ils avaient résisté aux influences protestantes et rationalistes au milieu desquelles il avait vécu pendant son exil. Mais Rossi croyait-il que les destinées de la papauté fussent attachées à la conservation de son pouvoir temporel ? Il serait absurde de le soutenir après avoir lu son article sur l'*Histoire de France* de M. Bignon. Il ne serait pas moins téméraire d'affirmer gratuitement que de 1833 à 1842, un revirement complet se soit opéré dans un aussi ferme esprit. En 1847, en sortant de la cérémonie d'installation de la *Consulte*, M. Rossi adresssait à un Italien de ses amis ces mots significatifs que M. Minghetti a entendus et que M. Mazade a déjà rapportés dans un article de la *Revue des Deux-Mondes* : « Vous voyez cela ? Nous venons d'assister aux funérailles du pouvoir temporel des prêtres, conduite par un cardinal avec l'absoute d'un pape ? » Dans cette circonstance, comme lorsqu'il s'exprimait ainsi qu'on l'a vu sur l'unité et la confédération, la pensée intime du libéral Italien perçait sous la réserve de l'ambassadeur de France. Un de nos diplomates, qui s'honore d'avoir vécu dans l'intimité de Rossi, M. Bertinatti, m'écrivait : « M. Rossi a tenté de bonne foi et par tous les moyens possibles de sauver la papauté en l'alliant à la civilisation moderne ; mais jamais il ne s'est fait illusion sur les grands obstacles qui s'opposaient aux succès de cettre entreprise. Il croyait que si cette épreuve échouait, le pouvoir temporel du pape devait succomber à la première secousse européenne. » Cette explication de la conduite de M. Rossi me paraît la seule vraie, parce que c'est la seule qui soit en harmonie avec les sentiments qu'il a toujours exprimés.

INTRODUCTION.

I

La première édition du *Traité de Droit pénal* a été publiée en 1829. C'était une de ces époques de travail et d'enfantement, où les idées se produisent, où la science est pleine de promesses pour l'avenir, où les théories nouvelles sont accueillies avec empressement. Les esprits, nourris des fortes et brillantes leçons de M. Cousin et de M. Guizot, étaient naturellement portés vers une œuvre essentiellement philosophique qui venait imposer à la législation pénale le joug salutaire des préceptes enseignés par les deux éminents professeurs. C'était d'ailleurs la première fois qu'un traité méthodique essayait de poser en France les fondements de la justice répressive et de sonder hardiment les redoutables problèmes qu'elle

soulève. Son succès fut immense, et le nom de son
auteur, aussitôt célèbre, prit place parmi les maîtres
de la science.

Un quart de siècle s'est écoulé depuis cette première publication, et voilà que le même livre, dont
l'édition était dès longtemps épuisée, vient, dans des
circonstances différentes, solliciter de nouveau l'attention du public. Pourquoi faut-il que M. Rossi,
dont la pensée active et prévoyante avait, non commencé encore, mais préparé la révision de son œuvre,
ne soit plus là pour l'accomplir? Pourquoi faut-il
que la science ait à déplorer la mort fatale et préma-
turée de l'homme puissant qui avait reculé ses limites
et les eût portées plus loin encore? Cette œuvre, qui
n'était à ses yeux qu'une étude préliminaire, les prolégomènes d'un travail qui devait embrasser tout le
droit pénal, il l'eût complétée sans doute, il en eût
médité de nouveau les éléments, il l'eût peut-être
en quelques points modifiée. Ce n'est guère qu'à sa
deuxième édition qu'un livre sort des mains de son
auteur tel qu'il l'avait rêvé : moins préoccupé du
fond, il peut songer davantage à le revêtir de la forme
qui assure son succès et sa durée.

Et cependant, bien que les temps aient changé,
bien que cette nouvelle édition soit déshéritée des
soins paternels qui lui auraient donné un nouvel
éclat, nous ne doutons point que cet ouvrage ne retrouve aujourd'hui l'accueil qui avait salué sa première apparition. S'il existe, à l'âge mûr du XIXᵉ siè-

cle, moins d'enthousiasme que dans ses premières
années pour les théories scientifiques, moins d'élan
vers les idées qui promettent un progrès pour le
monde moral, les esprits doués de quelque force
pensent et travaillent. C'est le temps des bonnes semences, le temps de la germination des principes.
Aux illusions des rêveurs ont succédé l'expérience et
la méditation des faits ; les idées pénètrent et se
développent avec plus de lenteur, mais peut-être
avec plus de puissance ; l'âme humaine, repliée sur
elle-même, les recueille en silence. N'est-ce pas le
moment où les systèmes philosophiques qui se
croient destinés à régir l'humanité doivent se produire et se répandre ?

D'une autre part, s'il est profondément regrettable
que M. Rossi n'ait pu relire les pages de son livre, et
les soumettre à une révision que rien ne peut remplacer, il est permis de croire que cette révision,
tout extérieure, n'aurait point touché au fond de l'ouvrage. Il eût pu développer quelques propositions
qu'il avait présentées peut-être sous une expression
un peu abstraite, modifier la forme trop algébrique
de quelques-unes de ses formules et faire luire de
temps à autre quelques rayons d'une plus abondante
clarté sur les déductions ingénieuses de sa féconde
dialectique. Mais ce n'est point à la forme, d'ailleurs
en général nette et précise, de cette œuvre savante
qu'est attaché son succès, c'est à l'idée qu'elle apportait dans la science. Ce succès tient d'abord à la dis-

cussion hardie et sous certains rapports nouvelle des hautes questions que recèle la matière du droit pénal, ensuite à la pensée principale qui respire dans toutes ses solutions, pensée d'alliance entre les deux principes qui se disputent le terrain de la justice pénale et prétendent l'un et l'autre y régner exclusivement. C'est l'examen critique de ces principes, c'est l'appréciation de leur valeur relative, c'est la richesse des développements dans lesquels entre l'auteur, en un mot, c'est la théorie qu'il expose et qu'il soutient qui fait tout l'intérêt du livre.

Ce qui constitue, en effet, le principal titre scientifique de M. Rossi, c'est l'ensemble du système que ce livre a pour but de développer, c'est la conciliation des éléments divers qu'il met en œuvre et auxquels il impose une mission commune, c'est la combinaison de règles et d'idées jusque-là opposées entre elles et dont il a fait les anneaux d'une même chaîne. Nourri de l'étude des criminalistes allemands et italiens, il a évidemment traversé tous leurs systèmes, parcouru tous leurs travaux, et il les a souvent mis à profit en leur empruntant les matériaux qui pouvaient lui servir à élever l'édifice qu'il avait projeté. Le sol sur lequel il construisait était encombré de monuments inachevés ou déjà en ruines ; il a su reprendre tantôt à celui-ci, tantôt à celui-là quelque fragment, et il est parvenu, en les groupant avec un art merveilleux, à édifier un monument nouveau dont l'éclat a surpris les regards.

Il faut ajouter que, quelle que soit la valeur scientifique de la théorie qu'il a élevée, nul avant lui, même parmi les criminalistes de l'Allemagne ou de l'Italie, n'avait fait une exposition aussi méthodique du système pénal, nul n'avait secoué d'une main plus vigoureuse les vieux abus qui se cachaient encore dans toutes les législations, nul n'avait sondé avec autant de sagacité et de profondeur les problèmes multiples qui se lèvent comme autant de fantômes devant l'esprit qui veut interroger les fondements de la justice humaine. Jurisconsulte et publiciste à la fois, M. Rossi n'a pas d'ailleurs enfermé son examen dans le cercle de cette justice : son coup d'œil pénétrant s'est porté au delà; il a compris, d'après les enseignements de l'histoire, que la loi pénale suit les phases et les destinées de l'ordre politique, que, suivant la remarque de Montesquieu, elle tient à la nature du gouvernement, que ses progrès sont liés aux progrès de la liberté, que sa base et ses principes ne peuvent être que la base et les principes du pouvoir social lui-même, et la cause qu'il a soutenue dans son *Traité de Droit pénal*, comme dans ses cours d'Économie politique et de Droit constitutionnel, est, suivant l'expression de M. Mignet, « cette belle cause de la science développant la civilisation, de la justice affermissant les États, et de la liberté perfectionnant les lois [1]. »

Nous ne savons aucun livre qui ait eu des résultats

[1] *Notice sur la vie et les travaux de M. Rossi.*

plus féconds et plus immédiats que celui-ci : il semble
que toutes les législations pénales,·accusées par cette
voix puissante et traduites à la barre de l'opinion
publique, se soient inclinées devant ce jugement souverain : elles se sont presque unanimement transfor-
mées. C'est à partir de ce moment, en effet, que des
études ont été commencées dans la plupart des États
de l'Europe sur les lois criminelles, et qu'un mouvement général de réforme s'est manifesté. En France,
la loi du 28 avril 1832 a bientôt apporté de nombreuses et profondes modifications à notre Code pénal. En Allemagne, de nouveaux Codes longuement
préparés ont été publiés le 30 mars 1838 dans la
Saxe, le 1er mars 1839 dans le Wurtemberg, le
10 juillet 1840 dans le duché de Brunswick, le
1er novembre 1840 dans le Hanovre, le 17 septembre
1841 dans le grand-duché de Hesse-Darmstadt. Les
mêmes réformes ont été successivement opérées encore dans la Prusse, dans la Bavière, dans le Piémont,
dans quelques cantons de la Suisse, en Espagne et
partiellement en Angleterre. Nous ne prétendons
nullement que toutes ces lois nouvelles, obéissant à
une même pensée théorique, aient eu pour but d'en
formuler l'application ; la législation positive ne
marche pas aussi vite et aussi résolûment. Mais nous
l'avons déjà dit, il faut distinguer deux parties dans
le *Traité de Droit pénal* : la critique énergique et
pressante des vieilles législations pénales, et l'exposé
des règles nouvelles qui, suivant l'auteur, devraient

être les fondements de toute législation rationnelle.
Or, si les législateurs, sans rejeter ces règles, ne les ont
point systématiquement appliquées, ils ont reconnu
du moins quelques-uns des abus qui leur étaient signalés, et les ont pour la plupart effacés. Tel a été le
progrès sensible opéré sous l'influence du livre de
M. Rossi : en agitant la discussion des principes du
droit pénal, il a amené une amélioration imparfaite
mais réelle des lois positives.

La partie fondamentale du livre, ou plutôt le livre
tout entier est l'élude du droit social que l'on appelle
improprement peut-être, le droit de punir. C'est dans
cette étude que réside toute l'originalité de l'ouvrage,
toute sa pensée scientifique. C'est de la théorie générale qu'il pose que découlent ensuite, comme autant
de corollaires, toutes ses solutions sur l'imputabilité
des actes et sur la responsabilité des agents. La matière qu'il traite peut donc se résumer dans ces deux
questions : Quel est le véritable fondement du droit
pénal? quelles sont les conditions de l'exercice de ce
droit?

Quelques criminalistes regardent ces questions
comme oiseuses, ils affectent d'entrer de plain-pied
dans un traité de droit, dans une législation, sans se
soucier du principe qui forme la base de la matière ;
ils suivent les lois dans leur cours, sans remonter à
leur source ; dans leur dédain de la théorie, ils prennent des corollaires pour des règles générales et des
faits pour des axiomes. Qu'est-ce donc que la théorie

d'une matière, sinon l'ensemble des principes généraux qui la régissent et qui sont ses lois nécessaires ?
Rejeter cette étude première, n'est-ce pas, comme
le disait M. Royer-Collard, courir le risque de parler
sans savoir ce qu'on dit, et d'agir sans savoir ce
qu'on fait ? Le principe du droit pénal ne porte-t-il
pas dans ses flancs ce droit tout entier ? Est-ce que ce
principe, tel qu'il soit, ne se réfléchit pas essentiellement sur l'incrimination des actions, sur la mesure
des peines, sur les institutions judiciaires, sur la forme
même des poursuites ? N'est-il pas évident que selon
qu'elles prendront pour point de départ la justice
absolue ou la justice relative, la loi morale ou la loi
sociale, ni l'action, ni la pénalité, ni la procédure ne
seront les mêmes ? Et dès lors comment exposer cette
matière, comment comprendre une législation sans
connaître le principe dont elle n'est que la manifestation et le développement ? Comment examiner
les conséquences d'une règle sans examiner au moins
quelle est cette règle, et si elles en sont strictement
déduites ?

Mais ici cet examen prend une bien autre importance : il ne s'agit pas seulement de commenter une
loi pénale et de rechercher quelle est la théorie dont
elle a voulu faire l'application ; il s'agit de savoir
quelle est la théorie générale qui doit planer sur
toutes les lois pénales, il s'agit de poser le droit du
pouvoir social, d'en constater le caractère, d'en fixer
l'étendue et les limites. C'est là la tâche que s'est

proposée M. Rossi, ce sont là les problèmes qu'il a discutés et résolus.

C'est là aussi le terrain où nous devons le suivre, puisque nous voulons essayer d'apprécier son travail. Car, comment serait-il possible de faire cette appréciation sans remonter à l'idée systématique qui en fait la base, sans demander à cette idée si elle est vraie en elle-même et quels sont les progrès qu'elle promet à la justice? C'est le principe même qu'il faut saisir, ou il faut renoncer à l'analyse même du livre; car, nous le répétons, il est tout entier dans la thèse fondamentale qu'il apporte à la science. Il y a lieu de craindre sans doute que cette matière, si féconde en questions et si battue par les controverses, ne nous mène plus loin et plus haut que nous ne pouvons aller sur le terrain étroit où nous sommes placé; mais en évitant des redites inutiles, en restreignant notre examen au point que nous venons d'indiquer, peut-être nous sera-t-il possible de le renfermer dans les limites qui nous sont imposées.

Cet examen, au reste, ne sera peut-être pas tout à fait stérile. Le progrès du droit, comme celui de la philosophie, consiste, pour une grande part au moins, dans la discussion des systèmes qui se succèdent et des idées qu'ils apportent tour à tour. Or, est-il certain que le *Traité de Droit pénal*, quelles que soient la hauteur de ses vues et la sagacité de ses appréciations, ait définitivement résolu toutes les questions qu'il a soulevées? Est-il certain qu'il ait dégagé la

justice humaine de tous les doutes qu'elle éprouvait
et qu'il ait apporté le dernier mot de la science? Qui
oserait l'affirmer? Qui oserait dire que le pouvoir social ne devra jamais s'arrêter, dans la distribution
des peines, à d'autres barrières, à d'autres limites
que celles que ce livre a posées? Nous admirons les
savantes et ingénieuses études qu'il contient, mais
ne faut-il pas espérer que, suivant la loi générale du
travail humain, ces études en enfanteront d'autres;
que les idées qu'elles développent susciteront d'autres
idées, que le progrès considérable qu'elles ont fait
faire à la science amènera d'autres progrès? Une voix
éloquente disait récemment que la vérité scientifique
veut du temps et de l'espace. Il lui faut, en effet, des
horizons éloignés; il lui faut des travaux incessants.
Elle ne s'arrête jamais dans sa marche, et ses conquêtes ne sont que des points de départ pour d'autres
conquêtes.

II

En parcourant les institutions pénales des différents peuples, on trouve, à tous les âges de l'humanité, les traces de deux faits entièrement distincts et
presque toujours coexistants.

D'une part, le fait d'une justice sociale qui, suivant la remarque de Bentham, semble avoir la même
origine que tous les autres droits du gouvernement;
son unique point de départ est la nécessité des cho-

ses, le besoin de maintenir l'ordre ; elle agit dans l'intérêt de l'utilité générale, mais elle confond souvent avec cet intérêt celui de la domination du pouvoir ; de là sa tendance à faire des peines un instrument tantôt de défense, tantôt de vengeance et tantôt d'oppression.

D'une autre part, le fait d'un mouvement instinctif et continu de la conscience humaine, qui, soit qu'elle ne conçoive que confusément la mission distincte de la justice divine et de la justice humaine, soit qu'elle soit froissée par des lois barbares ou par des sentences iniques, se réfugie dans la contemplation des préceptes de la loi morale, et en invoque incessamment l'application sans l'obtenir jamais, au moins d'une manière complète, des pouvoirs publics.

Jetons un rapide coup d'œil sur ces institutions.

L'histoire, aussi haut qu'elle peut remonter, trouve la loi pénale mêlée à toutes les coutumes primitives des peuples ; elle fut le premier symptôme de leur moralité, le premier reflet de leur progrès dans la civilisation. Il est impossible, en effet, de concevoir une société, quelque restreinte qu'elle soit, même celle de la famille, sans un principe d'ordre, et l'ordre sans une sanction. L'application de la première peine, quelles que soient la forme et les conditions qui l'aient accompagnée, fut le premier acte de la grande lutte des intérêts généraux contre la volonté individuelle, des instincts moraux contre les

instincts matériels et grossiers, lutte éternelle, née
avec l'humanité et fatalement attachée à ses destinées. L'origine du droit pénal remonte donc à l'origine de la société, et ses principes, péniblement élaborés dans le travail des siècles, durent par conséquent
se trouver déjà, mais informes et à peine ébauchés,
dans les temps incultes, de même que toutes les
sciences nécessaires à la vie sociale se rencontrent en
germe au berceau du monde. Les siècles recueillent
ces germes et se les transmettent l'un à l'autre après
les avoir fécondés.

Au premier âge de la civilisation, les règles de la
loi pénale ne sont ni fixes ni raisonnées; son principe et son but sont incertains; fondée sur un impérieux besoin de défense, elle suit le mouvement des
mœurs; elle se transforme avec les coutumes des
peuples et leurs institutions politiques; elle se prête
aux tendances de leurs chefs et devient entre leurs
mains un instrument flexible d'oppression. Elle réfléchit les préjugés, les usages et les erreurs du siècle
qu'elle traverse; ses révolutions sont liées aux révolutions de l'humanité.

L'histoire enseigne cependant que, chez tous les
peuples encore barbares, le droit de vengeance a été le
premier principe des peines. Là où il n'y avait pas de
justice sociale, la justice privée prend nécessairement
sa place; là où la société ne protége pas les personnes,
les personnes se défendent elles-mêmes : les violences
justifient les violences. Telle est la loi de toutes les so-

ciétés où la force matérielle n'est pas subordonnée à
la force morale. Ce droit de vengeance était considéré comme un droit de justice en ce qu'il n'était pas
limité à la vengeance personnelle ; il appartenait à la
famille ; il était même imposé comme un devoir aux
parents les plus proches : le vengeance du sang était
une véritable punition sous forme de représailles infligée, sans jugement et sans mesure, par les parties
lésées à l'auteur de l'offense ou aux personnes de
sa famille ou de sa tribu.

Cette coutume barbare rencontra un premier frein
dans la religion. Les prêtres, qui exerçaient une
grande influence sur les peuples à cette première
phase des sociétés, intervinrent dans la dispensation de
la justice. On trouve dans l'Inde, dans l'Égypte, dans
les coutumes du peuple juif, dans la Grèce, l'usage
des sacrifices expiatoires : les auteurs des meurtres ou
des pillages, tantôt fléchissaient par des cérémonies
la colère divine, et se purifiaient des souillures du
crime, tantôt devenaient eux-mêmes les victimes
offertes en holocauste. Chez les Germains, il n'était
pas permis de sévir contre un homme, *nisi sacerdo-*
tibus permissum, velut deo imperante. C'est l'alliance
de la justice divine et de la justice humaine qui se
rencontre ainsi au berceau des sociétés ; elle entraîne
comme conséquence l'idée de l'expiation, l'idée de
la punition ou du repentir purifiant l'agent et le
rachetant de ses fautes. C'est la première expression
d'une loi morale confusément comprise et faussement

appliquée. La justice humaine, défiante d'elle-même, se confiait tout entière dans la justice divine. De là toute la procédure des épreuves, de là les jugements de Dieu qui se retrouvent dans les coutumes de la plupart des peuples barbares. De là aussi les peines excessives et les supplices qui commencèrent bientôt à torturer l'humanité.

L'élément social essayait, en même temps, d'opposer quelques digues à l'usage dévastateur de la vengeance du sang : tels furent le principe du talion et la coutume longtemps conservée des compositions. Le talion, qui ne s'appliquait qu'aux attentats contre les personnes est l'expression grossière d'une règle de la justice morale ; c'est la rétribution la plus complète du mal pour le mal ; c'est l'expiation, telle que la justice humaine en ces temps barbares a dû la concevoir, l'expiation limitée à la quotité du mal causé. On en trouve dans l'Exode cette formule : *Reddes animan pro animà, oculum pro occulo, dentem pro dente, manus pro manu, pedem pro pede, adustionem pro adustione, vulnus pro vulnere, livorum pro livore.* Les lois grecques et les lois romaines ont gardé les traces de son application. Une loi, attribuée à Solon, par Diogène de Laërte, portait : *Si quis monoculo oculum effoderit, uterque ei effodiatur.* Une autre loi, que Paul et Aulu-Gelle ne font remonter qu'aux Douze Tables, était ainsi conçue : *Si membrum rupit, ni cum eo pascit, talio esto.* La peine du talion était donc l'application à l'agent d'un mal identique au

mal qu'il avait fait : la vie payait pour la vie, les
membres pour les membres, le sang pour le sang.
Elle s'appuyait sur une double idée : l'idée religieuse
de l'expiation, idée que la conscience humaine a
toujours admise, et l'idée sociale de restreindre cette
expiation à la proportion du préjudice éprouvé. Sous
ce dernier rapport, on y trouve un premier pas de
la justice ; tout en reconnaissant le droit des représailles, elle en réglait l'usage, elle le contenait dans
des limites fixes, elle déterminait la gravité de la
peine qu'il pouvait infliger et lui défendait d'aller au
delà.

Les compositions supposent, comme le talion, le
droit de la vengeance personnelle, et ont également
pour objet de mettre un frein aux guerres privées qui
en étaient la conséquence. L'accusé, menacé par la
partie lésée ou par sa famille, pouvait, en payant
une certaine somme, se mettre à l'abri de leurs coups ;
la composition, qui, dans les premiers temps, devait
être agréée par la partie, et qui, plus tard, lui était
imposée, éteignait les représailles. Cette coutume,
qu'on retrouve dans les lois hébraïques, dans les lois
grecques et dans les premières lois romaines, a reçu
ses plus grands développements dans les coutumes
germaniques, qui ont été jusqu'à régler le prix de
rachat de chaque espèce de crime. L'institution dans
ces dernières lois du *fredum* affecté au juge ou chef
de l'État, imprimait à la composition un caractère général ; on peut y voir une tendance vers le régime qui

devait substituer les peines publiques aux peines privées, l'action sociale à l'action individuelle.

Ce principe de la vengeance privée, considéré
comme base unique des lois pénales, ne dut pas
d'ailleurs avoir une longue durée. Né de l'indépendance respective des membres de la société, il
s'affaiblit à mesure que les liens de cette société se
formèrent. Toutefois la transformation qu'il subit à
cette époque semble affecter plutôt le mode de son
exercice que son existence même. Lorsque, dans
chaque peuplade, dans chaque nation, une autorité
centrale se développa, cette autorité chercha à attirer
à elle l'application des peines, mais elle n'en changea
pas sur-le-champ la nature ; elle se substitua aux
parties lésées en ce point qu'elle prononça elle-même
ou par ses délégués les pénalités applicables, mais
elle garda le même système pénal ; le corps social,
l'État, la cité, prirent la querelle de l'offensé et
s'identifièrent avec lui ; la vengeance, au lieu d'être
personnelle et privée, devint générale et publique.

Les conséquences de ce nouveau principe pénal
se manifestèrent insensiblement. Dans les premiers
temps de la Grèce et de Rome, les peines furent
douces en général et consistèrent, dans la plupart
des cas, en de simples amendes. Cicéron affirme
même que Romulus n'avait point établi d'autres
peines : *Multa ditione ovium et boum, non vi et sup-
pliciis coercebat.* Il faut toutefois remarquer, d'abord,
que le défaut de paiement de la peine pécuniaire

paraît avoir autorisé dès l'origine l'application d'une peine corporelle, ensuite que le système des compositions et des amendes ne s'étendit jamais à la classe nombreuse et déshéritée des esclaves : ceux-ci furent dans tous les temps soumis aux tortures et aux peines les plus atroces. Cette restriction était énergiquement formulée par les lois grecques, les lois romaines et les lois germaniques.

La nature des pénalités ne tarda pas d'ailleurs à se modifier. Les chefs de chaque nation avaient un intérêt à substituer les peines pécuniaires aux peines corporelles lorsque le droit de vengeance appartenait aux individus; car la vengeance était la guerre et les guerres individuelles affaiblissaient le corps social. Il n'en fut plus ainsi lorsque la vengeance de l'offense fut transportée des mains des parties offensées aux mains d'une autorité quelconque. Celle-ci trouva dans l'application des peines, non point un moyen de justice, mais un moyen de domination; elle n'eut plus d'intérêt à les tempérer. Elle laissa le principe produire toutes ses conséquences. Le droit de la *vindicte publique* entra dès lors dans la législation et fut tenu comme parfaitement légitime. L'État menacé, les lois enfreintes, la justice elle-même, lorsqu'elle était outragée, se vengeaient par des peines. De là l'exagération de ces peines, de là les tortures et les supplices qui envahirent la loi pénale. La pénalité n'eut pas de limites, car la vengeance n'en a pas; tous les excès trouvaient leur justification dans leur principe.

On prétendait même venger la Divinité lorsque les faits semblaient avoir le caractère d'un sacrilége, et le supplice du coupable devenait un acte de piété.

Ces excès de la pénalité ne se manifestèrent pas néanmoins avec les mêmes caractères chez les peuples anciens et chez les peuples modernes. Les nations anciennes même les plus civilisées étaient prodigues des peines les plus barbares : à Athènes, les supplices de la lapidation, de la croix, du feu, les coups de fouet ou de bâton étaient, même dans les lois de Solon, appliqués, non-seulement à l'homicide, mais à la trahison, à la désertion à l'ennemi, au vol manifeste, à la profanation des mystères, au sacrilége. A Rome, la législation, modérée dans les premiers temps, ainsi que l'atteste Tite-Live : *In aliis gloriari licet, nulli gentium mitiores placuisse pœnas*, fut bientôt amenée, soit à l'exemple des Grecs, soit par la nécessité, à appliquer des châtiments non moins cruels : les condamnés étaient tantôt précipités de la roche Tarpéienne, tantôt enfermés dans un sac et jetés à la mer, tantôt brûlés vivants, tantôt attachés à une croix, tantôt livrés aux bêtes féroces ; quelques-uns de ces supplices furent remplacés par les peines moins atroces du glaive ou de la potence, *damnatio ad gladium et ad furcam*. Les lois romaines connaissaient aussi l'amputation d'un membre, les coups de verges, *cum virgis sanguineis*, la marque des condamnés au front. L'application de toutes ces peines était prodiguée même aux actes secondaires, quoique le juge pût toujours les modifier d'après la qualité du coupable : *majores nostri in omni supplicio severius servos quam liberos, famosos quam integræ famæ homines punierunt.*

Mais si l'on recherche quel était le fondement de ces pénalités, on est amené à reconnaître que les anciens législateurs s'en préoccupaient fort peu. Ils n'étaient guère mus que par la raison politique : ils ne voyaient d'autre cause aux châtiments que leur nécessité. On retrouve sans doute dans quelques lois l'influence théocratique et l'influence du droit de la vengeance; c'est ainsi, en ce qui concerne ce dernier principe, qu'une loi ordonne l'exécution des coupables aux lieux mêmes où ils ont commis le crime, *ut solatium sit cognatis interemptorum;* c'est encore ainsi que les personnes, auxquelles il est interdit de porter une accusation, sont investies exceptionnellement de ce droit, *si cognatorum cædem ulcisci velint.* Mais, en général, le principe de la législation romaine, comme de la législation grecque, était que les peines étaient créées non dans un intérêt privé, mais dans un intérêt public : *alterum enim utilitas privatorum,* dit Paul, *alterum rigor publicæ disciplinæ postulat;* et que leur but unique était l'utilité et le salut de la république : *omnem animadversionem et castigationem ad reipublicæ utilitatem referre* (Cic., *de Offic.*). A la vérité on leur assignait plusieurs effets : elles devaient notamment intimider ceux qui auraient été tentés d'imiter les coupables, *ut deterreantur alii;* mais ce n'était là qu'une conséquence de la peine, ce n'était pas son objet principal; la loi pouvait, par une excessive sévérité, produire un sentiment d'effroi, mais elle ne faisait de cette intimidation qu'un moyen d'action, elle n'en faisait point un principe : sa théorie se résumait, suivant la parole de Sénèque, à faire disparaître les méchants pour assurer la sécurité des autres, *ut sublatis malis securiores cœteri vivant.* La fréquente application dans les cités antiques des peines de l'exil, de la déportation et de la relégation est la preuve la plus évidente qu'elles cherchaient en général, en frappant les coupables, sauf peut-être dans les crimes de lèse-majesté, moins à satisfaire une vengeance qu'à conjurer un danger.

Le spectacle que l'Europe présente au moyen âge est tout différent : le principe de la législation est au fond le même; c'est, sous le nom de vindicte publique, l'utilité sociale, telle que la comprenait le législateur de cette époque, mais l'utilité égarée par l'ignorance, les préjugés et la grossièreté des mœurs. Il faut assurément faire la part des besoins du temps. La société doit être protégée et maintenue; les crimes qui y jettent le trouble et l'ébranlement doivent être réprimés. C'est là la condition de son existence. Le problème de la législation pénale ne met point en question la peine elle-même, il en recherche seulement les éléments et l'un de ces éléments est le rap-

port de la peine avec les intérêts qu'elle doit conserver; or, il est évident que cet élément essentiellement variable doit suivre dans son intensité l'état
de la société et son degré de civilisation. Lorsque
les mœurs sont rudes, que les hommes se sont en-
durcis au milieu des guerres, que les violences leur
sont habituelles, que les désordres sont fréquents,
les peines ne peuvent être efficaces qu'à la condition d'être fortes. Ce motif dut donc conduire,
au milieu de la longue tourmente des xıe, xııe et
xıııe siècles, à l'aggravation de quelques pénalités,
et de là à l'exagération la pente était facile. Le
législateur voulut effrayer les esprits pour les maintenir, épouvanter les populations pour les dompter.
Il inventa des supplices atroces : la mort ne suffisait
pas pour assouvir sa cruauté, elle était précédée des
souffrances les plus odieuses et des tortures les plus
barbares. Les condamnés étaient écartelés, tenaillés,
brûlés vifs, coupés en morceaux, attachés à la queue
d'un cheval indompté, percés de pieux, enterrés vivants, plongés dans l'huile bouillante, enfermés dans
des cages de fer, arrosés de plomb fondu ou de poix!
Il semble qu'on pensait ne pouvoir contenir les
peuples que par la menace de violences plus horribles que toutes les violences au milieu desquelles
ils vivaient. De là les odieuses descriptions de tour-
ments que les édits détaillent avec une sorte de com-
plaisance. De là les procédures non moins barbares
que les peines elles-mêmes. Les ordonnances de

Louis XII, de Charles-Quint et de François Ier de-
meureront comme des témoignages de l'aberration
la plus complète des idées de justice et d'humanité.
Et cet état de choses se prolongea pendant plusieurs
siècles. « Au moment où la révolution française
éclata, dit M. le président Bérenger, dans le remarquable rapport qu'il a fait à la chambre des pairs sur
le régime des prisons, la peine de mort avec toutes les
variétés de son application, telles que la potence, la
roue, le bûcher, embrassait cent quinze cas différents,
et les crimes et délits qui échappaient au dernier supplice étaient punis de la mutilation d'un membre, de
l'empreinte du fer rouge, de la section de la lèvre ou
de la langue, de la flétrissure et de tous les raffine-
ments qu'une cruauté ingénieuse s'était plu à inven-
ter. » C'est au xvie siècle qu'est née la théorie qui im-
posa à la loi pénale, sinon comme principe, au moins
comme effet principal et presque exclusif, l'intimidation ou l'effroi. Le principe de la vindicte publique
se prêtait merveilleusement au développement de ce
système. Ce principe, en effet, ne comporte en lui-
même aucune limite, aucune mesure. Les lois, en
partant de cette base, pouvaient donc sans entraves
et sans remords, déployer toutes leurs sévérités; elles
se proposaient comme but de venger la Divinité, de
venger la société, de venger les individus; elles se
proposaient comme effet de contenir les mauvaises
passions par la crainte de la peine. C'est là que se
résume tout l'esprit des édits, des ordonnances et des

arrêts qui formèrent jusqu'au XIXe siècle la législation
pénale de l'Europe.

On peut donc regarder comme un point certain
que jusqu'à cette époque toutes les lois criminelles,
tant anciennes que modernes, ont une base à peu
près unique, quelles que soient les formes différentes
qu'elles affectent et les dispositions particulières à
chacune d'elles qu'elles contiennent : cette base n'est
autre que la nécessité qui pèse sur tous les pouvoirs
de maintenir ce qu'ils appellent l'ordre, de défendre
leurs lois, de sauvegarder la paix publique. Que les
pénalités aient participé de l'idée théocratique ou
de l'idée de la vindicte publique, qu'elles se soient
proposé d'assouvir la vengeance de la société ou de
répandre la terreur, elles n'étaient au fond, avec des
formes diverses et des effets distincts, que les conséquences plus ou moins exagérées du principe, souvent mal compris et mal appliqué, de l'utilité publique. Ce n'est pas, on l'a déjà dit, que l'on trouve
dans aucune de ces législations l'application systématique d'une idée première, source logique de ses
incriminations et de ses peines; elles procèdent sous
l'inspiration des besoins qui se manifestent à chaque
phase sociale; elles ne remontent à aucun principe
générateur; elles pourvoient aux excès, aux désordres à mesure qu'ils se produisent; elles ne s'interrogent pas sur l'étendue de leurs droits, elles n'en re-
cherchent ni la nature ni les limites.

Mais, à côté de cette longue série de dispositions

pénales qui frappent de toute part la foule des faits
humains qu'elles qualifient confusément de crimes et
de délits, on peut apercevoir à toutes les époques,
à toutes les phases de l'histoire, la lueur souvent indistincte et vacillante, mais persévérante et
vivace, de cette loi morale que l'homme trouve dans
sa conscience et qui l'éclaire encore à travers ses
plus grands égarements; on trouve les vestiges d'une
pensée générale qui n'est point celle de la législation
positive et qui, sans attaquer directement celle-ci,
essaie de se glisser dans ses dispositions, non pour
leur imposer un autre but, une autre fin, mais pour
les tempérer et les contenir, en les rattachant aux
préceptes de la justice.

Nous avons vu que l'idée d'une expiation religieuse
était mêlée aux peines des premiers âges. Ce n'est
point ici le lieu d'établir que cette doctrine, venue
de l'Orient, avait laissé des traces profondes dans les
anciennes lois égyptiennes et surtout dans les lois
hébraïques. Nous la retrouvons modifiée par le
temps, épurée par la philosophie, dans la doctrine
de Socrate. Platon ne soutient point que la législation doive donner pour but à la peine l'expiation du
délit; on lit, en effet, dans le *Protagoras* : « Personne ne châtie ceux qui se sont rendus coupables
d'injustice par la seule raison qu'ils ont commis une
injustice, à moins qu'on ne punisse d'une manière
brutale et déraisonnable. Mais lorsqu'on fait usage
de sa raison dans les peines qu'on inflige, on ne

châtie pas à cause de la faute passée; car on ne saurait empêcher que ce qui est fait ne soit fait, mais à
cause de la faute à venir, afin que le coupable n'y
retombe plus, et que son châtiment retienne ceux
qui en seront les témoins. » Mais ce que le philosophe soutient avec force, c'est que l'homme qui
s'est rendu coupable d'un crime doit profiter de la
punition qu'il a méritée, afin de purifier son âme
et d'apaiser ses remords. C'est la doctrine exposée
dans le *Gorgias* : « Les punitions procurent la délivrance du plus grand des maux, du mal de l'âme.
Celui, quel qu'il soit, qui ne porte pas la peine des
injustices qu'il a commises, doit passer pour infi-
niment plus malheureux que personne; l'auteur
d'une injustice est toujours plus malheureux que celui qui en souffre et le méchant qui demeure impuni,
plus que celui que l'on châtie; que si l'on a commis
une injustice, il faut aller se présenter là où l'on recevra au plus tôt la correction convenable et s'empres-
ser de se rendre auprès du juge comme auprès d'un
médecin, de peur que la maladie de l'injustice, venant
à séjourner dans l'âme, n'y engendre une corruption
secrète qui devienne incurable... en sorte que si, par
exemple, la faute qu'on a faite mérite des coups de
fouet, on se présente pour les recevoir; si les fers, on
leur tende les mains; une amende, on la paie; le ban-
nissement, on s'y condamne; la mort, on la subisse...
afin de parvenir, par la manifestation de ses crimes, à
être délivré du plus grand des maux, de l'injustice. »

Cette forte doctrine, suivant l'expression de M. Barthélemy Saint-Hilaire, qui place le mal dans le crime et non dans la peine, qui proclame l'utilité de l'expiation, qui veut que cette expiation soit une satisfaction pour le coupable qu'elle réhabilite, est reproduite dans la morale d'Aristote et se retrouve encore, quoique moins explicite peut-être, dans les préceptes de l'école stoïcienne. La souffrance de la peine, aux yeux de cette philosophie, purifiait l'âme souillée par le crime, elle pouvait seule lui rendre la sérénité et le calme qui constituent le bonheur. Ce n'est plus cette expiation formidable que commandaient les prêtres au nom d'une Divinité offensée et vengeresse, c'est une réparation établie au nom de la loi morale qui doit régir les actions humaines, au nom de la conscience que le remords oppresse et qui se réfugie dans le châtiment comme dans un asile. Au fond de ces deux idées le même principe existe : c'est la légitimité de l'expiation du mal par le mal, la légitimité d'une justice rétributive. Mais la théocratie y mêle des pensées de vengeance qui l'obscurcissent et l'entraînent hors des voies de la justice, tandis que la philosophie s'efforce de le maintenir pur de tout alliage et ne le considère que comme une émanation directe de l'ordre universel.

Au surplus, la théorie de Platon n'est point à proprement parler une théorie pénale : elle se borne à établir le rachat de la faute par le châtiment, le lien qui unit étroitement ces deux faits, la nécessité

de l'expiation morale; elle accepte le châtiment lui-
même tel que la loi positive l'a édifié, elle n'en dis-
cute ni les bases ni les règles; elle accorde même
que le pouvoir social, en instituant les peines, doit
avoir en vue non de frapper les fautes passées, mais
de prévenir les fautes à venir; que s'il doit se proposer de rendre le coupable meilleur, il doit se proposer surtout de rendre meilleurs tous les autres en les
intimidant par le spectacle de ses souffrances; elle
veut seulement que cet agent, lorsqu'il est châtié à
juste titre, lorsqu'il est puni à raison d'une faute,
accepte le châtiment, non comme un mal dont il
doive gémir, mais comme un bien qui le délivre du
mal de l'âme. Platon est surtout préoccupé du développement d'une vérité morale, et ce n'est qu'en recherchant quels doivent être les effets de la peine,
quelle qu'elle soit, sur la moralité de l'agent, qu'il
expose la doctrine de l'expiation. Nous verrons plus
loin que les théories modernes qui se sont rattachées
à cette doctrine n'ont peut-être pas assez remarqué
cette distinction.

Rome hérita de la philosophie de la Grèce, mais
ses lois pénales n'en ont reçu qu'une faible empreinte.
Cicéron pose en principe comme Platon qu'une
loi morale régit les actions humaines : *Lex est ratio
summa, insita in natura, quæ jubet ea quæ facienda
sunt, prohibetque contraria.* De là il induit que
la société humaine est liée par cette loi, et que ses
règles doivent être les règles de la justice; mais il

n'a point fait l'application spéciale de ce principe aux lois pénales; il s'est borné à recommander une certaine équité dans la distribution des peines, à reconnaître, ainsi que l'avait fait Platon, que les remords, ces furies de la conscience, sont le châtiment le plus cruel : *Itaque pœnas luunt, non tam judiciis quam ut eos agitent, insęctenturque furiæ, non ardentibus tædis, sicut in fabulis, sed angore conscientiæ, fraudisque cruciatu;* enfin, à proclamer, comme l'a répété depuis Aulu-Gelle, que le repentir est une satisfaction complète de la faute qui ne doit peut-être plus laisser de place à la peine : *Est ulciscendi et puniendi modus, atque haud scio an satis sit, eum qui lacessierit, injuriæ suæ pœnitere.* Sénèque cherche davantage à se rendre compte de la mission de la peine : il répète, après Platon, qu'elle ne doit point avoir en vue le mal du délit, mais la répétition de ce mal : *Nemo prudens punit quia peccatum est, sed ne peccetur;* il veut encore qu'elle serve d'instruction à tous, *ut documentum omnium sit,* et qu'elle rende les autres meilleurs, *ut cœteros meliores reddat;* mais il ajoute, comme un dernier but de la peine, qu'en purgeant la société des méchants, *sublatis malis,* c'est-à-dire, si l'on suit l'interprétation de Grotius, en leur ôtant la vie, elle doit assurer la tranquillité publique, *ut securiores cœteri vivant.* Cette dernière maxime était la justification de toute la législation. Cependant le même philosophe, après avoir posé également en principe que les peines doi-

vent être établies *ad emendationem rei*, enseigne que
les peines les plus douces sont les plus propres à faci-
liter l'amendement : *Ipsos facilius emendabis minore
pœna, diligentius enim vivit cui aliquid integri superest.*

Nous trouvons ensuite dans les jurisconsultes, dans
les lois éparses çà et là dans les textes du Digeste,
quelques-unes des maximes de cette équité générale
dont M. le président Troplong a démontré avec tant
d'éclat l'influence sur la législation civile et qui, dans
la législation pénale, tendit plutôt à contenir l'application des peines qu'à les réformer. Ulpien proclame que le châtiment ne doit atteindre que les
actes extérieurs : *Cogitationis pœnam nemo patitur.*
Paul répète que la peine a pour objet la correction
des hommes : *Pœna constituitur in emendationem
hominum.* Callistrate enseigne que le crime du père
n'apporte aucune flétrissure à l'enfant : *Crimen vel
pœna paterna nullam maculam filio infligere potest.*
Trajan déclare qu'il vaut mieux laisser un coupable
impuni que de condamner un innocent : *Satius esse
impunitum relinqui facinus nocentis quàm innocen-
tem damnare;* Arcadius et Honorius, qu'il ne peut y
avoir de châtiment que là où il y a faute : *Sancimus
ibi esse pœnam, ubi et noxia est.* Mais c'est à des
maximes de cette nature que se bornent les efforts
des jurisconsultes romains : l'esprit d'équité pénètre dans quelques décisions, non dans la législation générale. Il est un texte toutefois qui ferait
supposer qu'un nouveau principe aurait été entrevu

par le législateur : Sévère et Antonin disent dans un de leur rescrits : *Ipse te huic pœnæ subdidisti.* Est-ce qu'ils auraient considéré que celui qui a commis le crime est censé s'être volontairement soumis à la peine? Est-ce qu'ils auraient pensé que le droit de punir naît du mal que le criminel a fait?

Il est plus difficile, au milieu du chaos des ordonnances et des coutumes qui ont composé la législation pénale de la France jusqu'au xviiie siècle, de relever les traces du principe moral que nous venons d'apercevoir çà et là dans le droit ancien. On en trouve cependant quelques vestiges soit dans les lois canoniques qui, sans réagir contre les principes de la vindicte publique et de l'intimidation, rappellent quelques règles équitables, soit dans les ordonnances elles-mêmes qui de temps en temps cèdent aux inspirations de la justice, soit dans les praticiens qui suivaient de loin les préceptes des philosophes grecs et des jurisconsultes romains. Les lois de l'Église ne tendaient nullement à refréner les excès des lois laïques, mais en plaçant la pénitence à côté de la peine, elles lui donnaient, sinon pour but, au moins pour effet, l'expiation des crimes. Saint Augustin a dit : *Omnis pœna, si justa est, peccati pœna est;* de là la conséquence que le châtiment n'est juste qu'autant qu'il frappe une faute, et que par conséquent c'est l'immoralité du fait qui constitue le droit de la loi pénale. Tertullien enseigne également que la peine est une dette que le coupable a contractée en commettant ce délit :

Debitum in Scripturis delicti figura est quod perindè judicio debeatur et ab eo exigatur. Cette idée, qui se retrouve dans saint Augustin et dans saint Chrysostome, établit un rapport direct entre le crime et la peine, et il s'ensuit que ce n'est plus pour servir d'exemple et pour inspirer la terreur que la peine est portée, mais pour payer la faute, pour la réparer, pour l'expier. On pourrait citer de nombreux canons des lois ecclésiastiques qui supposent ou appliquent cette règle. Ainsi se reproduit ici cette doctrine de l'expiation dont l'origine a été religieuse et que la philosophie grecque n'avait fait qu'emprunter aux anciennes mœurs de l'Orient.

Cette doctrine ne paraît avoir exercé aucune influence sur les coutumes du moyen âge et sur les lois qui les ont remplacées. On trouve sans doute dans ces coutumes et dans ces lois, égarées au milieu d'une foule d'incriminations et de pénalités barbares, quelques dispositions qui respirent un sentiment de justice. Nous pourrions en citer dans les Établissements de saint Louis, dans les Assises de Jérusalem, dans les Coutumes de Beauvoisis, dans les ordonnances de Louis XII, et même dans les ordonnances inhumaines de François Ier. Nous pourrions également citer des règles, empreintes d'une certaine humanité et qui surnagent çà et là au milieu des commentaires arides et froids des Julius Clarus, des Farinacius, des Covarruvias, des Décianus, des Guazzini, des Carpzow et de tous les criminalistes qui, pour la

plupart, aggravaient la matière criminelle en maxi-
misant ses pratiques. Mais ce travail serait trop
étendu et dépasserait le cadre dans lequel nous devons nous resserrer.

Nous avons voulu seulement constater dans l'histoire du droit pénal jusqu'au XVIIIᵉ siècle, l'existence
de ces deux points : dans la législation l'application
souvent erronée mais exclusive du principe qu'il
faut appeler de l'utilité sociale, soit que dans ses
excès il se nomme principe de la vindicte publique
ou de l'intimidation, soit qu'il soit étendu à la protection d'intérêts qui ne sont pas toujours des intérêts
sociaux ; hors de la législation, dans les écrits des philosophes, des jurisconsultes et des Pères de l'Église,
une tendance continue à donner pour base ou pour
appui à la justice pénale le principe de la justice morale, à remonter à ce principe comme à la source de
la justice humaine ou du moins à le reconnaître
comme un de ses éléments.

III

Nous sommes arrivés à une époque où l'esprit d'examen, en pénétrant dans l'humanité, va donner une
impulsion plus vive aux sciences morales. Une révolution se prépare dans la législation pénale : fomentée,
dès le XVIᵉ siècle, dans l'admirable livre d'Ayraut,
nourrie au XVIIᵉ par les écrits de Grotius, de Selden,

de Hobbes, elle éclate au xviiiᵉ à l'apparition du livre
de Beccaria qui en avait puisé les éléments dans la
philosophïe de cette époque, elle est continuée par
Kant, par Feuerbach, par Bentham, elle n'est point encore terminée ; et que de temps devra s'écouler avant
que ses conquêtes soient définitivement assurées !

Beaumanoir, quoiqu'il répète avec les Assises de
Jérusalem et toutes les coutumes de son siècle que
» la vengeance doit estre prise de çascun meffet, »
avait compris que la peine doit être surtout
exemplaire : « Bonne coze, dit-il, est que on courre
au-devant des malfeteurs et qu'ilz soient si rudement
pusni et justicié selon lor meffet, que por le doute
de la justice li autres en prengnent exemple, si que
ilz se gardent de meffere. » Ayraut, le plus indépendant et le plus éclairé de nos anciens criminalistes,
reprend le même principe et l'énonce en ces termes :
« La justice, en toutes ses exécutions, tend plus à
l'exemple que au chastiement. Si le magistrat doibt
faire comme le bon médecin, qui tasche à guérir,
non pas à perdre : est-ce correction ou amendement que d'exterminer ? c'est donc pour l'exemple
que la justice punist : et pour cette raison les Latins
appeloient mesmes celuy qui estoit chastié et exécuté
exemplum. » L'exemplarité n'est qu'un effet de la
peine, mais quand elle est le seul effet que cette peine
poursuit, il faut en conclure qu'elle a pour base, non
la réparation du mal consommé, mais la prévention
du mal à venir, c'est-à-dire l'utilité sociale fondée

dans une mesure plus ou moins grande sur l'intimidation. Ayraut cherche à corriger le principe de la législation du xvi° siècle, mais au fond il ne le conteste pas.

Grotius prend un autre point de départ ; il proscrit la vengeance, il proscrit également l'exemplarité
comme fondement de la peine. Le droit de punir,
suivant ce publiciste, prend sa source dans le mal
même commis par l'agent ; il aperçoit une sorte de
contrat entre la société et le délinquant : celui-ci,
par cela seul qu'il commet l'acte défendu, se soumet
volontairement à la punition qui est attachée à cet
acte ; c'est le développement du texte de la loi romaine
que nous avons cité : *Ipse te huic pœnœ subdidisti.*
Il définit, en conséquence, la peine : *Malum pas-
sionis quod infligitur ob malum actionis*, et il lui
donne pour fins le bien du coupable lui-même par
la correction ou l'avertissement, l'utilité de la personne qui a intérêt à la punition, enfin l'avantage
de tout le monde généralement. Cette théorie, que
Grotius ne fait qu'indiquer en termes assez obscurs,
remonte évidemment à un principe moral ; car c'est
le mal du délit qui est la source et la mesure de la
peine. « La raison pourquoi on punit, dit ce publiciste, c'est que le coupable le mérite. Le but que
l'on se propose en punissant, c'est l'utilité qui peut
revenir de la punition. » Ces premières notions, qui
semblent avoir été empruntées à Platon, ont été
la base de tous les systèmes qui ont considéré la
loi morale comme la source de la justice pénale.

Selden fut le premier à s'en emparer ; mais il porta ses idées bien au delà des termes trop vagues de Grotius : il établit nettement et sans ambages que la peine n'est prononcée qu'à raison du crime, *quia peccatum est*, et que le seul motif de son institution est de réparer, d'effacer, de purger le mal accompli : *Ex ratione et essentia pœna proprie dicta est, ut pro peccato seu culpa aliqua impendatur, ideoque sive ea satisfactoria dicitur, sive expiatoria, sive purgatoria.* Ce n'est donc point en vue d'un mal futur qu'elle est établie, mais en vue d'un mal commis : c'est évidemment la doctrine de l'expiation : *Formalis pœnæ causa in hoc maxime consistit quod sit* τιμωρία, *seu vindicta, atque satisfactoria, seu purgatoria, seu expiatoria, aliterve scelus seu peccatum commissum respiciat, unde et pœnæ recte dicuntur expiationes seu liberationes à lege præstitæ.* Le publiciste, qui se rattache à la théorie du Gorgias, et qui cite des textes des livres saints à l'appui de ses opinions, considère le châtiment comme un remède amer propre à guérir l'âme malade, comme un mal qui compense et rachète le mal du délit. Le maintien de l'ordre public n'est que l'effet de cette expiation.

Cette doctrine n'a point l'adhésion de Puffendorf. « Il ne paraît pas, dit celui-ci, que la punition ait pour but de satisfaire à la justice ou d'expier le crime, c'est-à-dire de redresser l'obliquité que l'on conçoit dans une action qui s'écarte de la règle ou de la loi. Les passages de l'Écriture sainte que l'on allègue ou ne regardent que le tribunal divin, ou se rapportent seulement aux lois particulières et aux cérémonies des Juifs. » Il combat également la doctrine de Grotius : « Il est inexact de dire que la peine soit une espèce de dette dont le coupable est tenu de s'acquitter ; car l'obligation ne regarde que les choses auxquelles on doit se porter de propre mouvement. Personne ne se soumet volontairement à une peine. Les lois ne sont point des conventions. » Suivant Puffendorf, qui adopte la maxime de Sénèque, la distribution des peines n'est que l'une des fonctions, et par conséquent l'un des droits du pouvoir social, qui doit l'exercer dans le but de prévenir les crimes et de contenir les malfaiteurs par l'exemple.

Vattel est le premier, nous le croyons du moins, qui ait donné pour fondement au droit pénal le droit de défense qui appartient à chaque individu contre les attaques injustes qui sont dirigées contre lui : « Le droit de punir, qui, dans l'état de nature, dit ce publiciste, appartient à chaque particulier, est fondé sur le droit de sûreté. Tout homme a le droit de se garantir d'injure et de pourvoir à sa sûreté par la force contre ceux qui l'attaquent injustement. Pour cet effet, il peut infliger une peine à celui qui lui fait injure, tant pour le mettre hors d'état de nuire dans la suite ou pour le corriger que pour contenir par son exemple ceux qui seraient tentés de l'imiter. Or, quand les hommes s'unissent en société, comme la société est désormais chargée de pourvoir à la sûreté

de ses membres, tous se dépouillent en sa faveur de
leur droit de punir. C'est donc à elle de venger les
injures particulières en protégeant les citoyens. »
J.-J. Rousseau enseigne la même doctrine, et il ajoute :
« Tout malfaiteur, attaquant le droit social, devient
par ses forfaits rebelle et traître à la patrie ; il cesse
d'en être membre en violant ses lois, et même il lui
fait la guerre. Alors la conservation de l'État est incompatible avec la sienne : il faut qu'un des deux pé-
risse, et quand on fait mourir le coupable, c'est moins
comme citoyen que comme ennemi. Les procédures
et le jugement sont les preuves et la déclaration qu'il
a rompu le traité social, et par conséquent qu'il n'est
plus membre de l'État. Or, comme il s'est reconnu
tel, tout au moins par son séjour, il en doit être
retranché par l'exil comme infracteur du pacte ou
par la mort comme ennemi public. »

Telle est aussi l'idée fondamentale de Beccaria. Si
le livre *Dei delitti e delle pene*, publié en 1764,
eut un immense retentissement, c'est qu'il répondait à un instinct de la conscience publique, c'est
qu'il flétrissait les formes barbares de la justice et
toutes les atrocités judiciaires qui formaient alors,
dans toutes les contrées de l'Europe, une sorte de
droit commun, c'est qu'il apportait le sentiment de
l'humanité dans les lois criminelles. Mais on y cher-
cherait vainement l'examen approfondi des problèmes
du droit pénal. Adoptant la fiction créée par l'école
philosophique du xviiie siècle et si complétement dé-

truite par celle du XIXe, et particulièrement par M. Rossi, il admet, comme Vattel et Rousseau, que la société a été formée par une convention, que les hommes ont sacrifié une portion de leur liberté pour jouir du reste avec plus de sûreté, et que la somme de ces portions de liberté qui forme la souveraineté de la nation est en même temps le fondement du droit de punir. Telle est également la doctrine de Filangieri.

Il faut, au surplus, le reconnaître : l'école philosophique du XVIIIe siècle qui suscita Beccaria, Filangieri, et tous les commentateurs qui ont enrichi les écrits de ces deux publicistes, a rendu à la science un éminent service : elle a ébranlé les vieilles lois pénales, elle a dévoilé leurs iniquités, elle a publié leurs barbaries ; elle a à la fois fait prédominer deux règles fondamentales : la modération dans les peines, et le droit de la défense égal au droit de l'accusation, c'est-à-dire, d'une part, la juste proportion du délit et de la peine, et de l'autre, les garanties légales de la procédure ; mais, plus puissante néanmoins pour détruire que pour fonder, elle n'a laissé après elle aucun système complet qui puisse servir de base à la législation.

Vers la fin du XVIIIe siècle, trois publicistes, célèbres à différents titres, Kant, Feuerbach et Bentham, ont presque à la fois proposé trois théories qui reposent, non sur des principes nouveaux, mais sur une combinaison nouvelle et une vue plus nette des principes qui avaient déjà été soulevés ou appliqués par

la philosophie ou par la législation. Nous passons
immédiatement à l'exposition de ces théories qui
ont donné une vive impulsion à la science, sans nous
arrêter à quelques travaux, d'ailleurs estimables, qui
les ont précédées, mais qui, comme, par exemple,
les *Tentamina jurisprudentiæ rationalis* de Goodricke,
n'ont fait que reproduire les éléments de la question
tels qu'ils étaient connus à cette époque.

Kant ne s'est occupé du droit de punir que pour
lui donner une base : cette base est le principe de la
justice absolue. La peine est intrinsèquement légitime
parce qu'elle est juste, parce que l'auteur du délit l'a
méritée. « La peine juridique (*pœna forensis*), qui
diffère de la peine naturelle (*pœna naturalis*), en ce
que le vice est à lui-même son propre châtiment, ne
peut jamais être décernée comme un simple moyen
de procurer un autre bien, même au profit du coupable ou de la société dont il fait partie ; mais elle
doit toujours être décernée contre le coupable *par la
seule raison qu'il a délinqué.* Car jamais un homme
ne peut être pris pour instrument des desseins d'un
autre homme, ni être compté au nombre des choses
objet du droit réel. Le malfaiteur doit être jugé punissable avant qu'on ait pensé à retirer de sa peine
quelque utilité pour lui ou pour ses concitoyens. » Dans
ce système, dont la source se trouve dans le Gorgias
et qui se relie, sous quelques rapports, à Grotius et à
Selden, les châtiments ne sont que des moyens et des
manifestations de l'expiation morale : c'est la stricte

application aux choses de la justice humaine des règles
de la justice absolue. Toutefois Kant, tout en maintenant ce principe comme une abstraction immuable,
en subordonne le développement matériel aux choses
positives ; il tempère les commandements de la justice
absolue par l'élément qu'il déduit des institutions et
des mœurs, et qu'il appelle la justice *contingente*.
Mais le principe lui suffit : c'est le mal en lui-même
qu'il frappe ; il ne cherche, ni à en réparer, ni à en
prévenir le retour ; il punit pour punir. Dans son
système, quelle est la mesure de la peine ? C'est
uniquement la gravité intrinsèque du délit. Il faut
l'écouter encore : « Quelle espèce et quel degré du
châtiment la justice publique doit-elle se poser pour
principe ? Pas d'autre que le principe de l'égalité
apprécié à la balance de la justice, sans pencher plus
d'un côté que de l'autre. Par conséquent, le mal non
mérité que tu fais à un autre, tu te le fais à toi-même.
Si tu le déshonores, tu te déshonores toi-même. Si
tu le voles, tu te voles toi-même. Si tu le frappes, si
tu le fais mourir, tu te frappes, tu te fais mourir toi-
même. Il n'y a que la peine du talion qui puisse
donner déterminément la qualité et la quantité de la
peine. Tous les autres droits sont chancelants et ne
peuvent, à cause des autres considérations qui s'y
mêlent, s'accorder avec la sentence d'une justice
pure et stricte. » Le talion est sans doute pris par
Kant, non comme un type vrai de la pénalité, mais
comme un symbole ; cette indication pose néanmoins

en relief son idée principale ; ce qu'il cherche dans
le châtiment, ce n'est ni l'amendement du coupable,
ni l'exemple, ni la réparation, c'est uniquement
l'expiation du mal par le mal. Cette théorie, dont
nous signalerons plus loin les côtés défectueux, a provoqué dans la science du droit une sorte de révolution :
elle a imprimé aux études une direction nouvelle et
a créé une école de criminalistes qui a le droit de
revendiquer, à un certain degré, M. Rossi lui-même.

Si Kant a exercé une puissante influence sur la
philosophie du droit, Feuerbach a régné avec une
égale autorité sur la législation positive de l'Allemagne. La base de sa théorie est le principe d'une
prévention générale résultant de la contrainte psychologique produite par la menace de la peine. Le
but de la société civile est de faire vivre les citoyens
sous le règne du droit. La mission de l'État est donc
d'empêcher toute lésion de droit. Comment doit-il
remplir cette mission? En plaçant à côté de chaque
lésion possible la menace d'un mal supérieur à l'avantage que l'agent peut en retirer : le mal, dont l'État
écrit la menace dans la loi et qui doit être subi, en
vertu de cette loi, constitue la peine légale. Le principe général qui justifie l'existence de cette peine
est la nécessité de conserver la liberté réciproque de
tous, par la suppression du penchant qui pousse
l'homme à commettre des lésions de droit. « Le
propre de ma théorie du droit de punir, a dit Feuerbach, consiste en ce qu'elle pose la peine, non pas

comme un moyen de sécurité contre un criminel donné *in concreto*, mais comme un moyen préventif agissant contre tous les criminels possibles et résultant, soit de la menace, soit de l'exécution de la peine. L'État, précisément parce qu'il est l'État et que son activité a pour objet la garantie des droits de tous, a le droit et le devoir de prononcer à l'aide de la loi la menace d'un mal sensible contre les actes illicites et de rendre par là psychologiquement impossible le désir d'actes semblables. » Le but de la menace de la peine est de détourner des crimes futurs par l'effroi du châtiment. La contrainte morale qui résulte de cette intimidation est légitime, car elle a lieu, non pour la destruction, mais pour le maintien de la liberté de tous. Elle écarte les obstacles que les lésions de droit apportent à cette liberté, en contenant les désirs susceptibles de porter les individus à les commettre. Par elle, l'homme est arrêté au moment où il s'apprête à faire invasion dans la sphère d'action d'autrui ; elle est donc conservatrice du droit et du juste. Elle ne doit pas d'ailleurs excéder ce qui est nécessaire pour assurer l'exercice de la liberté, car la légitimité de la menace légale est subordonnée à son utilité : l'État n'a droit de punir (en d'autres termes, d'édicter et d'exécuter la menace de la peine) qu'autant que l'usage de ce droit a pour but de conserver le régime juridique, la liberté réciproque de chacun. Tels sont les termes où se résume le système qui, depuis le commencement de ce siècle et maintenant encore, régit presque exclusivement les législations de l'Allemagne.

Le système de Bentham a plus d'un rapport avec celui de Feuerbach. Son originalité consiste peut-être moins dans le fond de ses idées que dans la forme qu'il leur a donnée. Il énonce en ces termes le principe qui lui sert de point de départ : « Par rapport à l'origine du droit de punir, il n'y a rien de particulier à en dire : elle est la même que celle de tous les autres droits du gouvernement. Ce qui justifie la peine, c'est son utilité majeure ou pour mieux dire sa nécessité. Les délinquants sont des ennemis publics : où est le besoin que des ennemis consentent à être désarmés et contenus? Ainsi, le droit de punir est légitime par cela seul que la répression des crimes est utile à la société; les peines sont bonnes parce qu'elles sont utiles. » N'est-ce pas avec quelque raison que l'on a inféré de là qu'aux yeux de Bentham, toutes les règles du droit sont dominées par ce principe unique, l'utilité; que, dès qu'une mesure est reconnue utile, elle doit être considérée comme juste; qu'il n'y a pas lieu de discuter sa moralité, mais uniquement l'intérêt de la société à son application? Peut-être toutefois, pour le réfuter plus aisément, a-t-on un peu forcé les conséquences de ce système : Bentham, et c'est en ce sens du moins que ses disciples ont expliqué sa doctrine, n'aurait eu en vue qu'une utilité bien entendue, c'est-à-dire fondée sur la justice, car l'idée de l'utile ne peut être raisonna-

blement séparée de l'idée du juste. C'est ainsi que
Livingston, dans le Préambule du Code pénal de la
Louisiane, dit que « l'utilité générale est si intimement liée avec la justice qu'en jurisprudence criminelle, elles sont inséparables. » Le tort de Bentham
a été de poser un principe général sans régler ni les
conditions ni les limites de son application. On a pu
en conclure, et c'est là ce qui l'accuse, que toutes les
peines portées par le pouvoir social sont légitimes
par cela seul qu'elles servent ce pouvoir, en d'autres
termes, suivant la doctrine de Hobbes, que la force
n'a pas besoin de s'appuyer sur le droit. Sa doctrine
conduit en même temps à l'exagération des peines ;
car, appliquant le même principe à la société et aux
individus, elle suppose que ceux-ci n'ont qu'un but,
la recherche de leur bien-être, c'est-à-dire leur intérêt personnel ; de là cette règle que nous venons de
trouver sous une autre forme dans Feuerbach, que
« le mal de la peine doit surpasser le profit du délit. »
Le profit est la force qui pousse l'homme à commettre
le délit ; la peine est la force employée pour l'en
détourner. Plus la peine est élevée, plus la force
qu'elle contient est agissante. N'est-ce pas là retomber
dans le système de l'intimidation? Ce reproche, au
surplus, peut s'appliquer à la théorie de Feuerbach
aussi bien qu'à celle de Bentham.

Ces différentes théories, loin de clore le champ
scientifique, n'ont fait qu'en reculer les limites et en
activer les travaux. De nouveaux criminalistes ont

surgi, les uns pour embrasser l'un ou l'autre de ces systèmes et s'en faire les défenseurs, les autres pour les débattre et en dévoiler les défauts, les autres enfin, pour proposer des amendements, des modifications, quelques vues nouvelles.

La théorie de Kant, appelée théorie absolue, parce qu'elle a pour base unique la loi morale, a compté de nombreux sectateurs. Quelques-uns ont tenté de suppléer à la partie faible de cette théorie, en fixant l'idée de la valeur des actions. On a essayé, d'abord, de poser une limite à l'incrimination vague et générale des faits immoraux qu'elle semble établir. Les études de Haensel, de Fries, de Richter ont tendu à placer à côté de la loi morale, qui semble exiger la punition de tout acte illicite, le principe que l'État, comme protecteur des droits de ses membres, n'est autorisé à porter des peines que lorsque le droit de l'un d'entre eux a été violé. L'action, d'après ces publicistes, ne serait punissable que lorsqu'à son immoralité intrinsèque elle réunirait la condition d'un droit protégé par la société. Là se trouve le germe de la théorie que M. Rossi a développée; mais ce n'était là qu'une limite du droit d'incrimination, ce n'était pas une mesure de la punition. Zachariæ proposa un système qui peut se résumer en ces termes : Tout délit est une atteinte à la liberté de autres ; d'après le principe de la justice, le criminel doit être gêné dans sa liberté exactement autant qu'il a gêné celle des autres ; toute peine est donc un emprison-

nement dont la durée se mesure, soit à la durée de
l'effet du délit, soit à la valeur du dommage qu'il a
causé : cette valeur doit être convertie en autant de
jours d'emprisonnement qu'il faut de journées de
travail pour la produire. Henke, se plaçant à un autre
point de vue, considère l'agent comme suffisamment
puni et suivant la valeur de son action, lorsque son
amendement moral est constaté. Partant de cette
idée que la société doit réaliser l'idée de la justice
gravée dans le cœur de l'homme et que de cette nécessité morale découle le droit de punir, il arrive à
établir que celui qui commet une action immorale se
dégrade comme homme et comme citoyen ; que tant
que cette action n'est pas expiée, il doit être considéré
comme malade ; que la société dans le sein de laquelle
il se trouve souffre de la même dégradation et est atteinte de la même maladie ; que, pour guérir, elle a
le droit d'exiger du coupable son amendement moral ;
que cet amendement est donc le but et la mesure de la
punition. Enfin, Hegel a essayé de résoudre le même
problème. Son système assez obscur a été récemment
résumé par M. Berner dans les termes suivants : « Le
crime, la violation du droit comme droit est en soi
néant. Il est manifesté dans ce néant intime par la
peine. Le crime est néant en ce qu'il prétend détruire
le droit indestructible. Le néant est manifesté comme
ce qu'il est, c'est-à-dire il est anéanti. La peine est dans
la négation de la négation, par conséquent l'affirma-
tion du droit. De même que dans le système de Kant,

la peine apparaît comme compensation et non comme
simple talion : la compensation de Kant s'éloigne déjà
du talion, du droit mosaïque ; Hegel cherche à effacer jusqu'à la dernière trace de cette formule, en faisant entrer dans l'idée de la compensation celle de la
valeur. Ainsi, de même que, dans l'histoire du Droit,
la substitution de la vente à l'échange est un fait général, de même et par l'application de la même idée,
l'agent doit recevoir la peine que *vaut* son crime.
La peine est une juste compensation, lorsqu'elle paye
au coupable la valeur de sa faute. Le mot même de
vergeltung (compensation) renferme l'idée de l'argent *(geld)*, de la valeur. La peine est donc le salaire
de la peine, ce qu'il a mérité. »

Telle a été la marche des théories absolues. Mais,
à côté de ces théories, qui soumettent la justice
pénale à l'empire du principe moral, les théories
qui, comme celle de Feuerbach, ont été appelées relatives, n'ont cessé de vivre et de se développer. On
les appelle relatives parce qu'elles fondent le droit de
punir et la mesure de la peine sur autre chose que
la criminalité intrinsèque de l'action et la mission
expiatoire de la peine. Elles cherchent ce droit et
cette mesure en dehors de l'action elle-même et dans
un fait futur qui, tel que l'intimidation, l'exemple,
la menace, l'amendement même, a plutôt pour effet
de préserver la société de nouvelles atteintes que de
punir l'atteinte passée à raison de sa valeur intrinsèque. Martin prend pour base du droit pénal le droit

de la légitime défense, en le transportant des mains
de l'individu aux mains de la société, et donne par
là même au pouvoir social la mission, non pas de
punir le mal accompli, mais de prévenir par le châtiment le mal futur. Grollmann assigne à la peine
le but unique de mettre la société en sûreté contre les
nouveaux délits que l'agent pourrait commettre :
suivant ce criminaliste, rival et contradicteur de
Feuerbach, si l'on met les voleurs en prison, ce n'est
pas parce qu'ils ont volé, mais parce qu'ils ont manifesté, par leur larcin, un penchant pour le vol et
que, dès lors, l'État a le droit de les détourner de
vols futurs par la crainte de l'emprisonnement, assu-
rant ainsi, du même coup, la sécurité des citoyens :
la peine est la conséquence légale, non du méfait
commis, mais du penchant manifesté. Klein, dans
le système qu'il a développé, ne se propose, par l'infliction de la peine, que d'effrayer les autres citoyens
et de prévenir ainsi, de leur part, la perpétration des
délits vers lesquels l'impunité du coupable pourrait
les porter. Enfin Romagnosi, Renazzi, Carmignani,
en faisant dériver le droit de punir d'un droit de défense indirecte ou préventive, qui appartient au corps
social, soit parce qu'il ressent lui-même les offenses
faites à ses membres, soit parce qu'il a la mission de
les protéger, cherchent également dans le châtiment
un moyen de sécurité pour l'avenir, un moyen de
prévention. Toutes ces théories, dont nous ne pouvons dire que quelques mots et qui révèlent de pro-

fondes et consciencieuses études, se rattachent par des liens plus ou moins étroits aux principes posés par Feuerbach et Bentham, sont, les unes aux autres, si l'on peut parler ainsi, comme les membres d'une même famille.

Ainsi se trouvent réunies en deux grandes catégories les théories du droit pénal : celles qui sont absolues et celles qui sont relatives : celles qui, prenant leur fondement dans la loi morale, considèrent la loi positive comme une émanation et une application partielle de cette loi divine; celles qui, renfermant la mission de la loi positive dans un cercle exclusivement humain, ne lui assignent pour fondement et pour but que la conservation des intérêts sociaux et la prévention des délits. Ainsi, les deux principes que nous avons vus traverser les siècles, l'un en dehors des lois, dans les premiers instincts des peuples et dans les préceptes de la religion et de l'équité; l'autre, dans toutes les législations qu'il a constamment inspirées et qu'il n'a jamais quittées, se retrouvent, au commencement de ce siècle, en présence l'un de l'autre dans les débats de la philosophie et du droit.

Peut-être, à la vue de ces systèmes qui se succèdent, à la pensée des querelles qui les ont divisés et dont nous n'avons pas dû parler, aura-t-on été frappé à la fois et de l'aspiration continuelle de l'esprit humain vers la solution des grands problèmes du droit, et de son impuissance à les résoudre. On a prétendu que chaque système nouveau doit être considéré comme un progrès vis-à-vis de ses devanciers, parce qu'il a la tâche d'en démontrer les vices, de sorte que la succession historique des théories pénales serait le développement le plus naturel et le plus utile de la matière. Cela peut être vrai, pourvu que de temps en temps un esprit vigoureux déblaye le sol scientifique de tous les travaux qui l'encombrent en même temps qu'ils le fécondent, et démêle, au milieu de tant d'élucubrations savantes mais quelquefois oiseuses, la trace des idées vraies, le germe des principes utiles. C'est là ce qu'a fait M. Rossi, et maintenant que nous avons entrevu les matériaux qui ont pu lui servir, nous allons pouvoir apprécier la portée et le mérite de son œuvre.

IV

Ce n'est que dans ces derniers temps que la France a commencé de prendre part à cette grande querelle du droit positif et de la philosophie. Nos criminalistes du xviiie siècle, Antoine Bruneau, Rousseaud de Lacombe, Muyard de Vouglans, Soulatges, Prévot, Serpillon, Jousse n'étaient que des praticiens, comme l'ont été au xixe Legraverend, Carnot, Bourguignon et Mangin. Si quelques publicistes avaient entrevu le problème, ils n'en avaient pas même cherché la solution : tels ont été Montesquieu, Morellet, Brissot de Warville, Pastoret, Philipin de Piépape, Bexon et Servan.

L'esprit philosophique se réveilla sous la Restauration : M. Cousin, M. Guizot, M. Charles Lucas et M. de Broglie ont, à cette époque, avant M. Rossi, posé la question sur son véritable terrain et l'ont résolûment examinée. Nous n'avons point à parler ici des remarquables et puissants écrits de M. Bérenger et de M. Dupin : c'est la réforme de la loi de procédure criminelle que ces deux éminents jurisconsultes provoquaient et non celle de la loi pénale ; leurs œuvres, et nous le regrettons, car nous aurions signalé les services qu'ils ont rendus à la science, n'appartiennent pas à notre sujet.

M. Cousin est le premier, parmi les publicistes de notre temps, dont les études se soient portées sur le principe du droit pénal. L'illustre traducteur de Platon fut naturellement amené sur ce sujet par ses méditations sur le *Protagoras* et sur le *Gorgias*. Voici comment il s'exprime dans l'argument philosophique de ce dernier dialogue : « La première loi de l'ordre est d'être fidèle à la vertu, à cette partie de la vertu qui se rapporte à la société, savoir la justice. Mais si l'on y manque, la seconde loi de l'ordre est d'expier sa faute, et on ne l'expie que par la punition. Les publicistes cherchent encore le fondement de la pénalité. Ceux-ci, qui se croient de grands politiques, le trouvent dans l'utilité de la peine pour ceux qui en sont les témoins, et qu'elle détourne du crime par la terreur de sa menace et sa vertu préventive. Et c'est bien là, il est vrai, un des effets de la pénalité ; mais ce n'est pas là son fondement; car la peine, en frappant l'innocent, produirait autant et plus de terreur encore et serait tout aussi préventive. Ceux-là, dans leurs prétentions à l'humanité, ne veulent voir la légitimité de la peine que dans son utilité pour celui qui la subit, dans sa vertu corrective; et c'est encore là, il est vrai, un des effets possibles de la peine; mais ce n'est pas son fondement; car, pour que la peine corrige, il faut qu'elle soit acceptée comme juste. Il faut donc toujours en revenir à la justice. La justice, voilà le fondement véritable de la peine : l'utilité personnelle et sociale n'en est que la conséquence. C'est un fait incontestable qu'à la suite de tout acte injuste l'homme pense et ne peut pas ne pas penser qu'il a démérité, c'est-à-dire mérité une punition. Dans l'intelligence, à l'idée d'injustice correspond celle de peine, et quand l'injustice a eu lieu dans la sphère sociale, la punition méritée doit être infligée par la société. La société ne le peut que parce qu'elle le doit. Le droit ici n'a d'autre source que le devoir, le devoir le plus étroit, le plus évident et le plus sacré, sans quoi ce prétendu droit ne serait que celui de la force, c'est-à-dire une atroce injustice, quand même elle tournerait au profit moral de qui la subit, et en un spectacle salutaire pour le peuple. La peine n'est pas juste parce qu'elle est utile préventivement ou correctivement, mais elle est utile et de l'une et de l'autre manière parce qu'elle est juste. Cette théorie de la pénalité, en dé-

montrant la fausseté, le caractère incomplet et exclusif des deux théories qui partagent les publicistes,
les achève et les explique, et leur donne à toutes
deux un centre et une base légitime. »

M. Guizot, en s'inspirant de la même philosophie, et
sans doute aussi des travaux de Kant et de ses disciples,
a essayé, en quelques phrases saisissantes et limpides
de l'un de ses plus admirables écrits, daté de 1822,
de donner à la doctrine de cette école une double
limite qui peut conjurer quelques-uns de ses périls.

« Il n'est pas vrai, a dit M. Guizot, que les crimes
soient punis surtout comme nuisibles, ni que dans les
peines la considération dominante soit l'utilité.
Essayez d'interdire et de punir comme nuisible un
acte innocent dans la pensée de tous, vous verrez
quelle révolte saisira soudain les esprits. Il est souvent arrivé aux hommes de croire coupables et de
frapper comme telles des actions qui ne l'étaient
point. Ils n'ont jamais pu supporter de voir le châtiment tomber d'une main humaine sur une action
qu'ils jugeaient innocente. La Providence seule a le
droit de traiter sévèrement l'innocence sans rendre
compte de ses motifs. L'esprit humain s'en étonne,
s'en inquiète même ; mais il peut se dire qu'il y a là
un mystère dont il ne sait pas le secret, et il s'élance
hors de notre monde pour en chercher l'explication.
Sur la terre et de la part des hommes, le châtiment
n'a droit que sur le crime. Nul intérêt public ou
particulier ne persuaderait à une société tant soit peu

assise, que là où la loi n'a rien à punir, elle peut porter les peines, uniquement pour prévenir un danger.
Le délit, le délit moral, est donc la condition fondamentale du châtiment. La justice naturelle l'exige
impérieusement pour admettre la légitimité de la
peine, et la justice légale ment lorsque, pour s'affran-
chir des exigences de la justice naturelle, elle s'attribue un autre principe, un autre but, et prétend les
trouver dans l'utilité. Que les lois pénales n'espèrent
point se soustraire, sous le prétexte de l'intérêt social, à la nécessité de se conformer aux règles de la
justice naturelle : elles auront toujours, soit dans leur
généralité, soit dans leurs applications, cette compa-
raison à subir, et quand le pouvoir juge et punit, il
ne peut ni changer les conditions d'après lesquelles
la justice morale porte elle-même ses jugements, ni
s'en écarter sans faire naître dans les esprits le sentiment d'une iniquité. Cela posé, je conviendrai que
l'intérêt social est aussi un des motifs qui entrent
dans la dénomination des délits et des châtiments.
Ce n'est pas le premier; car il serait sans valeur s'il
n'était précédé de la réalité morale du délit. C'est le
second; car la société a droit d'interdire et de punir tout ce qui est à la fois coupable, nuisible et de
nature à être réprimé par des lois. La criminalité
morale, le péril social et l'efficacité pénale, ce sont
les trois conditions de la justice criminelle, les trois
caractères qui se doivent rencontrer dans les actions
qu'elle condamne et dans les peines qu'elle inflige.

Voilà le vrai terrain où la justice légale est établie. »

M. Charles Lucas, dans un savant et consciencieux travail qu'il a publié en 1827, s'écarte de la doctrine de M. Cousin et de M. Guizot : sans rejeter le principe de la justice morale dont il admet le concours, il donne à la justice répressive une autre base et d'autres éléments. Son système pénal, qui adhère sous quelques rapports aux principes développés dans le *Traité de législation* de M. Charles Comte, conserve un caractère qui lui est propre, et même, après tant de systèmes imités l'un de l'autre, une puissante originalité. Nous allons essayer d'en reproduire le plus succinctement possible les traits principaux.

M. Charles Lucas rejette, en premier lieu, comme tous les publicistes du xixᵉ siècle, la distinction que la philosophie du siècle précédent avait établie entre l'état de nature et l'état social, entre les droits de l'homme isolé et les droits de l'homme associé. La cause de l'état social est désormais gagnée; la sociabilité est une loi de la nature humaine, la société est l'état naturel de l'homme. Il importe peu que l'on puisse distinguer entre cette sociabilité, qui est de création, et la forme que chaque société humaine lui donne, l'association, l'état politique, qui est de convention. Chaque société, chaque État, considéré comme être collectif, a le droit et le devoir de se conserver en vertu de la loi de création et du fait humain et contractuel de l'association. Ce droit de conservation, essentiel à l'état collectif comme à l'homme lui-même, a pour mission de protéger tous les individus qui composent la société, c'est-à-dire tous les biens que chacun de ces individus tient de la création. Ces biens sont l'existence, la liberté, l'activité, l'intelligence : la société reconnaît leur sainteté et leur inviolabilité. Il suffit donc qu'il y soit porté quelque atteinte pour que cette atteinte en légitime et en nécessite une autre de sa part : elle intervient pour les protéger; et c'est de ce droit d'intervention que découle le droit de punir.

Mais le droit de la société, n'étant qu'une puissance d'intervention, est nécessairement soumis dans son action au droit de l'homme; il a donc des limites; la force sociale ne doit intervenir que pour protéger le droit. C'est là la borne où elle doit s'arrêter; c'est cette condition qui constitue la justice sociale. Les infractions, en effet, ne doivent être envisagées que dans leur rapport avec la conservation de la société; c'est là le but de la justice humaine et la sphère étroite de sa juridiction. Faut-il remonter à un autre principe? Faut-il s'attacher, pour punir ces infractions, à leur nature intrinsèque? Nullement; la justice humaine ne saurait ni déterminer la criminalité absolue d'un acte d'après la connaissance complète de la loi morale, ni déterminer sa criminalité relative d'après la connaissance complète de l'intentionnalité. Elle n'est qu'une justice faillible et incomplète; elle est forcée de substituer l'acte à l'agent et la catégorie à l'acte. Comment pourrait-elle reproduire en pénalité une criminalité dont elle ne peut saisir que des traits si imparfaits? Elle peut réprimer, elle ne peut pas punir; elle exerce une mission d'ordre et non une mission pénale; elle n'est qu'une justice négative ou de conservation; elle ne commande pas le bien et n'en flétrit pas l'omission; elle ne frappe que le trouble à l'ordre positif.

A la vérité, la justice légale ne peut atteindre des actes complétement innocents; mais ce n'est pas parce qu'elle est chargée de maintenir la loi morale, c'est parce que le principe de conservation comprend en lui-même le principe moral, parce que l'ordre social est dans l'ordre universel et que l'utile n'est qu'un des noms du juste. Elle présuppose nécessairement une autre culpabilité que le trouble matériel de l'ordre, mais elle ne la comprend jamais; elle admet la criminalité intrinsèque de l'acte, elle sait que l'atteinte qu'elle réprime ne peut jamais être simple et isolée; elle saisit assez l'intention pour ne pas frapper aveuglément l'innocent, la loi morale pour ne pas incriminer des actes licites. Mais elle ne relève point de cette loi morale; elle n'est point neutre à l'égard du juste et de l'injuste, elle n'est qu'incompétente. N'est-il pas possible de sceller sur ce terrain l'alliance de l'utile et du juste? Tout doit être en harmonie : la justice humaine avec la justice divine, l'ordre social avec l'ordre universel. Or, comment comprendre cette harmonie, si la justice humaine empiète sur la justice divine, si, au lieu de se renfermer dans les limites étroites de l'ordre social, elle prétend venger l'ordre moral ? La répression est donc la véritable et unique nature de cette justice : elle constitue une justice de prévoyance lorsqu'elle agit par la menace ou par l'exemple ; elle constitue une justice de répression lorsqu'elle agit pour empêcher le retour de l'infraction qui a troublé l'ordre.

Telle est la trame de l'œuvre forte et savamment combinée de M. Charles Lucas ; tel est le principe dont il a déduit, avec autant de logique que de talent, toutes les règles de l'emprisonnement pénitentiaire. C'est en rendant compte de cet ouvrage, remarquable sous plus d'un rapport et dont nous reparlerons plus loin, que M. le duc de Broglie eut l'occasion d'exposer lui-même, dans la *Revue française*, une véritable théorie pénale. Cette théorie, bien que son idée fondamentale soit celle que Kant a empruntée à Platon, celle que M. Cousin et M. Guizot ont diversement reproduite, a reçu, sous la plume de M. de Broglie, une physionomie nouvelle qui la rend digne de la plus sérieuse attention.

M. de Broglie se pose ces questions : Qu'est-ce que punir ? en qui réside le droit de punir ? à quelles conditions ce droit est-il exercé ? Voici comment il les résout : L'ordre moral, en ce qui touche les êtres libres, intelligents et sensibles, est la conformité des sentiments, des désirs, des actions aux préceptes de la morale. Cet ordre éternel peut être troublé par le fait de l'homme, lorsque celui-ci, entraîné ou séduit,

obtient momentanément, non pas le vrai bonheur,
mais le plaisir, en faisant le mal. Ce trouble doit être
réparé, car l'ordre doit être rétabli ; l'expiation en
est le rétablissement. Que faut-il entendre par ce
mot? Les remords, la désapprobation publique, la
honte attachée à une action flétrie par la conscience,
sont déjà une première expiation du mal ; mais cette
garantie ne suffit pas. Que manque-t-il au remords
pour s'emparer de l'âme du coupable et pour le régé-
nérer ? Il lui manque l'isolement pour la recueillir et
pour la sevrer des voluptés qui l'enivrent. Que manque-t-il à la désapprobation publique pour agir efficacement contre la fraude et la violence ? Il lui manque la certitude et l'étendue ; il faut que le coupable
soit certain que cette flétrissure l'atteindra et le frap-
pera. Que manque-t-il à la crainte de la honte pour
le retenir ? Il lui manque d'être publiquement reconnue et proclamée. La pénalité n'est donc autre chose
que l'expiation même, l'expiation exercée dans ses
trois grandes branches : le remords, la désapprobation
publique, la rétribution définitive ; l'expiation, d'é-
loignée qu'elle était, rendue prochaine ; d'incertaine
qu'elle était aux yeux du coupable, rendue évidente ;
d'obscure qu'elle était, rendue sensible et transportée *pro parte quâ* du monde à venir dans celui-ci.
Mais est-ce bien l'expiation tout entière, l'expiation
envisagée dans son but propre et véritable, le rétablissement de l'ordre ? Non sans doute ; c'est à Dieu
seul qu'appartient ce rétablissement. C'est l'expiation

envisagée dans son effet latéral et incident, la prévention des fautes, des torts, des délits. Ainsi, ce qui est
le principal dans l'expiation, n'est que l'accessoire
dans la punition. La punition n'est point chargée de
régler le compte de l'homme avec la loi morale, ni
d'égaler les souffrances à la perversité des actes :
qu'elle prévienne les plus importants de ces actes
pervers, qu'elle les prévienne au degré suffisant pour
le maintien de la paix, pour l'essor du perfectionnement individuel et social, voilà son œuvre.

En qui réside le droit de prononcer cette punition?
Il est impossible, en étudiant la formation de la famille humaine, de ne pas reconnaître au père le droit
de punir ses enfants ; il punit pour réformer, mais il
opère en tout ou partie l'expiation de la faute et assure le maintien de la paix domestique. Dans chaque
association humaine, le pouvoir social exerce l'autorité du père de famille ; il punit pour empêcher le retour du trouble, et il opère incidemment, d'une part,
l'expiation de la faute, de l'autre, l'amendement du
coupable. La légitimité de la punition se fonde à la
fois sur la justice de son pouvoir et sur celle de l'expiation elle-même. Mais deux conditions doivent
être apportées au droit du législateur : en premier
lieu, il ne dispose que dans l'intérêt de l'ordre extérieur et de la paix publique ; d'où il suit qu'il n'y a
que les devoirs envers nos semblables qui tombent
sous la protection de la loi pénale. En second lieu, il
n'a droit sur le délinquant qu'autant qu'il y a faute

morale et dans la proportion de la faute. Punir un
homme pour une action innocente, punir sévèrement
pour une faute légère, c'est agir sans droit, c'est sacrifier une victime à l'intérêt public, ce n'est plus punir.

Ces vues de M. de Broglie, neuves sur quelques
points, venaient de projeter une vive clarté sur la
matière, lorsque M. Rossi entreprit de la traiter à son
tour ; peut-être n'ont-elles pas été sans influence
sur quelques-unes des idées qu'il a exprimées. Il faut,
toutefois, tenir une certaine distance entre les travaux qui viennent d'être analysés et le travail de
M. Rossi. Autre chose est d'énoncer une opinion ou
d'exposer un système, autre chose est de traiter une
matière avec tous les développements qu'elle comporte. M. Cousin, M. Guizot, M. de Broglie lui-même
ont résumé leurs idées dans quelques pages ; M. Charles Lucas n'a consacré qu'une portion de son livre à
l'établissement d'un système pénal qui n'était que
l'accessoire de son sujet. M. Rossi a embrassé cette
matière dans toute son étendue, il en a sondé toutes
les profondeurs, il en a posé tous les problèmes, il
en a énoncé tous les corollaires ; il n'a reculé devant
aucune difficulté, devant aucune objection ; en établissant chacun de ses principes, il s'enquiert de leur
source et de leurs conséquences ; il les étend ou les
limite, fixe leur autorité et leurs effets comme on
sculpte chacune des pierres qui doivent prendre place
dans un édifice. Ce n'est plus le simple développement d'une théorie, c'est un traité de Droit.

Ce traité, dont il faut essayer de résumer les lignes principales, pose au seuil même de la carrière qu'il parcourt un premier principe : c'est qu'il est un ordre moral, préexistant à toutes choses, éternel, immuable ; cette proposition est une vérité primitive écrite dans la conscience du genre humain. L'ordre moral comprend tout ce qui est bien en soi. Les préceptes de cette loi morale sont obligatoires pour les êtres libres et intelligents. Ces êtres sont donc coupables s'il s'en écartent, et par conséquent responsables de leurs égarements. Or, les lois de l'ordre et de la responsabilité admises, on ne peut se refuser à admettre une justice qui applique les lois de cet ordre moral aux actes et aux intentions des êtres responsables, qui distribue la récompense et la peine, dans l'exacte proportion du bien et du mal opéré : c'est la justice morale, la justice absolue. Telle est la source de la justice sociale : elle n'est qu'une émanation de la justice éternelle. La justice est une : son but, qui est toujours le même, ne peut être que le rétablissement de l'ordre. La justice humaine a donc le même principe que la justice absolue ; elle n'en diffère que parce qu'elle n'a ni la même mission ni la même étendue. Quelle est sa mission spéciale ? quelle est son étendue ?

La société, qui est l'état naturel de l'homme, lui a été donnée comme moyen de secours, comme moyen de connaissance, comme moyen de développement. L'existence sociale n'est pas seulement un

droit, elle est pour lui un devoir. Quelles sont les
lois de l'ordre social ? Du fait de l'association résultent deux classes de rapport : rapport de l'union, considéré comme corps moral, avec les individus qui la
composent ; rapport des individus entre eux. L'ordre
social consiste à maintenir les droits de la société
contre ses membres et de ses membres entre eux.
Or, comment ces droits peuvent-ils être maintenus ?
Supposez l'existence d'un pouvoir social, c'est-à-dire
d'une intelligence qui commande, d'une force qui
réprime, d'une puissance conservatrice de l'ordre.
Quels sont les moyens légitimes que ce pouvoir
pourra employer pour conserver la société paisible et
régulière envers et contre tous ? Il a la propagation
de l'instruction, la connaissance des lois, la police
préventive, les récompenses, la menace de ses défenses, les récompenses civiles. Mais si tous ces moyens
sont insuffisants, quel autre reste au pouvoir social ?
un seul, le mal de la peine. La peine en elle-même
n'est que la rétribution, avec pondération et mesure,
du mal pour le mal. L'application de cette peine est
l'œuvre de la justice.

Or, de ces deux principes, d'une part, que la
justice sociale est une émanation de l'ordre moral,
d'autre part, qu'elle a pour mission de protéger l'ordre social, découle une conséquence : c'est que le
pouvoir social a sans doute le droit d'exercer la justice morale, mais dans un but restreint et déterminé
et concurremment avec les autres moyens de ga-

rantie. C'est ici que vient se manifester le second élément que M. Rossi, dans quelques-uns de ses devanciers, mais dans une autre mesure, fait concourir avec l'élément de la justice morale : la nécessité du maintien de l'ordre social. La justice absolue est un élément de l'ordre moral, la justice humaine est un élément de l'ordre social. Le but de l'une consiste dans son propre accomplissement; le but de l'autre, extérieur et borné, est le rétablissement de l'ordre social lésé ou troublé dans l'un de ses éléments. Un délit est-il commis? il y a violation d'un devoir, l'ordre moral doit être rétabli : il y a justice absolue à punir. Ce même délit trouble-t-il l'ordre social? il y a délit moral et politique à la fois, il y a violation de l'ordre moral et de l'ordre social. L'ordre social peut être rétabli par la peine. Mais la peine ne peut être infligée qu'au coupable, à raison du mal commis et non du mal à prévenir, et ne peut avoir d'autre mesure que ce mal. Ainsi, la justice sociale est renfermée, pour ainsi dire, dans trois cercles concentriques : celui de la justice intrinsèque de la punition, celui de l'utilité pour la conservation de l'ordre social, enfin celui des moyens qu'elle possède pour exercer l'action pénale.

Telle est la théorie générale que le *Traité du Droit pénal* a développée. Cette théorie, qui se rattache étroitement à celle de M. de Broglie, repose évidemment sur la même idée : cette idée qui est celle de Kant, et à laquelle M. Cousin et M. Guizot avaient

donné des formules distinctes, est que la justice pénale
doit prendre son point de départ dans les principes
de la justice morale. Mais elle s'écarte de tous ses
devanciers par la combinaison nouvelle qu'elle établit de l'élément moral et de l'élément social, par
l'explication ingénieuse qu'elle a donnée de cette alliance du juste et de l'utile, par la puissance respec-
tivement limitée qu'elle accorde à ces deux sources
du droit pénal, enfin par les déductions fécondes et
nouvelles qu'elle sait en tirer. C'est sous ce rapport
qu'elle tient une place considérable dans la science et
qu'elle doit être étudiée.

V

Deux principes sont posés par M. Rossi comme les
points de départ, comme les fondements nécessaires
du droit pénal.

Le premier est le principe de la justice morale
que la philosophie ancienne avait déjà mis en lumière, et auquel la philosophie moderne a donné
de si riches développements. Ne suffit-il pas de rappeler sur ce sujet les études de M. Cousin, de Jouffroy,
de M. Franck? La loi morale, qui s'éveille dans la
pensée de l'homme pour ainsi dire avec la vie, confuse d'abord, puis plus distincte à mesure que son
intelligence s'éclaire, se manifeste avec évidence
aussitôt que ses facultés affermies lui permettent de

s'étudier lui-même ; elle se révèle à lui par un sentiment intime qu'il trouve en lui-même et qu'il nomme
la conscience. C'est cette loi qui distingue le bien et
le mal, qui sépare le juste de l'injuste, qui approuve
certaines actions, qui répudie les autres. Indépendante de toutes choses, elle l'oblige, suivant une expression de M. Cousin, parce qu'elle est vraie. Elle
lui dicte sa conduite, elle éclaire ses pas, elle lui
parle, elle l'avertit de ses erreurs et de ses fautes ;
c'est un guide intérieur que Dieu lui a donné pour
le conduire dans la vie. Si ces clartés luisent moins
vives chez quelques hommes, si des appétits grossiers
ou de perverses habitudes ont réussi à la rendre
incertaine et confuse, jamais ils ne parviennent à
anéantir complétement en eux-mêmes cette impulsion
intérieure, cet instinct naturel qui les pousse vers ce
qui est vrai, vers ce qui est bon. Cette loi trouve dans
l'ordre moral même une véritable sanction. Pourquoi l'homme qui fait le bien est-il environné de
l'estime générale? Pourquoi celui qui fait le mal est-il
poursuivi par la désapprobation publique? Les hommes, dès que leurs intérêts ou leurs passions ne sont
pas en jeu, trouvent donc en eux-mêmes une admiration involontaire pour la vertu, un éloignement
instinctif pour le vice. Ils portent donc dans leur
sein un sentiment secret de la beauté morale, de la
grandeur, de la bonté ; ils s'inclinent au fond de leur
âme devant ces qualités et leur rendent hommage.
Que si quelques-uns, emportés par leurs passions ou

leurs besoins, refoulent ces purs instincts et se livrent
au désordre, qui oserait assurer qu'ils y trouvent le
bonheur? Ils peuvent s'étourdir longtemps dans leurs
fausses joies, mais un jour vient où s'élève en eux-
mêmes une voix pour leur demander compte de leurs
actions, la voix du remords, sanction divine de la loi
morale, qui châtie avec sévérité et dont nul n'a jamais accusé la justice. De là il suit que les règles de
la loi morale ont un caractère obligatoire : promul-
guées à l'homme par sa conscience, elles lui créent
des devoirs. L'homme est faible sans doute, mais il est
libre et intelligent, il est tenu, dans la mesure de sa
liberté et de ses forces, de suivre les règles qu'il sait
vraies et par conséquent il est responsable des infractions qu'il commet. Cette responsabilité justifie l'application d'une peine, soit la réprobation publique,
soit le remords. C'est dans cette application que consiste la justice morale, et l'on peut dire avec un vieil
auteur, avec Decianus : *Forus conscientiæ est forus
veræ justitiæ.*

Le second principe est celui de la sociabilité humaine. Les philosophes du XVIIe et du XVIIIe siècle
avaient fondé la société civile sur une convention :
telle était la doctrine de Grotius, de Hobbes, de Puffendorf, de Wolff; elle fut partagée par Fichte et par
Kant; et nous avons vu qu'elle fut la base des théories
pénales qui, comme celles de Vattel et de Beccaria,
font dériver le droit de punir de l'abandon prétendu
fait à la société du droit naturel de défense apparte-

nant à chacun des associés. Cette doctrine, qui ne repo-
sait que sur une fiction historique, a été renversée par
la philosophie du XIXᵉ siècle, et mieux que personne,
M. Rossi a démontré son inexactitude. L'homme est
né dans la société et pour la société : c'est là, comme
l'a dit M. de Broglie, son état de nature ; il ne l'a
pas choisi, et il ne dépend pas de lui de s'y soustraire ; c'est une nécessité morale de son existence.
Son organisation physique, ses instincts, ses besoins,
tout révèle sa sociabilité naturelle ; son organisation
morale et intellectuelle lui fait une loi de cette société,
car ce n'est qu'au milieu de ses semblables qu'il peut
développer son intelligence et exercer les devoirs que
la loi morale lui impose.

Ces deux principes ainsi reconnus constituent, soit
l'un ou l'autre séparément, soit l'un et l'autre com-
binés ensemble, le fondement et la base unique du
droit pénal. Toutes les théories, en effet, quelles que
soient les nuances qui les séparent, remontent nécessairement soit au droit de la justice morale, soit au
droit de défense ou de conservation de la société. Si
l'on fait abstraction de toutes les ingénieuses subtilités des publicistes, on ne trouvera point, en dehors
de ces deux principes fondamentaux, un principe
quelconque qui rende raison de la pénalité. Nous
avons vu que Kant fait dériver la justice pénale de la
justice absolue, et Bentham de l'utilité sociale. Nous
avons vu aussi qu'autour de ces deux maîtres se sont
groupés une foule de disciples qui ont essayé, les uns

d'apporter quelque contre-poids à la doctrine absolue de Kant, les autres de tracer un cercle à l'exercice du droit utilitaire. M. Livingston et M. Charles
Lucas avaient déjà proposé la réunion de ces deux
éléments. C'était là l'état de la science lorsque
M. Rossi est entré dans le débat. On peut dire, en quelque sorte, que les éléments de la solution étaient
trouvés, il ne s'agissait plus que de l'en dégager. La
difficulté était tout entière dans leur combinaison.

Quelques-uns des sectateurs de Kant ont enseigné,
comme on l'a vu précédemment, que le droit absolu
de la justice morale devait être tenu en équilibre,
c'est-à-dire limité par la mission restreinte du pouvoir de protection de l'État envers les membres qui
le composent. Cette donnée un peu vague a été re-
prise par M. Guizot qui a dit : « L'intérêt social est
un des motifs qui entrent dans la détermination des
délits. Ce n'est pas le premier, car il serait sans valeur s'il n'était pas précédé de la réalité morale du
délit. C'est le second, car la société a le droit de punir ce qui est à la fois coupable et nuisible. » M. Rossi
a suivi cette voie : « Le droit pénal se compose d'une
partie absolue et d'une partie relative, d'une partie
variable et d'une partie invariable, d'une partie sur
laquelle l'homme ne peut rien et d'une partie qu'il
peut modifier en modifiant sa propre manière d'être,
en un mot, de préceptes de justice et de règles d'utilité. L'utilité n'est pas un principe suprême, générateur primitif de nos droits et de nos devoirs; elle est

un motif; elle est et doit être pour la société une mesure dans l'exercice des pouvoirs dérivant d'une source plus élevée. La justice pénale est une portion de la justice universelle; elle a des bornes, le maintien de l'ordre social. »

Ainsi, c'est à la loi morale, comme à sa source, que M. Rossi fait remonter la justice pénale; c'est là qu'elle doit puiser ses préceptes et ses lois : l'utilité sociale n'est qu'une limite de ses incriminations, une mesure de ses pénalités. Ce premier point mérite quelque examen.

Que la loi morale soit un élément nécessaire de la justice pénale, comment le mettre en doute? Comment admettre que cette justice puisse saisir des actes qu'il répugnerait à la conscience humaine d'incriminer, qu'elle puisse flétrir des faits que celle-ci jugerait innocents ou qu'elle glorifierait? La première condition de la loi sociale est d'être en harmonie avec la loi morale : la pénalité ne peut être utile sans être juste. Tous les systèmes sont aujourd'hui d'accord sur ce point. M. Livingston déclare « que l'utilité générale est intimement liée avec la justice; » M. Charles Lucas, « que la justice sociale ne peut pas plus défendre que réprimer des faits innocents; » M. Guizot, « que le châtiment n'a droit que sur le crime; » M. de Broglie, « que le législateur n'a de droit sur le délinquant qu'autant qu'il y a faute morale; » M. Rossi enfin, « que l'élément essentiel du délit est la violation d'un

devoir. » Cette idée fondamentale, qui s'est développée sous l'inspiration de Grotius, de Selden,
de Kant, est désormais acquise à la science pénale
comme l'un de ses progrès les plus précieux.

L'hésitation ne commence que lorsqu'il s'agit
d'établir le rapport de la justice morale et de la justice pénale : quelle est la forme du lien qui doit les
attacher l'une à l'autre? La justice morale n'est-elle
qu'un élément de la justice pénale, destiné à la contenir et même à la diriger, mais sans en changer la
mission spéciale et restreinte? ou bien, est-elle, au
contraire, la source d'où l'autre procède, le principe
que celle-ci ne fait qu'appliquer? En d'autres termes,
la justice sociale, même en s'appuyant sur la loi morale, a-t-elle en elle-même des conditions de vie qui
lui soient propres? ou n'est-elle qu'une émanation,
et, si l'on peut parler ainsi, une délégation de la justice absolue?

Leibnitz a le premier nettement déclaré que la
justice humaine n'est qu'une portion de la justice
de Dieu : « Il y a une espèce de justice et une certaine sorte de récompenses et de punitions qui ne
paraît pas si applicable à ceux qui agiraient par une
nécessité absolue, s'il y en avait. C'est cette espèce de
justice qui n'a point pour but l'amendement, ni
l'exemple, ni même la réparation du mal. Cette
justice n'est fondée que dans la convenance qui demande une certaine satisfaction pour l'expiation
d'une mauvaise action. Les Sociniens, Hobbes et

quelques autres, n'admettent point cette justice punitive, qui est proprement vindicative, et que Dieu
s'est réservée en bien des rencontres, mais qu'il ne
laisse pas de communiquer à ceux qui ont droit de
gouverner les autres, et qu'il exerce par leur moyen,
pourvu qu'ils agissent par raison et non par passion.»
M. de Broglie a repris cette pensée : « Remplissant
la mission qui lui est confiée, le législateur tire le
bien du bien, l'ordre terrestre et passager de l'ordre
éternel; il n'usurpe point sur les droits du Très-
Haut, il le sert au poste où il est placé, il avance son
règne sur la terre et dans le ciel. » M. Rossi est plus
explicite encore : « La justice imposée aux sociétés
comme un devoir, comme une loi morale, protége
même les intérêts matériels; elle les protége, non à
titre d'intérêts, mais à titre de droits. Émanation de
l'ordre moral, c'est à l'ordre moral qu'elle tend;
c'est pour leur rappeler les principes de l'ordre moral qu'elle se manifeste aux hommes, et pour leur
fournir les moyens de s'élever eux-mêmes à la source
céleste d'où elle émane. Mais si telle est l'origine de
la justice sociale, si on doit voir en elle *une délégation partielle de la justice éternelle*, peut-on croire
qu'elle puisse être exercée par un pouvoir humain
sans conditions et sans règles?... Les différences qui
séparent la justice sociale de la justice absolue n'empêchent pas qu'elles ne dérivent l'une et l'autre de
la même source et qu'elles n'aient un caractère
essentiel qui leur est commun : ce caractère est la

juste dispensation du bien et du mal, une dispensation conforme à la loi morale. »

Cette idée de la justice sociale émanant de la justice divine est destinée à réaliser dans ce monde les
préceptes de la loi morale, séduit et enflamme l'esprit. La conscience humaine, quelquefois froissée
par les règles relatives et étroites de la loi pénale,
aspire à s'élever au-dessus de la sphère variable de
l'intérêt social et à remonter jusqu'aux règles éternelles du monde moral pour y prendre le type de
nos institutions passagères. L'homme trouve dans ses
sentiments intimes l'instinct d'une justice absolue qui
ne faillit point, parce qu'elle sonde le fond des
cœurs, et qui rétribue le mal pour le mal, parce
qu'elle peut mesurer l'étendue de la faute et l'étendue de l'expiation ; il voudrait que les lois de l'ordre
social pussent reproduire et imiter les lois de l'ordre
moral ; et c'est à cette perpétuelle aspiration que sont
dus les efforts tant de fois manifestés pour rattacher
la justice de la terre à la justice de Dieu.

Mais cette idée est-elle vraie? Est-il vrai que la
justice morale et la justice humaine aient une commune origine? Est-il vrai qu'elles poursuivent l'une
et l'autre, avec des moyens distincts et dans un cercle
différent, une même mission ?

Quel est le but de la justice morale? C'est le rétablissement de l'ordre troublé par un acte immoral.
Comment s'opère ce rétablissement? Par l'expiation
de la faute. Cette expiation est la rétribution dans

une juste proportion du mal par le mal. Est-ce là la mission de la justice sociale ? est-elle chargée, par une délégation de la justice éternelle, d'en faire régner et d'en appliquer les lois ? a-t-elle le pouvoir d'exiger des coupables l'expiation de leurs délits ?

Il ne faut point exagérer les termes de la question telle qu'elle est posée dans la théorie que nous examinons. Cette théorie reconnaît que le pouvoir social n'a pas le droit d'étendre son action pénale dans tout le domaine de la justice morale, et qu'elle n'a la mission de distribuer cette justice que dans les limites de l'utilité sociale seulement. Ce n'est donc que dans ce cercle restreint que la justice pénale revendique une délégation de la justice absolue. Il est certain que sur ce terrain ainsi limité, une partie des objections, celles qui avaient été opposées à la théorie de Kant, s'effacent. Mais il y en a qui subsistent encore.

Si ce n'est plus dans tout le domaine de la justice morale que s'exerce l'action pénale, si elle est restreinte aux cas où l'intérêt social coexiste avec l'intérêt moral, si elle ne peut saisir ni le péché, ni la simple faute, mais seulement le délit, elle poursuit dans le délit la violation de la loi norale, elle tend à l'expiation avant de tendre à la répression. « La justice, dans sa partie pénale, dit M. Rossi, n'est que le mal rétribué pour le mal, avec moralité et mesure, en un mot l'*expiation*. Donc, partout où l'idée d'expiation n'entre pour rien, il ne peut être question de

justice. L'emploi de ce mot n'est permis qu'à ceux
qui regardent la justice sociale comme une émanation et un accomplissement partiel, sous certaines
conditions, de la justice morale. » C'est ce mot, en
effet, qui résume tout le système de l'auteur.

Or, que faut-il entendre par l'expiation ? C'est,
suivant Leibnitz, « le rétablissement de l'ordre par le
châtiment ; » suivant Hegel, « le crime mis à néant
par la peine ; » c'est, en d'autres termes, la faute ra-
chetée par la souffrance, le mal rétribué par le mal.
Comment s'opère cette réparation morale ? Elle
s'opère par l'infliction d'une douleur égale à l'intensité de la faute, mais elle s'opère encore par les remords, par le repentir, par une épuration sincère des
dispositions de l'âme. Il est évident que l'ordre est
rétabli, que l'expiation est entière quand le coupable reconnaît son égarement et le déplore, quand,
poussé par le repentir, il s'efforce d'en effacer les
traces.

Est-ce là l'expiation que la justice humaine peut
poursuivre ? Évidemment non, car elle n'a pas les
moyens de la constater. Sa vue est courte et confuse ;
ses moyens d'instruction sont bornés. Comment peut-
elle vérifier la sincérité des regrets, les angoisses du
remords et tous les déchirements de la douleur ? Elle
ne pénètre pas dans la pensée du coupable ; elle ne
peut mesurer ni le degré de la faute, ni le degré de
l'expiation ; elle s'arrête aux faits extérieurs, aux indices, aux probabilités. Est-il possible de lui impo-

ser la tâche de commencer en ce monde l'œuvre de
la justice éternelle ? Que peut avoir de commun cette
justice qui ne saisit que l'âme et ses troubles internes, et la justice humaine qui ne peut saisir que les
actes externes ? « Au grand jour où nos actions seront
pesées dans la balance du Juge suprême, a dit M. de
Broglie, il nous sera tenu compte de ce qu'aura déjà
exigé de nous le juge d'ici-bas. » Mais le juge d'ici-
bas est-il certain lui-même qu'au moment où il inflige la peine, la faute n'est pas déjà moralement
expiée ? Comment s'y prendra-t-il pour s'assurer de
cette expiation anticipée et pour en tenir compte dans
la mesure de la peine juridique ?

Quelle est donc l'expiation qui est proposée à la
justice humaine comme le but de son action ? C'est
une sorte d'expiation imparfaite et tronquée dont
Kant a cherché le type dans la loi du talion et dont les
deux termes sont, d'une part, le mal du délit, de
l'autre, la proportion de la peine avec l'intensité de
ce mal. Ainsi, elle fait une complète abstraction des
remords, des souffrances morales, du repentir et de
la disposition de l'esprit de l'agent; elle ne tient aucun
compte de l'expiation morale qu'il a pu subir ; elle
saisit le mal du délit tel qu'il s'est matériellement
produit, et c'est de cette constatation matérielle
qu'elle déduit sa valeur morale et la mesure de l'expiation. On voit que ce n'est déjà plus l'application
même restreinte de la justice morale ; c'est une justice qui a seulement la prétention de lui ressembler

de loin et d'imiter, autant qu'elle le peut, ses règles divines.

Mais, pour conserver cette analogie, deux conditions sont évidemment nécessaires : d'une part, l'appréciation de la valeur morale du délit, de l'autre part, l'appréciation d'une peine égale à cette valeur. Si l'on ne peut parvenir à formuler les deux termes de cette équation, ou l'expiation ne sera pas atteinte, ou la peine excédera une juste proportion : la règle de la justice morale sera enfreinte. Or, comment la justice humaine peut-elle arriver à saisir ce rapport ? Ici la pensée ressent une véritable anxiété. Lorsque notre vue s'arrête à la contemplation de la justice absolue, telle qu'il nous est donné de la concevoir, nous demeurons accablés de la grandeur et de l'immensité de son œuvre. C'est, en effet, sur la connaissance la plus claire, non-seulement de chacun de nos actes, mais de nos pensées, de nos désirs et de toutes les causes impulsives de nos déterminations, qu'elle asseoit son jugement. Elle doit tenir compte et de nos irrésolutions, et des combats que nous avons livrés à nos désirs, et des efforts que nous avons déployés pour contenir nos penchants; elle doit tenir compte de notre organisation, de nos instincts naturels, du degré plus ou moins élevé de notre éducation, des moyens de résistance qui nous ont été fournis, tels que la morale naturelle, la religion, la famille, la vie civile; elle doit enfin tenir compte de la puissance des séductions qui ont été employées pour nous porter à franchir toutes ces barrières. Dieu peut tenir un tel compte ; Dieu connaît l'homme et peut le punir. Mais la justice humaine, c'est-à-dire la justice exercée par les hommes, avec leurs connaissances débiles et bornées, peut-elle entreprendre une telle œuvre? Quels moyens a-t-elle de suivre la marche du crime dans la pensée de l'homme, lorsque sa vue s'arrête aux actes extérieurs? Quels moyens a-t-elle de déterminer sa criminalité relative, lorsqu'elle ne peut connaître l'intentionnalité? Quels moyens a-t-elle de déterminer même la criminalité absolue de l'acte; lorsqu'elle ne peut déterminer la loi morale tout entière?

Et, cependant, si cette analogie de la justice morale et de la justice humaine est admise, les conséquences se pressent aussitôt : il faut que la justice humaine prenne la base de ses incriminations dans le mal moral du délit, il faut qu'elle le connaisse et le mesure, il faut que, cette connaissance acquise, elle exerce une portion de la justice divine, il faut qu'elle s'enquière des règles et des exigences de cette justice, il faut qu'elle les applique telles qu'elle croit les avoir comprises. Il est clair que ce sont là les corollaires logiques du principe : dès que la justice humaine a la mission, même partielle, même restreinte, d'exercer la justice morale, elle doit obéir aux préceptes de cette justice.

Or, n'y a-t-il pas lieu de craindre qu'elle ne puisse jamais parvenir à percevoir la valeur intrinsèque du

mal moral? N'y a-t-il pas lieu de craindre qu'elle
ne puisse, dès lors, réussir à mesurer le juste rapport de ce mal avec le mal social qui seul est à sa
disposition et que seul elle peut infliger? N'y a-t-il
pas lieu de craindre enfin qu'en donnant pour base
au châtiment l'intensité du mal commis, elle ne
puisse arriver à établir une équitable proportion entre le délit et la peine, qu'elle ne soit entraînée,
par cela seul qu'elle fait l'office de la justice divine
et qu'elle n'a pas d'élément sensible de son appréciation, à porter les incriminations et les peines au delà
de leurs limites légitimes?

L'ordre moral, en effet, plus susceptible que l'ordre
social, souffre de mille atteintes dont ce dernier ne
souffre pas; il s'inquiète d'un grand nombre d'infractions qui, par cela seul qu'elles ne sont accom-
pagnées d'aucun trouble extérieur, sont indifférentes
à celui-ci. De là sa tendance naturelle à se prêter
facilement à des incriminations que l'intérêt de
l'ordre social ne justifie pas. Chaque incrimination
est une conquête pour la loi morale, car elle donne
dans ce monde une sanction à l'un de ses préceptes,
elle étend les bornes de son empire temporel, elle en
promulgue les décrets. On peut donc regarder qu'elle
est en quelque sorte une incessante provocation auprès de la loi sociale, pour la porter à saisir tous les
actes naturellement immoraux qui ne touchent qu'indirectement à l'intérêt général, pour lui faire épouser
ses querelles, pour le pousser à venger ses blessures.

Ce danger devient plus sensible quand on songe, non point à l'incertitude de la loi morale, mais à l'incertitude que les jugements humains portent trop souvent sur l'application de ses préceptes. « Nous voyons dans une lumière supérieure à nous-mêmes, a dit Bossuet, si nous faisons bien ou mal, c'est-à-dire si nous agissons en nous selon les principes constitutifs de notre être ; nous voyons avec toutes les vérités éternelles, les règles invariables de nos mœurs. » Mais, ajoute l'illustre prélat, « dès-là que notre âme sent qu'elle ignore beaucoup de choses, qu'elle se trompe souvent, souvent aussi, pour s'empêcher d'être trompée, elle est forcée à suspendre son jugement et à se tenir dans le doute ; elle voit, à la vérité, qu'elle a en elle un bon principe, mais elle voit aussi qu'il est imparfait. » Nous savons que Locke a dit : « Je ne doute nullement qu'on ne puisse déduire de propositions évidentes par elles-mêmes, les véritables mesures du juste et de l'injuste par des conséquences nécessaires et aussi incontestables que celles qu'on emploie dans les mathématiques. » Mais nous savons aussi que ces lois du juste et de l'injuste, quoique des travaux récents, et en dernier lieu, l'excellent livre de M. Jules Simon, aient eu pour but de les déterminer avec plus de précision, n'ont point encore, dans beaucoup de cas, une règle fixe, une formule invariable. On peut dire encore avec Montaigne « que les lieux éthiques qui regardent le debvoir particulier de chascun en soy tant difficiles à dresser; » et avec Charron « que tant est courte et faible toute la suffisante humaine, qu'elle ne peut bailler ni recevoir un règlement certain, universel et constant à estre homme de bien ; et ne peut si bien adviser et pourvoir que les moyens de bien faire ne s'entr'empeschent souvent. » Comment donc apprécier avec sûreté, si la loi nouvelle est la source infaillible et nécessaire de la loi pénale, quels sont, dans tous les cas et dans toutes les circonstances, les actes qu'elle prohibe et les actes qu'elle permet?

Nous pensons, il est vrai, que la loi morale peut apparaître plus claire aux yeux de l'homme, à mesure qu'il s'instruit, à mesure qu'il grandit dans la civilisation. Il en est, ainsi que nous l'avons déjà dit dans un autre lieu, de la conscience de l'homme comme de la conscience sociale. La conscience sociale, qui apprécie les actions humaines et leur imprime leur caractère, ne s'est développée qu'avec lenteur ; les lumières qui l'éclairent ne lui sont arrivées que successivement ; beaucoup de faits qui la blessaient autrefois ont cessé de la blesser aujourd'hui. A la vérité, la distinction du bien et du mal, du juste et de l'injuste a été, à toutes les époques, unanimement acceptée, et il est une foule d'actes à l'égard desquels cette distinction n'a soulevé, dans tous les temps, aucun murmure. Si le flambeau que l'homme porte en lui-même peut, vivifié par l'intelligence et la raison, jeter des lueurs plus vives et plus pures, il ne s'ensuit pas qu'il ne l'ait pas éclairé auparavant. Ce qu'on veut dire seulement, c'est que l'homme pris individuellement suit la condition progressive du genre humain. La civilisation le développe, les lumières qui l'entourent le pénètrent, l'éducation le transforme. Ainsi, la charité qui embrasse tous les hommes dans son amour, la pitié qui s'émeut de toutes les souffrances, le sentiment d'humanité qui, par une touchante solidarité, n'aperçoit dans tous les êtres qu'un seul être, tous ces sentiments n'étaient pas connus au même degré des peuples anciens. La conscience reçoit en même temps le reflet des rayons qui traversent l'intelligence et la raison. Elle s'éclaire et elle devient peu à peu plus sensible, elle multiplie ses frémissements intérieurs, ses avertissements secrets. Il semble qu'elle se perfectionne à mesure que l'homme se rapproche lui-même de l'état de perfection dont il est susceptible. Mais de là que faut-il conclure ? La conscience humaine va-t-elle donc arriver à promulguer nettement et par une suite de révélations toutes les lois de l'ordre moral ? Non, il est dans la destinée de l'homme de n'apercevoir le droit qu'à travers des nuages que ses efforts tendent sans cesse à écarter. Qu'il parvienne à une perception plus claire de ses principales règles, on peut l'espérer ; mais il est certain que ces règles ne se présenteront jamais à l'esprit humain avec la netteté d'une formule légale ; il est certain que, précises et rigoureuses pour les esprits les plus élevés, elles n'apparaîtront au plus grand nombre que confuses ou du moins voilées de quelque obscurité. Ainsi, quelle que soit la marche progressive de la conscience, la loi morale, cette base de la loi sociale, demeurera donc à la fois certaine et enveloppée d'ombre, ferme dans son principe et vacillante dans ses applications.

Il faut nous résumer sur ce point. La loi morale, envisagée comme l'un des éléments de la loi pénale, comme une limite et une condition de ses incriminations et de ses peines, est l'un des fondements et en même temps la plus sûre garantie de la justice de l'application pénale. Considérée au contraire comme source de la loi sociale, comme le principe dont celle-ci émane et qu'elle a mission d'appliquer, il est à craindre qu'elle ne l'égare, parce que la justice humaine n'a pas les moyens de vérifier la criminalité relative de l'agent, parce qu'elle ne connaît ni la valeur intrinsèque des actes, ni la mesure représentative de cette valeur, parce qu'elle n'a qu'une perception imparfaite des règles de la loi morale elle-même.

VI

Quel est donc, si ce n'est pas la loi morale, le véritable fondement du droit pénal? A quel principe faut-il remonter pour l'expliquer et pour en rendre compte? Nous ne pouvons qu'indiquer rapidement ici quelques aperçus que nous suggère l'étude attentive du livre de M. Rossi. Nous ne ferons d'ailleurs que demander quelques conséquences nouvelles aux règles que lui-même a posées.

Le système développé dans ce livre consiste, on l'a vu, dans la combinaison savamment élaborée de deux principes distincts : le principe de la justice morale qu'il désigne comme la source de la justice pénale, et le principe de l'intérêt, de l'ordre social qu'il désigne comme la limite et le frein de cette justice. Nous venons d'examiner la mission du premier de ces éléments ; il faut apprécier maintenant celle du second.

L'intérêt de l'ordre social, qu'on a successivement appelé la vindicte publique, le droit de légitime défense, le droit de défense préventive, le droit de sûreté générale et l'utilité du plus grand nombre, est nécessairement au fond de toutes les théories pénales, mais il n'y joue pas le même rôle : considéré par quelques-unes comme fondement du droit, parce qu'il constitue une nécessité sociale, il n'a été admis par les autres que comme une condition, un élément, un but de la pénalité. M. Charles Lucas est le premier qui ait assigné à ce principe son vrai caractère ; M. Rossi, en le développant ensuite au même point de vue, l'a éclairé d'une lumière nouvelle et plus saisissante.

Il a démontré de la manière la plus complète, en effet, et nous l'avons déjà rappelé, que l'état social n'est point une convention, mais l'état de nature de l'homme, la condition pour laquelle il est fait et dans laquelle il doit vivre ; que son intelligence, que sa moralité, que toute son organisation, lui imposent la société.comme une loi de son existence ; que le développement social est l'accomplissement de la destinée humaine. Cette première vérité, hors de toute contestation, nous conduit à deux corollaires.

En premier lieu, l'homme, puisque sa destinée est fatalement sociale, a des devoirs naturels comme homme et comme membre de la société. Il a le droit de jouir librement des biens qu'il tient de la création, il a le devoir de ne point porter atteinte au libre développement et au bien-être des autres. Il a le droit de demander au corps social une protection pour l'exercice de ses facultés; il a le devoir de ne rien faire qui puisse nuire à la société elle-même.

En second lieu, la société, puisqu'elle est d'institution divine et non de convention, a, comme l'homme même, le droit et le devoir de sa propre conservation. Il n'appartient point à notre sujet de rechercher quels doivent être les éléments de l'organisation de cette société ; nous la supposons légitimement constituée. Or, il est évident qu'elle ne peut exister, quel que soit le mode de son organisation, quel que soit le pouvoir social qui la représente, que par l'accomplissement des lois qui sont les bases essentielles de l'ordre social. Il ne faut pas sans doute abuser de cette dernière expression, qui a souvent couvert des excès : « L'ordre social, a dit M. Rossi, est la raison appliquée à la coexistence et au libre développement des égalités humaines. » Cet ordre est donc le résultat de la garantie des droits et de l'accomplissement des devoirs de tous les membres de l'agrégation ; la société, pour obéir à la loi de sa conservation, a donc, d'une part, le droit d'exiger l'accomplissement de tous les devoirs individuels, et, d'une autre part, le devoir de garantir la libre action de chaque individualité dans le cercle de son droit.

Ainsi, supposez que quelques membres de la société, poussés par leurs passions, s'élancent hors de leur propre sphère d'activité pour empiéter sur celle d'autrui, pour porter atteinte à leur bien-être, à leurs droits; supposez encore qu'ils attentent à l'existence même du corps social, qu'ils emploient la force contre l'ordre qui le régit, le corps social, ainsi attaqué indirectement ou directement, pourrait-il continuer de vivre s'il n'avait le droit ni d'empêcher le désordre, ni de protéger les biens attaqués ? Sa dissolution ne serait-elle pas le résultat nécessaire de la force substituée au droit, de l'intérêt individuel substitué à l'intérêt général ? La conséquence immédiate du droit de sa propre conservation est donc le droit d'exiger l'accomplissement de toutes les conditions qui sont constitutives de l'ordre.

Cela posé, quels moyens le pouvoir social peut-il employer pour exiger cet accomplissement? Ici nous ne faisons que répéter ce qu'ont si bien dit M. Charles Lucas, M. de Broglie, M. Rossi. Il est clair, en premier

lieu, que ce pouvoir doit favoriser le développement
de toutes les institutions qui sont de nature à instruire
et moraliser les hommes ; il est clair qu'il doit chercher par tous les moyens à les éclairer sur les obli-
gations et les intérêts qui sont étroitement liés les uns
aux autres. Mais ces mesures d'instruction, d'avertissement, de prévention suffisent-elles ? « L'homme,
comme être physique, a dit Montesquieu, est, ainsi
que tous les autres corps, gouverné par des lois invariables ; comme être intelligent, il viole sans cesse les
lois que Dieu a établies, et change celles qu'il établit
lui-même. Il faut qu'il se conduise, et cependant il est
un être borné ; il est sujet à l'ignorance et à l'erreur,
comme toutes les intelligences finies ; les faibles connaissances qu'il a, il les perd encore ; comme créa-
ture sensible, il est sujet à mille passions. » La loi de
sa destinée est qu'il soit libre dans ses actions et que,
éclairé sur ses devoirs, il puisse les suivre ou les enfreindre : c'est là aussi la raison de sa responsabilité.
Il est donc nécessaire que, pour maintenir la paix au
sein de la société, c'est-à-dire le respect réciproque
des droits et des devoirs des uns envers les autres, il
y ait d'autres garanties ; il est nécessaire qu'une autre
mesure vienne peser sur leurs actes. Quels doivent
être la nature et le mode de cette mesure ?

Ici nous nous plaçons en face de toutes les théories que nous avons vues successivement apporter à
la société une base de la pénalité.

S'agit-il de l'application du droit de la vengeance ?

La vengeance, née de la passion, ne peut constituer un droit : l'homme ne peut légitimement l'exercer, et, dès lors, ne peut le transmettre à la société. Si la théorie de la vindicte publique a revêtu quelques apparences de justice en attachant à ses actes l'idée d'une punition, il est visible que les peines prononcées sous l'influence de ce principe n'ont aucun fondement certain. Quelle sera leur mesure, quelles seront leurs limites, s'il est vrai que la société, outragée par le crime, a le droit de se venger du coupable ? N'est-il pas évident que ce système substitue la passion au droit et conduit fatalement à l'exagération des peines ?

Est-ce un acte de défense ? Le droit naturel de la défense est le droit de repousser la force par la force : de ce droit peut naître la guerre, mais non la justice pénale. La défense n'est légitime que lorsqu'elle repousse une attaque actuelle ou imminente. Est-ce là ce que fait la justice quand elle punit ? Il est certain qu'elle n'exerce aucun droit de défense, puisque le mal est consommé, puisque le délinquant n'attaque plus.

Est-ce un acte d'exécution d'une convention qui aurait précédé la formation de la société, soit que les individus aient cédé au pouvoir social le droit qu'ils avaient de repousser les attaques dont ils pouvaient être l'objet, soit qu'ils se soient soumis au châtiment s'ils enfreignaient les lois de l'association ? Non, car, d'une part, le droit de défense, qu'il soit personnel

ou cédé par une convention, suppose l'emploi de la
force et par conséquent, renferme une idée de guerre
plutôt que de répression, et, d'une autre part, comment les membres de l'association auront-ils pu céder
le droit pénal à moins d'en être eux-mêmes investis?
Et comment, dans l'état de nature qui aurait précédé
l'état social, auraient-ils trouvé en eux-mêmes ce
droit qui suppose nécessairement un pouvoir supérieur et légitime? Il faut donc écarter toutes ces
fictions.

Suffit-il d'invoquer la seule raison de l'utilité générale de la société? L'utilité, quand elle est isolée
de toute autre condition, n'est pas autre chose que la
raison du plus fort; elle explique, elle justifie tout;
elle ne se préoccupe ni de la moralité du fait, ni de la
vérité de l'imputation; elle ne veut qu'une chose,
c'est que la peine produise tel ou tel effet. Cette peine
est légitime dès qu'elle atteint le but que se proposait le législateur. On objecte qu'il s'agit de l'intérêt
du plus grand nombre : mais comment constater le
plus grand nombre? Est-ce que dans chaque pays la
loi pénale doit varier avec la majorité? Et, comme
l'utilité est d'ailleurs quelque chose d'éminemment
personnel et variable, s'ensuivra-t-il qu'il faille sans
cesse faire des enquêtes pour la constater afin de déterminer chaque jour les faits punissables? N'est-il pas
évident que les faits les plus innocents en eux-mêmes,
si le pouvoir social a quelque intérêt à les prohiber,
pourront être justement frappés? N'est-il pas évident

que tout lien, tout rapport entre la peine et le délit disparaît, et que la justice apparente vaut à ce compte la justice réelle?

Faut-il proposer enfin l'intérêt personnel du coupable, son amendement? L'amendement du condamné est l'un des effets les plus désirables du châtiment; il ne suffit pas pour le justifier. La peine est un moyen d'éducation, mais elle est en même temps une mesure de répression; elle cherche à développer le repentir, mais elle cherche en même temps l'exemplarité. Si le droit pénal puisait toute sa raison d'être dans l'amendement, il faudrait admettre que la peine cesserait au moment même où se manifesterait l'amélioration morale de l'agent, et qu'elle se prolongerait au contraire, même à perpétuité, s'il n'exprimait aucun repentir ou si son repentir était suspect. Ainsi la nature et l'étendue du châtiment dépendraient du mode de son exécution, de l'appréciation des agents de cette exécution, des apparences d'amendement que le condamné laisserait entrevoir. Ainsi la pensée du crime, les résolutions criminelles devraient donner lieu aux mêmes mesures que le crime lui-même, puisqu'elles dénotent la même perversité. Il est clair que ce n'est point là qu'il faut chercher le principe de la pénalité.

Trouve-t-elle enfin sa base dans l'expiation? Nous avons exprimé des doutes sur ce point. L'expiation est le but de la justice absolue qui, par un enchaînement mystérieux, efface le mal par la souffrance.

La justice sociale, ne pouvant apprécier ni le degré
du mal ni le degré de la souffrance et ne pouvant
disposer que d'un mal physique pour réparer le mal
moral, ne peut poursuivre le même but. Elle procède sur des faits matériels à l'aide de moyens matériels ; la vue élevée mais mystique de l'expiation ne
lui appartient pas ; cette vue est celle de l'âme humaine, elle ne peut être celle de la société.

C'est à la loi de conservation qui réside dans la
société, qu'il faut demander le principe de l'action
qu'elle doit exercer. Cette loi, la première de toutes
les lois humaines, puisque la société est le premier
devoir de l'homme, n'oblige-t-elle pas le pouvoir
social à maintenir l'ordre, c'est-à-dire à faire respecter et le droit de la société et les droits de tous
ses membres? N'a-t-il pas dès lors le devoir de contenir les excès, les violations de droit, les attentats à
la liberté, à l'activité, à l'intelligence de chacun
d'eux? Il remplit ce devoir quand il avertit, quand
il éclaire, quand il prévient. Mais doit-il s'arrêter à
ces premiers actes? Sa mission n'est-elle qu'une
mission de prévoyance? La protection qu'il exerce
se borne-t-elle à l'emploi de moyens d'admonition et
de blâme? Il faut que la société humaine continue
de vivre, par conséquent le pouvoir qui la représente a le droit de prendre, dans un cercle que nous
tracerons tout à l'heure, toutes les mesures qui sont
les conditions essentielles de sa vie. C'est en ce sens
que M. Charles Lucas lui reconnaît « une puissance

d'intervention pour la défense du droit attaqué ; », et que M. de Broglie voit une source de cette interven-tion dans le droit de correction du père de famille. Ce droit d'intervention du pouvoir social n'est pas autre chose que le droit pénal; les moyens de correc-tion, auxquels il est forcé d'avoir recours par l'insuf-fisance des moyens de prévention, sont les châtiments. M. Rossi l'avait reconnu avant nous : « en dernière analyse, toute la question rentre dans la question de société : si la société est un devoir pour l'homme, le droit de punir existe. »

Pourquoi donc chercher à rattacher, par une mys-térieuse filiation, la justice pénale à la justice abso-lue? La justice pénale existe parce que la société existe, parce quelle est un des tributs, une des conditions de sa vie; elle est la conséquence immé-diate et directe du devoir qui lui est imposé de pourvoir à sa propre conservation. Elle n'a pas be-soin d'autre titre : sa légitimité est tout entière dans la loi sociale. Elle n'exerce point un droit de défense comme on l'a dit improprement; elle exerce pure-ment et simplement un droit de conservation, droit qui s'étend à tous les droits, à tous les intérêts sociaux, et qui porte en lui-même, comme un développement logique et nécessaire, les mesures de prévoyance et les mesures de répression. Nous ressentons une vive admiration pour les esprits éminents qui, dans une pensée élevée et pure, se sont efforcés d'assigner pour source à la loi humaine la loi divine elle-même, afin

de lui imposer les mêmes préceptes et les mêmes
règles. Mais il nous paraît que cette communauté
d'origine a des dangers dont nous avons déjà parlé;
il nous paraît surtout qu'elle n'est pas dans la nature
des choses.

La justice pénale admet la loi morale comme un
élément indispensable, mais non comme la source
dont elle émane; elle y voit une condition, une limite
de ses incriminations, de ses pénalités, mais non leur
principe. Elle n'a point, en effet, la mission de donner une sanction à cette loi divine et d'en faire observer les préceptes. Elle ne s'occupe et ne peut s'occuper que de l'ordre public et des intérêts sociaux, elle
ne peut avoir d'autre objet que de maintenir cet ordre et de sauvegarder ces intérêts. Nous avons vu que
l'homme ne connaît qu'incomplétement l'ordre moral, qu'il n'aperçoit que confusément quelques-unes
de ses règles et se trompe en les appliquant; qu'il n'a
les moyens ni de vérifier à quel point elles ont été
violées, ni d'apprécier le taux de la réparation exigible; enfin qu'il ne dispose d'aucun moyen de réparation qui soit en rapport avec la faute. De là ne
doit-on pas rigoureusement conclure que la justice
sociale n'a pas pour mission d'exercer la justice morale, que le cercle où elle se meut est limité, qu'elle
ne peut avoir d'action que sur les faits extérieurs, sur
les actes matériels? Elle saisit les choses, et non les
pensées; elle s'arrête aux actions qui troublent la
paix publique, et non à celles qui dévoilent la per-

versité intérieure des âmes; elle a pour mobile le
mal matériel, et non le mal moral. Assigner à l'une
et à l'autre la même origine et les mêmes règles,
n'est-ce pas confondre deux ordres de choses distincts? n'est-ce pas égarer la justice humaine en lui
proposant un but au delà de sa portée? n'est-ce pas,
en plaçant entre les mains du législateur et du juge
de la terre une délégation de la justice céleste, légitimer le plus dur des despotismes, le despotisme de
la pensée? Les deux justices ont un nom commun,
parce que, dans un monde différent, elles poursuivent une tâche, non point identique, mais analogue;
parce que l'une et l'autre, dans le monde moral et
dans le monde social, ont pour but d'obtenir le rétablissement de l'ordre. M. Rossi a donc pu dire, avec
sa haute raison, que la justice est une. Elle est une,
en ce sens, que la justice sociale, comme la justice
morale, ne veut atteindre que les actes injustes; que
comme elle, elle en cherche la punition; que, née
de la loi naturelle de la conservation sociale, elle
tend à s'appuyer sur les règles morales qui sont le
vrai fondement de la société humaine; mais cette
unité ne consiste que dans une vue commune et
quelques règles identiques; elle ne va pas au delà.
La justice sociale n'est point la justice morale, lorsqu'elle est forcée d'apprécier la gravité des actes sur
le trouble qu'ils ont causé, et la moralité des agents
sur les indices extérieurs qu'elle saisit; elle n'est point
la justice morale, quand elle se borne à rétablir l'or-

dre matériel; elle n'est point la justice morale, quand elle incrimine des actes que la conscience individuelle hésite quelquefois à flétrir.

Nous sommes amené à relever une autre confusion qui nous semble exister dans la plupart des théories qui ont pris pour point de départ le principe de justice morale. La morale individuelle est-elle la morale sociale? L'individu, considéré isolément dans sa conduite envers Dieu, envers lui-même, envers les autres, a-t-il les mêmes devoirs, les mêmes préceptes d'action que l'individu considéré comme membre de la société? La morale sociale n'est assurément qu'une portion de la morale universelle; mais si elle a le même centre, elle n'a pas les mêmes rayons; sa circonférence est tantôt plus restreinte et tantôt plus étendue, suivant les exigences de l'ordre social auquel elle est étroitement associée. Elle est en général plus restreinte, puisqu'elle ne s'applique qu'aux devoirs qu'elle impose comme correspondant à des droits; elle est quelquefois plus étendue, puisqu'elle permet d'incriminer des actes que la morale individuelle juge exempts d'immoralité. Tels sont les délits de douanes, les délits de police, les infractions à la discipline militaire, aux lois sanitaires. La répression de ces infractions purement matérielles a causé quelque embarras à plusieurs publicistes. On objectait, en effet, que le législateur n'a droit sur le délinquant qu'autant qu'il y a faute morale et dans la proportion de cette faute. Punir un homme pour une action innocente, punir un homme sévèrement pour une faute légère, c'est agir sans droit, c'est sacrifier une victime à l'intérêt public; ce n'est plus punir. La réponse est que l'homme qui contrevient aux lois de douanes, qui commet un délit de police, qui viole les règlements militaires ou les mesures sanitaires, enfreint un devoir social. Toutes ces mesures sont prises dans un intérêt général, elles ne sont point contraires à la morale individuelle, elles obligent l'homme comme membre du corps social, elles lui imposent des devoirs qui correspondent aux droits qu'il exerce; il est tenu de les remplir. La loi qui réprime ces infractions renferme donc les deux éléments de toute pénalité : l'intérêt général qui dicte l'incrimination, l'élément moral qui concourt avec cet intérêt.

Il faut nous arrêter maintenant à quelques objections.

La loi de conservation sociale n'entraîne-t-elle pas la justice pénale à ne se préoccuper que du péril social? La peine ne devient-elle pas un pur instrument de défense préparé en vue des crimes futurs, en vue de la sûreté publique? L'élément principal de toutes les incriminations ne sera-t-il pas l'utilité général, l'intérêt social? N'est-ce pas faire dévier la justice de son but que de la placer sur un terrain où elle sera plus attentive aux intérêts de l'ordre qu'aux principes du juste? N'est-ce pas la soumettre aux influences politiques en lui donnant pour base un intérêt passager au lieu de lui donner la base indépendante de la loi morale ?

Il importe de bien se fixer sur la mission de la justice pénale. Au point de vue le plus général, cette mission est le maintien de l'ordre social. Elle s'opère par la loi et les jugements : par la loi qui contient un avertissement et une menace, par le jugement qui applique cette menace aux auteurs des infractions. Il est certain que la menace est faite uniquement en vue de l'avenir ; mais en est-il ainsi de l'application de la peine ? La peine a deux effets principaux : l'un, indiqué par Platon et Sénèque, comme le seul but de la pénalité, la prévention d'actes semblables ; l'autre indiqué, mais incorrectement peut-être, par l'école moderne, la punition de l'infraction. Cette punition doit-elle être une expiation ? Non, car, ainsi que nous avons essayé de le démontrer, ainsi que l'a nettement formulé un magistrat éminent dont l'esprit supérieur n'a jamais séparé la science du Droit et les études philosophiques, M. le premier président Portalis : « La peine que porte la loi humaine n'est point mesurée sur la gravité de l'infraction morale, mais sur la gravité du dommage. » La justice sociale recherche donc avant tout le dommage matériel, le dommage social ; c'est là la base de son action. Incompétente, en général, pour apprécier la mesure et l'étendue du mal moral, elle est, au contraire, parfaitement compétente pour apprécier le mal social,

I. — 3ᵉ ÉDITION.   7

pour examiner les rapports de deux actes extérieurs
et saisissables, le fait du délit et le fait de la peine.
Elle doit, en même temps, tenir compte du mal moral lui-même, quand ce mal se révèle clairement à
ses yeux, quand elle peut l'atteindre et le constater,
quand il constitue un élément ou une aggravation du
mal social ; elle doit, par conséquent, interroger autant qu'elle le peut, les causes impulsives de l'acte,
sa criminalité relative, les conditions d'instruction et
de moralité de l'agent. Mais ces éléments accessoires
ont plutôt pour objet de déterminer la raison de la
peine que son application ; ils appartiennent au
jugement plutôt qu'à la loi. La loi pénale punit la
violation du devoir social ; le jugement apprécie la
gravité de cette violation en tenant compte de toutes
ses circonstances ; la loi frappe les faits matériels, le
jugement recherche les faits moraux qui s'incorporent
aux premiers et les modifient. La justice frappe donc
en vue de l'avenir, mais aussi en vue du fait accompli ; elle tient compte du danger social et de l'immoralité de l'agent ; elle réprime pour prévenir, mais
elle punit en même temps.

Mais si l'expiation ne doit pas être le but de la justice humaine, ce n'est pas seulement parce qu'elle
échappe aux regards de cette justice, c'est encore
parce qu'elle ne présente qu'un élément incertain de
la pénalité. M. Rossi, après avoir défini la peine,
comme Grotius, la rétribution du mal par le mal,
ajoute : « Dès qu'on a dépassé d'un atome le mal

mérité, il n'y a plus justice : on retombe dans le domaine de l'intérêt. » Or, comment connaître le mal
mérité ? comment établir un rapport intime de quantité entre le mal du délit et le mal de la peine? Il
faut reconnaître, avec M. Rossi lui-même que « faute
de quantités certaines, de données fixes, le problème
n'est pas résolu. » Aussi est-il amené à déclarer que
» le rapport de la peine avec le crime est une vérité
d'intuition ; elle ne se démontre pas. C'est la notion
du bien et du mal, du juste et de l'injuste qui s'applique au fait de l'expiation. « Comment établir une
juste équation entre un fait matériel et un fait moral
dont la valeur est inconnue? Comment mesurer le
mal absolu, qui est incommensurable en lui-même ?
A la vérité, le mal du délit n'est pas purement moral,
il est mixte, et la valeur appréciable du mal objectif
ou matériel est dans tous les systèmes l'un des éléments de la peine. Mais alors ce dernier élément ne
doit-il pas être pris comme le fondement véritable
de la pénalité légale? Le pouvoir social peut-il réellement chercher d'autre mesure à cette pénalité que la
grandeur du mal objectif, qu'il peut seul apprécier. Il
ne connaît que la violation du devoir social et le danger qui peut en résulter ; il ne peut se proposer que
de mesurer, autant qu'il le peut, la gravité de l'un
et de l'autre ; ce sont là les véritables éléments de
la peine légale. Cette peine ne peut être que l'infliction d'une souffrance matérielle proportionnée à la
grandeur du mal social, c'est-à-dire à la grandeur

du trouble produit par l'infraction. Le législateur, qui ne peut sonder les mystères de la conscience et qui s'égare dans les ténèbres de l'expiation, trouve du moins ici deux quantités, vagues sans doute, souvent mobiles, mais qu'une étude attentive peut parvenir à saisir, parce qu'elles tombent dans le domaine de l'appréciation de l'homme.

Résultera-t-il de là une plus juste proportion entre les délits et les peines, un rapport plus exact entre les deux termes de l'équation pénale? C'est à cette question que toutes les théories devraient en définitive être ramenées; car que sert qu'elles satisfassent l'intelligence et flattent nos aspirations vers un monde idéal, si elles n'apportent aucune force à la justice, si elles ne guident pas sa marche, si elles n'éclairent point ses pas? Les esprits élevés, qui veulent que la justice humaine soit indépendante et forte, et qui ne l'ont étayée sur la justice divine qu'afin de lui donner des règles que les pouvoirs ne fissent pas fléchir, n'ont pas aperçu qu'ils étendaient son domaine au delà des exigences de l'ordre social, qu'ils introduisaient dans le Droit public un élément qui pouvait y apporter une grave perturbation. En cherchant son principe dans la loi sociale elle-même, la justice pénale ne rejette point le concours de la loi morale, puisque l'ordre social n'est qu'une partie de l'ordre universel, puisque la distinction du juste et de l'injuste est une règle de la conscience individuelle. Mais en s'appuyant sur cette loi morale, elle n'est point entraînée par ses préceptes en dehors du terrain sur lequel elle doit rester ; en faisant de l'immoralité des actes une condition de ses incriminations, elle n'est point sollicitée de pénétrer dans la sphère des faits qui ne relèvent que de la conscience ; elle y trouve une condition de ses incriminations, une mesure restrictive, elle n'y trouve point une base.

Le même principe peut conduire encore à un autre résultat. Les rapports de l'homme avec ses semblables ont été l'objet de longues et continuelles études ; les rapports de l'homme considéré comme membre de la société avec l'être collectif de cette société n'ont point été étudiés avec la même profondeur et la même patience. Il est evident que de ces rapports naissent des droits et des devoirs. En thèse générale, les droits de la société sont d'exiger l'accomplissement des conditions qui sont essentielles à sa conservation, à la vie sociale ; ses devoirs sont d'assurer par l'emploi de toutes ses forces, le développement moral et matériel de l'humanité. Les droits de l'individu sont de déployer, sous la protection du pouvoir social, son activité, son intelligence, sa liberté ; ses devoirs sont de n'apporter aucune entrave individuelle à l'exercice de l'action collective, du Droit social. Mais, si l'on essaye de franchir ces données générales et de descendre à l'application pratique de ces relations réciproques, on arrive dans une région que M. Rossi a touchée en passant, que quelques publicistes ont explorée, mais qui n'a point été peut-

être complétement étudiée. La science du Droit
public ne pourrait-elle pas parvenir à tracer avec
certitude le cercle des droits et des devoirs de la société et de ses membres, à poser dans chacun de
leurs rapports la limite de l'action collective et
l'action individuelle? Ne pourrait-elle pas définir
avec plus de précision qu'elle ne l'a fait jusqu'ici, les
services et les actes exigibles, les transgressions qui
doivent être considérées comme une violation de
l'ordre? Il est clair que chaque pas de cette science
des rapports sociaux doit hâter la marche du Droit
pénal, puisqu'elle lui apporte un peu de la certitude
qu'il cherche quelquefois, et un peu de la mesure
qui lui manque trop souvent. Elle lui apporte la certitude, lorsqu'elle établit la légitimité d'un droit, car
elle établit par là même la légitimité d'une sanction ;
elle lui apporte la mesure, quand elle définit l'importance relative des devoirs des individus envers la
société, car elle détermine par là même les différents
degrés de la sanction pénale. Ainsi, c'est du développement du Droit public, c'est de l'étude des rapports
nécessaires, des lois de l'existence sociale, que la loi
pénale doit attendre ses plus solides garanties et ses
véritables progrès.

Tel est le terrain où nous retrouvons, au terme de
cette étude, la lutte, peu à peu affaiblie, que nous
avions signalée au début, entre le principe de la justice morale et le principe de la justice sociale. Trop
éloignés l'un de l'autre par la législation positive,

trop confondus l'un dans l'autre par la philosophie, ces deux principes semblent enfin, par un concours distinct dans une action commune, avoir scellé une salutaire alliance. La querelle porte désormais moins sur le fond que sur la forme et les conditions de leur union. Est-ce dans l'un ou dans l'autre qu'il faut chercher la source de la justice pénale? Cette justice est-elle une émanation de la justice divine ou une simple conséquence de la loi naturelle qui veut que les sociétés humaines vivent et se maintiennent? C'est à ces termes que se réduit la question. Cette controverse n'est-elle donc qu'une dispute de mots? non, car suivant que vous placerez la législation sous l'empire de l'un ou de l'autre de ces deux principes, elle sera fatalement amenée à des incriminations, à des pénalités différentes ; elle ne sera ni animée du même esprit, ni entourée des mêmes garanties.

VII

Nous avons trop prolongé ces observations, nous ne voulons pas dire cette discussion; car en les hasardant, notre pensée a été surtout d'appeler sur cette réimpression d'un livre que nous admirons une attention plus vive, un intérêt nouveau. Les questions controversées excitent plus de curiosité que les questions résolues, et l'esprit humain est ainsi fait qu'il préfère aller à la recherche des vérités nouvelles que de s'arrêter aux vérités acquises.

Il faut reconnaître d'ailleurs, que la science, qui vit de discussion, n'a pas cessé de discuter, même depuis la publication du *Traité de Droit pénal*. A la vérité, les criminalistes allemands semblent s'être bornés depuis cette époque, à perfectionner le système de la justice morale, en suivant à peu près la voie ouverte par M. Rossi; mais en France, en Angleterre et aux États-Unis, un mouvement contraire a paru se manifester. Les principes développés par M. Comte et le système de Droit pénal de M. Charles Lucas avaient jeté des semences qui n'ont pas été stériles. Les quelques réflexions que nous venons d'exprimer brièvement et que nous avions déjà indiquées précédemment, ont obtenu plus d'une adhésion : M. Rauter, dans son *Traité de Droit criminel*, M. Francis Lieber, dans son *Popular essay on subjects of penal Law*, M. Bertauld, dans son excellent et judicieux *Cours de Droit pénal*, M. Trebutien, dans ses récentes *Leçons de Droit criminel*, enfin, notre savant ami M. Ortolan, dans ses *Eléments du Droit pénal*, s'écartent l'un après l'autre, mais toutefois à des degrés différents, du principe de la justice absolue et semblent chercher le fondement du Droit pénal dans les diverses formules du Droit social.

Mais, quelles que soient ces tendances nouvelles, quelles que soient les dissidences qu'elles recèlent, tous les criminalistes, à quelque pays, à quelque école qu'ils appartiennent, se plaisent à entourer de leurs hommages l'homme qu'ils regardent comme

leur maître et qui a été dans ces derniers temps le
plus profond interprète de la science du Droit pénal.
Non-seulement M. Rossi a résumé dans son livre tous
les travaux de ses devanciers, non-seulement il présente le tableau le plus complet de l'état de la science,
mais par ses idées ingénieuses, ses vues nouvelles, la
puissance de ses critiques et ses savantes discussions,
il a agrandi le champ scientifique, il a élevé toutes les
questions qu'il a touchées, il a posé des principes nouveaux, et leur a acquis une autorité jusqu'ici à peu près
incontestée. Son livre a jeté sur un plan secondaire tous
les livres qui avaient avant lui sillonné la même
matière, et depuis sa publication, il continue, pour
ainsi dire, de régner, car aucun ouvrage n'est venu
reprendre cette matière et n'a entrepris de la traiter
ex professo et d'une manière aussi complète à un autre
point de vue.

Il faut lire, en effet, ce livre tout entier. Nous avons
dû nous borner à apprécier le principe générateur
qui jette ses reflets sur l'œuvre entière et qui se
trouve à son premier plan. Mais, après avoir placé la
science à cette hauteur, M. Rossi descend avec sûreté
à ses applications. « Le théoricien du Droit criminel,
comme l'a dit M. Mignet, devient le casuiste des
actions coupables ; il marque le degré du crime d'a-
près la qualité de l'acte et l'intention de l'agent. »
C'est alors que se déroulent ses belles et profondes
études sur tous les problèmes de l'imputabilité pénale,
sur tous les faits qui sont susceptibles de modifier ou

d'atténuer la criminalité. C'est dans ses savantes analyses que se manifestent avec le plus d'éclat toutes les qualités de l'auteur, la pénétration de son esprit, sa subtilité même, si nécessaire au jurisconsulte pour dégager la vérité des sophismes qui l'obscurcissent, la hauteur des vues, l'expérience de l'homme d'État, qui n'oublie jamais qu'il traite une matière du Droit public. Que de distinctions sages et fécondes ! que d'observations dérobées à la source la plus pure de la conscience ! que de déductions qui viennent éclairer les principes d'un jour nouveau ! que de règles qui deviendront quelque jour des lois ! Nous regrettons de ne pouvoir le suivre dans toutes ces discussions.

Ce, qui frappe surtout, en parcourant toutes les pages de ce livre, c'est le sentiment d'équité, de modération dont elles sont partout empreintes ; c'est la fermeté avec laquelle il lutte sans cesse contre tout ce qu'il croit injuste ou faux. « Tout progrès de la science pénale, dit M. Rossi, est un bienfait pour l'humanité, et par cela qu'il épargne des souffrances et surtout parce qu'il seconde la marche de l'homme vers son développement moral. » Il dit encore : « On éprouve une impatience bien légitime en voyant des législateurs, esclaves d'une aveugle routine, traiter avec une sorte d'indifférence les formes de la justice pénale et ajourner froidement les modifications les plus indispensables ; » enfin on lit plus loin : « Si, par notre insouciance, l'époque du perfectionnement du système pénal se trouve reculée, sommes-nous innocents des erreurs, des excès d'une justice criminelle que nous aurions pu éclairer et contenir dans ses bornes légitimes ? »

L'homme qui a écrit ces lignes nourrissait évidemment dans son âme cette sainte passion de la justice, ce culte des principes du Droit, qui sont une part du génie du jurisconsulte et du publiciste. Le progrès de l'humanité, le progrès de la justice, qu'il associe sans cesse aux progrès de l'ordre politique, tel est le but constant des travaux de M. Rossi. Sous les formes géométriques de ses froides démonstrations, il poursuit obstinément la réalisation de toutes les idées qui peuvent apporter des garanties nouvelles à la société. Il faut donc honorer, à côté du penseur et du théoricien, l'homme humain et pratique qui a voué toutes ses études au perfectionnement des lois, et qui a fait servir la plus haute science à la propagation du juste et du vrai.

FAUSTIN HÉLIE.

PRÉFACE.

———

Le travail que nous publions aujourd'hui ne renferme, pour ainsi dire, que les prolégomènes d'un
ouvrage qui embrasserait tous les détails de la législation pénale. Nous essayons d'établir les principes
d'où doivent dériver, selon nous, et les lois de la
justice criminelle et les formes qui en garantiraient
l'exécution ; plus tard, si nous avons quelque raison
de croire que ce premier essai renferme des vues
utiles, nous chercherons à faire l'application de ces
principes à chaque délit en particulier, à l'organisation judiciaire et à la procédure.

Les théories inspirent naturellement beaucoup de
défiance ; mais on a beau faire, elles se glissent partout : plus ou moins complètes elles dominent tou-

jours les actions des hommes, qu'ils le sachent ou
qu'ils l'ignorent. On n'échappe point à l'empire
des principes généraux ; le monde leur appartient,
et c'est la gloire de l'homme de leur obéir. Comme
l'a dit un esprit profond qui a défendu la liberté avec
cette logique rigoureuse qui lui servit naguère à renverser la philosophie sensualiste en France : *mépriser la théorie, c'est avoir la prétention excessivement
orgueilleuse d'agir sans savoir ce qu'on fait et de parler sans savoir ce qu'on dit.*

Tout en voulant n'établir que des principes généraux, nous sommes descendus dans des détails qui
paraîtront inutiles à quelques lecteurs. Mais la philosophie du droit n'est pas tellement populaire dans
tous les pays de l'Europe que nous ayons trouvé
inutile de développer, longuement quelquefois, et
sous des formes diverses, ce qui paraît déjà suffisamment démontré aux esprits éclairés de notre époque.
La civilisation ne fait pas si vite son chemin. A quelques journées d'ici se trouvent des gouvernements
qui conservent la torture, d'autres qui défendent
avec un respect presque religieux la procédure secrète. Nous voudrions aussi écrire, non pour donner
à ces gouvernements l'envie de réformer leurs habi-

tudes, mais pour inspirer à leurs administrés le désir de les y amener. Nous oublions toujours que nous vivons au milieu des États les plus civilisés de l'Europe. Il faut aussi un peu travailler à étendre dans le monde l'empire de cette civilisation encore imparfaite sans doute, mais dont nous avons quelques droits d'être fiers.

TRAITÉ

DE

DROIT PÉNAL

CONSIDÉRATIONS PRÉLIMINAIRES.

CHAPITRE I.

DU SYSTÈME PÉNAL ET DE SON INFLUENCE SUR LA SOCIÉTÉ.

L'IMPORTANCE et la difficulté du sujet qu'on a choisi semblent être le thème obligé de toute introduction : on se plaît à les vanter, on les exagère. Souvent, plus le sujet est frivole, plus il y a de pompe dans la manière de l'annoncer. L'auteur craint avant tout, qu'on ne l'accuse d'avoir perdu son temps et usé son esprit en choses vulgaires et inutiles. On redoute moins le reproche de n'avoir pas su atteindre un but élevé, que celui d'avoir volontairement, et avec connaissance de cause, visé trop bas.

Je vais probablement mériter à mon tour le reproche d'exagération, en essayant de démontrer que le droit pénal est la branche la plus importante, peut-être, soit sous les rapports moraux, soit sous les rapports poli-

tiques, de la science des lois. Suis-je dans l'illusion?
L'exagération à ce sujet est-elle possible?

Avant de se prononcer, qu'on entre dans la salle
d'un tribunal criminel, qu'on y assiste à un débat, à
un jugement ; qu'on ne se laisse pas subjuguer par
l'habitude ; qu'on réfléchisse.

Au milieu d'une si grande solennité, que voit-on
sur ce banc ? Un homme dont les forces sont en-
chaînées, qui est à la merci d'autres hommes, poursuivi au nom de tous, dans l'intérêt de tous, seul
dans sa lutte contre un immense pouvoir, protégé
seulement par les formes de la justice. Notre premier
mouvement nous porterait au secours de cet infortuné.

Mais un magistrat vient de parler : comme tout
change ! Que de mal cet homme a fait ! Que de
craintes, que d'horreur il inspire ! Il nous tarde de voir
tomber sa tête sous le glaive de la loi.

La pitié et l'indignation peuvent être également
déplacées ; mais dans les cas divers elles sont également naturelles. C'est là qu'est le danger, danger de
tous les temps et de tous les lieux ; car l'homme
se retrouve toujours et partout. C'est l'homme qui
fait la loi pénale, c'est l'homme qui accuse, c'est
l'homme qui juge, c'est l'homme qui assiste au
jugement. L'homme s'égare souvent, même par l'influence des passions nobles et généreuses. Que
n'a-t-on pas raison de craindre, lorsque viennent
conspirer avec elles les passions basses et méchantes,
la colère de commande, la vengeance, la pusillani-
mité, l'ambition, le fanatisme ? Il faudrait que les

législateurs et les juges ne fussent pas des hommes ;
il faudrait qu'ils pussent apprécier toutes les imperfections de notre nature, sans y être eux-mêmes
soumis.

Le problème que présente l'administration de la
justice humaine semble donc au premier abord
impossible à résoudre ; cependant il ne peut pas
rester sans solution, et il faut bien après tout que ce
soit l'homme, avec toutes ses imperfections, qui travaille à concilier le repos de la société, la sûreté de
l'innocent accusé, et la punition du coupable.

Le citoyen doit obtenir des garanties et contre les
erreurs que ses juges pourraient commettre à son préjudice, et contre les attentats dont il serait la victime,
si l'impunité des malfaiteurs en augmentait le nombre
et l'audace. Mais sous prétexte de le mieux garantir,
de le mieux garder, faut-il que les lois l'enchaînent,
lui ôtent, à force de prohibitions, l'exercice de ses
facultés, et lui interdisent ces efforts de perfectionnement qui constituent la plus noble partie de sa
destinée ? Faut-il lui faire acheter l'existence matérielle par le suicide moral ?

A son tour le coupable lui-même, malgré l'horreur
que peut inspirer son crime, doit retrouver la justice ;
elle lui doit la protection de ses règles immuables et
de sa froide impartialité : parce qu'il a une dette à
payer, faut-il que tout son bien soit livré au caprice
du plus fort ? Parce qu'il s'est abaissé jusqu'au
crime, doit-il devenir une sorte d'instrument de
terreur entre les mains du pouvoir ? un pur moyen ?
Le délit ne dépouille pas l'homme de sa nature ; il

demeure un être sensible, doué d'intelligence, de
liberté, de moralité. Il lui reste des devoirs à remplir,
des droits qu'il faut respecter.

Mais un individu qui souffre même injustement,
n'est trop souvent que d'un faible poids aux yeux de
l'orgueil humain. « C'est une tuile qui tombe, c'est
un mal inévitable; il est rare : il faut avant tout faire
un exemple. » Que sais-je ? il y a une phraséologie
convenue, un langage dédaigneux, qui n'est que
l'expression de notre légèreté ou d'un aveugle
égoïsme.

Laissons-là pour un moment ces faiblesses de notre
nature ; oublions l'individu atteint par une erreur, ou
par une violence de la justice humaine, et envisageons
le problème sous des rapports plus généraux. L'importance en paraîtra encore plus grande ; car c'est de
sa solution que dépend pour beaucoup l'ordre politique des sociétés civiles et la manifestation de l'ordre
moral dans ce monde.

§ I. — Influence politique.

En disant qu'un État ne serait plus un État si le
pouvoir judiciaire n'y était pas régulièrement établi, Platon [1] exprimait un sentiment général, une
croyance populaire. La nécessité d'une justice sociale
est si universellement reconnue que le besoin de lui
demander ses titres de légitimité ne se fait sentir
qu'aux esprits habitués à remonter en toutes choses
aussi haut qu'ils le peuvent. Le juge qui prononce

---

[1] De Leg. Dial., 6.

sur une question de propriété fait un acte dont l'être
le plus grossier sent lui-même la convenance. Mais
c'est surtout le tribunal criminel qui, en punissant
l'assassin, en réprimant le faussaire, agit en parfaite
harmonie avec les sentiments de tout le monde; tous
voient en lui un protecteur. L'utilité matérielle de
la justice pénale ne suffit pas, il est vrai, pour légitimer son existence; il faut pour cela que cette utilité
elle-même soit légitime. Mais en la prenant comme
un fait, elle est irrécusable. Personne ne nie que les
associations humaines ne sauraient exister sans justice
pénale. Que pourrait-on ajouter pour faire sentir l'importance de la science qui enseigne à l'organiser, à
lui donner l'activité dont elle est susceptible?

Mais cette activité elle-même doit être contenue
dans de justes limites; car, quelque pure et quelque
rationnelle que soit la source de la justice sociale,
quelque sacrés que soient les titres qui la légitiment,
en pratique elle devient l'œuvre de l'homme, un instrument de bien ou de mal entre les mains d'un être
faillible et passionné. Placée au milieu de la société
à titre de puissance légale, complément nécessaire
de tous les autres pouvoirs et à laquelle tout doit ou
peut aboutir, non-seulement elle pourrait immoler
de temps à autre des victimes à l'intérêt et au caprice,
mais elle pourrait s'emparer de la société tout entière,
en renverser, par ses violences, l'ordre politique, et
faire d'une nation libre un peuple d'esclaves.

Tels ont été les effets produits en Portugal et en
Espagne par le tribunal de l'inquisition : tels auraient
été les effets de la chambre étoilée sur le peuple an-

glais, s'il n'avait pas, lorsqu'il en était temps, senti
ses forces et connu son droit.

La liberté politique a surtout besoin de la justice;
elles sont deux conditions sociales inséparables l'une
de l'autre. Dès que l'une a existé pendant un certain
temps, l'autre prend nécessairement naissance; et si
l'une d'elles vient à manquer, l'autre ne tarde pas à
être dénaturée ou à disparaître. Le jury et le parlement anglais sont deux soutiens également nécessaires
du même édifice.

§ II. — Influence morale.

Mais l'ordre politique et l'ordre moral ne sont-ils
pas liés par les rapports les plus étroits et les plus intimes? Ce sont les rapports du moyen au but. L'ordre
social n'est qu'un moyen de développer et de maintenir, en ce monde, l'ordre moral. Il y a action et
réaction de l'un sur l'autre. A mesure que l'ordre social se perfectionne, la connaissance de l'ordre moral
s'élève et s'étend; du sentiment profond, éclairé,
universel de l'ordre moral, résulte nécessairement
l'amélioration de l'ordre politique dans les sociétés
civiles.

Or, la loi pénale est de toutes les parties de la législation celle qui peut influer le plus directement
sur les notions universelles de l'ordre moral. C'est
par la loi pénale que le pouvoir exerce plus particulièrement la mission de déclarer d'une manière impérative, dans la sphère de l'ordre public, les principes du juste et de l'injuste, du bien et du mal.

N'est-ce pas là le devoir du législateur? N'est-ce pas là son droit?

Sans doute ce n'est pas la loi positive qui crée le droit, pas plus ce que nous appelons le droit pénal que ce que nous appelons le droit civil ou tout autre droit quelconque. Le droit préexiste à toutes choses. Les notions du droit se manifestent chez les peuples avant que le législateur en fasse le sujet de ses lois écrites. La science elle-même, qui n'est que la réflexion appliquée aux notions élémentaires et communes, peut se former et se développer indépendamment de toute intervention législative. Ainsi à Rome les jurisconsultes et les magistrats, en s'emparant des éléments que leur fournissait le développement moral de la société, créaient un droit positif auquel le législateur, proprement dit, demeurait en quelque sorte étranger. L'histoire du droit nous apprend aussi que trop souvent le législateur, par ses décisions arbitraires, a détourné la science de ses allures franches et directes, au lieu de profiter des secours qu'elle était prête à lui offrir. Plus d'une fois, en lisant certaines dispositions législatives, il a été permis de douter si des deux manières de constater le droit, il n'aurait pas été préférable de s'en tenir à celle qui se borne à le constater uniquement par les mœurs et la jurisprudence.

Cependant, quoi qu'on pense à ce sujet, il est aisé de comprendre que le droit pénal, dans tout État bien réglé, n'admet pas l'alternative; il doit être constaté par la loi positive écrite; force ne peut lui être prêtée qu'à cette condition.

Mais de cela même résulte l'influence puissante et
directe que le législateur peut exercer sur les opinions et les mœurs, dans une matière qui laisse moins
de prise que le droit civil à l'action individuelle, surtout dans les pays sans jurés. L'habitude de fixer
constamment les yeux sur la puissance législative, re-
tarde ou ralentit le développement spontané et populaire des notions du droit pénal; le législateur
joue en même temps le rôle de précepteur, et agit
ainsi puissamment sur les opinions et les mœurs des
masses.

Si le législateur ose faire profession de n'avoir
d'autre guide que les intérêts matériels et variables,
lors même que pratiquement ses lois ne seraient
point iniques, les principes de l'ordre moral s'affai-
blissent dans l'esprit des nations.

Mais si, en outre, l'homme juste et l'homme injuste
se trouvent, par le fait, placés sur la même ligne,
également en sûreté ou exposés aux mêmes dangers,
le bien et le mal, la justice et l'injustice produisant
les mêmes conséquences, l'ordre moral est troublé,

Enfin il est renversé, autant que cela est au pouvoir de l'homme, lorsque, dans les lois sociales, la
force prend ouvertement la place de la justice, et
que les tribunaux criminels ne sont, j'oserais presque
dire, que des cavernes ténébreuses où les innocents
vont expier le tort d'avoir pour eux la raison et
le droit.

L'oppression matérielle produit, à la longue, la
dégradation morale de l'homme. Le flambeau de la
raison finit par s'éteindre, lorsqu'il est renfermé dans

une atmosphère étouffée, qu'on empoisonne au lieu de renouveler.

C'est surtout lorsqu'elles viennent d'en haut que l'erreur et l'injustice exercent une influence pernicieuse sur la moralité des peuples. Ce qui provoquait d'abord, et avec raison, le blâme et le mépris, peut enfin devenir une croyance et obtenir l'assentiment général.

Le peuple espagnol qui aujourd'hui [1] appelle de ses vœux le tribunal de l'inquisition, poussait-il les mêmes cris au seizième siècle? Les républiques de l'Amérique méridionale qui se donnent des constitutions et des assemblées législatives, ont-elles senti la nécessité, se sont-elles occupées d'abord d'une nouvelle organisation de la justice sociale? A peu de chose près, elle y est encore tout espagnole; ce sont les mêmes principes, les mêmes formes [2]. Les croyances, les opinions qu'un pouvoir despotique était parvenu à inspirer à ses sujets, dirigent encore les républicains du sud de l'Amérique.

Lorsque Napoléon osa publier son fameux décret sur les prisons d'État, destinées, disait-il, aux auteurs de faits qu'on ne pouvait pas laisser impunis, mais qu'il n'était pas prudent de déférer aux tribunaux; cet abus monstrueux de la justice sociale, ou, pour mieux dire, ce renversement de toute justice, fut-il pour la France entière un sujet d'indignation et d'horreur? Il est permis d'en douter. La foi dans l'infail-

---

[1] Il faut se reporter à l'époque où ce livre a été écrit.
[2] Ward's Mexico in 1827, t. I, p. 306.   (*Note de l'auteur.*)

libilité impériale était déjà bien répandue et bien
active.

Quelle influence n'a pas exercée sur la moralité
du peuple anglais, cette masse de lois tyranniques
qui a pesé et pèse encore, en partie, sur la population catholique, sur l'Irlande en particulier! Les préjugés et les antipathies de sectes se sont enracinées
dans la nation; des hommes probes, éclairés, justes
en toute autre occasion, refusent toute justice à six
millions d'hommes, leur égaux en droit; ils n'en
parlent qu'avec dédain; ils méprisent dans l'Irlan-
dais l'œuvre de leurs propres lois; ils oppriment un
peuple entier sans scrupule, sans remords et sans
honte, parce qu'ils ont appris dès leur enfance l'a-
nathème législatif contre l'Irlande, renfermé dans
les paroles sacramentelles : « l'Église et l'État [1]. »

De même, ce serait mal connaître le cours des
choses humaines que de ne pas apercevoir le lien
historique, le fil traditionnel qui rattache à la révocation de l'édit de Nantes et aux dragonnades les derniers massacres de Nîmes.

C'est ainsi que la justice sociale, au lieu d'être un
moyen d'ordre et d'instruction à la fois, peut devenir
une école d'erreur, un instrument de servitude.

En un mot, point de civilisation fortement progressive sans liberté : de cela seul résulte dans toute
son évidence la liaison intime de l'ordre moral avec
l'ordre politique dans les sociétés civiles. La civilisation, prise dans son sens le plus élevé, n'est que la

[1] Le bill sur l'émancipation n'était pas encore présenté lorsque ces
pages ont été écrites. (*Note de l'auteur.*)

manifestation et l'empire du bien et du vrai. Aussi est-elle le but immédiat de l'humanité. La civilisation matérielle n'est qu'un moyen, mais un moyen aussi légitime que l'est tout moyen utile et agréable en soi, qui est propre à l'accomplissement d'un devoir.

Or, la liberté politique, cette condition indispensable de la civilisation, ne peut exister sans justice immédiate, et surtout sans justice pénale; de là l'évidence du rapport intime qui lie le droit pénal à l'ordre moral dans les sociétés civiles.

De là résulte aussi le crime de ceux qui ont fait du droit pénal un obstacle à la civilisation, soit en privant les individus de la liberté nécessaire, soit en dénaturant dans la loi les notions du juste et du vrai.

Au reste, il y aurait injustice à croire que toutes les fausses doctrines et les mauvaises lois dont l'Europe est encore encombrée en matière de droit pénal aient été des attentats prémédités contre l'espèce humaine. L'insouciance, la légèreté, le laisser-aller y ont eu leur part ainsi que l'ignorance. L'amélioration des lois pénales suppose des connaissances et des études malheureusement peu communes et d'ailleurs peu avancées.

Il est incontestable que les sciences naturelles ont devancé dans leur marche le progrès des sciences morales et politiques, et que les connaissances qu'elles ont popularisées n'ont pas été sans influence sur l'amélioration des lois. Il est sans doute pénible de penser que le législateur ait puni, dans un temps, de peines très-sévères, des actes dont la prétendue

malfaisance était contredite par les lois de la nature.
Toutefois on n'envisagerait pas le droit pénal d'assez
haut, si l'on croyait que ce fût là ce qu'il y avait de
plus fâcheux dans le vieux droit criminel. Lorsque
le législateur, en appréciant l'efficacité malfaisante
de certains faits matériels, se trompait avec le public
tout entier, lorsqu'il ne devançait pas son siècle dans
la connaissance ds la nature physique, il faisait un
mal ; il punissait sans cause; mais au moins ce mal
n'était que matériel, et il était appréciable. Il serait
fâcheux que l'on crût que l'éclairage par le gaz empoisonne les passants ; mais, en supposant que cette
opinion existât, et que le législateur fît une loi contre
ceux qui se permettraient de brûler de l'hydrogène,
qu'en résulterait-il? Un retard dans les progrès de la
chimie appliquée aux arts, et quelques commodités
de moins pour les hommes. Le législateur ne redres-
serait pas l'opinion publique; mais les principes de
l'ordre moral ne seraient point violés ; la loi ne serait
point un élément de corruption jeté dans la société;
car l'empoisonnement est un vrai délit et d'une malfaisance telle que la justice humaine doit le réprimer.
L'erreur porterait sur la qualité matérielle du fait,
non sur la nature morale de l'acte.

Mais que le législateur se trompe sur les rapports
moraux des choses, ou bien qu'il les altère et les dénature à dessein, ce n'est plus d'un simple mal matériel et appréciable qu'on doit l'accuser; il pervertit
les citoyens; il confond les notions du juste et de l'injuste; il ne protége pas, il tend à détruire le corps
social. Toute la sévérité du droit pénal s'est exercée,

pendant une longue suite d'années, contre les dis-
sidents en fait d'opinions religieuses; l'humanité a
frémi à l'aspect de tant de supplices ; c'est le cri de
l'indignation qui a, le premier, ralenti la fureur des
bourreaux. Mais est-ce à dire que si les peines eussent été douces et légères, ces lois pénales n'auraient
pas été également subversives de l'ordre moral, également corruptrices ? Le vice était dans le principe
plus encore que dans l'atrocité des peines. Quoi ! des
hommes qui ne doivent user du droit pénal qu'en
tremblant, et uniquement pour la protection de
l'ordre social, se proclamer eux-mêmes les vengeurs
de la Divinité ! Eux, rabaisser la religion jusqu'aux
passions humaines ! Eux, se placer, le glaive à la
main, entre la conscience de l'homme et son Dieu,
comme ils s'interposeraient entre un assassin et sa victime ! Le mal produit par de semblables lois n'est-il
qu'un mal matériel? peut-on calculer les funestes
conséquences de ces principes, qui, avec toute l'autorité de la loi, dénaturent les notions de la Divinité
et de la justice, et travestissent une religion de paix
en un culte de haine et de vengeance? A quels excès
ne peut-on pas pousser cette altération du sens moral,
quand on prétend inculquer à un peuple qu'il faut,
pour se rendre agréable à Dieu, sonder en ennemi la
conscience de son prochain, épier ses actions les plus
cachées, ses pensées les plus secrètes, trahir son ami,
dénoncer son parent, et enfin aller, comme des sau-
vages, se réjouir autour du bûcher qui les dévore?

Nous avons choisi comme exemple une erreur aujourd'hui trop manifeste et trop décriée pour craindre

qu'elle puisse de nouveau subjuguer les législateurs. Nous l'avons choisie comme un des exemples les plus frappants et les plus funestes. Mais il ne serait que trop facile d'en retrouver de semblables dans les législations existantes. Les crimes imaginaires, du moins dans les rapports de l'ordre social, les fausses liaisons morales arbitrairement établies par le pouvoir, n'ont pas encore disparu de tous les codes, et les effets de ces erreurs sont toujours déplorables.

Il faut d'un côté se garder de confondre les préceptes de la morale avec les règles du droit pénal. En effet, la justice de Dieu et celle des hommes ne sauraient être les mêmes, ni par l'étendue du droit ni par la perfection des moyens.

Mais en même temps, parce que le législateur ne peut ni ne doit appliquer coactivement, dans toute leur étendue, les principes de l'ordre moral, doit-il agir comme s'ils lui étaient étrangers et que son pouvoir à lui dérivât d'une autre source?

C'est pourtant là ce que professent ceux qui, sans reproduire dans toute sa nudité le principe de la force comme source de la justice sociale, l'ont ingénieusement déguisé sous d'autres théories plus ou moins spécieuses, et ceux qui, tout en paraissant admettre un principe moral, n'aperçoivent toutefois de la justice humaine que son action matérielle et immédiate : aussi au fond de leur système retrouve-t-on la pensée de cet homme qui voyait le pivot de la société dans l'échafaud.

Telle ne saurait être la doctrine de quiconque reconnaît que la loi pénale, tout en bornant son action au maintien de la société, doit prendre son point de départ dans les principes de la justice absolue et ne rien se permettre de contraire aux devoirs de l'humanité et à la dignité de l'homme.

Pour ceux du moins qui professent ces principes, il est évident que le système pénal est étroitement lié, non-seulement à la conservation matérielle de l'ordre politique, mais aussi au développement des principes moraux dans les sociétés civiles.

Tout progrès de la science pénale est donc un bienfait pour l'humanité, et par cela qu'il épargne des souffrances, et surtout parce qu'il seconde la marche de l'homme vers son développement moral.

Malheureusement parmi les sciences politiques, celle du droit pénal est une des plus difficiles à perfectionner. On est effrayé dès l'abord de la foule des obstacles, mais peut-être leur énumération est-elle un moyen préparatoire de les surmonter.

CHAPITRE II.

Les obstacles au perfectionnement du droit pénal dérivent de trois sources principales : de la nature même du sujet, de la marche nécessaire des sociétés civiles, enfin de la forme du gouvernement.

Faire la loi, juger, ce sont là les deux actes essentiels de la justice sociale.

Mais faire la loi, c'est reconnaître quelles sont, parmi les actions de l'homme, les actions injustes, parmi les actes injustes ceux qui sont assez nuisibles pour que la société doive les punir ; enfin, quelle en doit être la punition, pour éviter également de dépasser ou de manquer le but de la justice humaine. Il faut donc résoudre à la fois des problèmes de morale et des problèmes de politique, afin de saisir tous les éléments du droit pénal positif. Ce droit se compose en effet de principes éternels et immuables du juste et de l'injuste, et d'applications mises en rapport avec la sensibilité morale de l'homme et l'état particulier de chaque corps politique : c'est dire, de vérités de tous les temps, de tous les lieux, qui sont indépendamment des faits extérieurs, et qui ne peu-

vent pas ne pas être; de vérités locales, temporaires,
qui existent avec les faits auxquels elles se rattachent,
qui changent, se modifient et disparaissent avec eux,
et de vérités à la fois générales et locales, qui tiennent
à la nature de l'homme, mais se modifient par les
circonstances dans lesquelles il se trouve placé.
L'homme est sensible à la douleur; son cœur s'ouvre
à la pitié : voilà un fait général. Cependant, que
d'hommes ont su braver les douleurs les plus atroces!
Que d'hommes sans pitié! Quelle différence entre
une jeune Européenne et une sauvage irritées !

C'est dire, en d'autres termes, que le Droit pénal
se compose d'une partie absolue et d'une partie relative, d'une partie variable et d'une partie invariable,
d'une partie sur laquelle l'homme ne peut rien, et
d'une partie qu'il peut modifier en modifiant sa propre
manière d'être ; en un mot, de préceptes de justice
et de règles d'utilité.

Aussi, pour obtenir un droit positif rationnel, faut-
il puiser à la fois dans les profondeurs de la philosophie et de la psychologie et aux sources de l'histoire.

Mais la difficulté consiste surtout à combiner dans
de justes proportions ces éléments divers.

Il s'agit d'abord de recueillir les décisions de la
raison universelle, de la conscience humaine, mais
en évitant de prendre pour telles les suggestions de
l'égoïsme et les exigences des passions. Il s'agit d'apprécier les actions d'un être dont la pensée nous est
trop souvent inconnue, dont les sentiments n'ont été
jusqu'ici observés et analysés que d'une manière incomplète. Il faut évaluer l'influence de ses actions

I. — 3ᵉ ÉDITION.   9

sur d'autres individus, et sur le corps social tout entier, c'est-à-dire sur un corps composé de parties diverses, souvent de parties hétérogènes, mal liées entre
elles, d'éléments qui peuvent changer, se modifier,
disparaître d'un jour à l'autre. Il faut considérer
l'homme tel qu'il est en lui-même et tel que les institutions sociales peuvent l'avoir fait. Il ne suffit pas
de connaître la force de ses sentiments, il faut prévoir
les résultats d'une lutte entre des sentiments opposés.

En étudiant l'homme et les sociétés, on rencontre
un mélange, un croisement, une succession continuelle de causes et d'effets, quelquefois si inaperçus,
quelquefois si rapides que la prédiction d'un résultat
moral paraît presque toujours une preuve de légèreté
et d'imprévoyance. Cependant c'est à prévoir et à
calculer d'avance, pour un temps plus ou moins
long, des résultats moraux, que travaille le législateur ; c'est sur le fondement de semblables données
qu'il ose menacer les hommes des peines immédiates
les plus graves et les plus irréparables ; trop souvent
de la mort. Il se livre à une science en partie conjecturale ; mais ce qu'il prononce est tout ce qu'il y
a de plus positif : il est probable que tel acte étant
commis impunément, produirait tels effets sur l'ordre
social ; si tu le commets, tu périras.

J'ai dit à une science conjecturale ; il faut ajouter,
à une science qui est encore fort imparfaite.

N'en considérons d'abord que la partie, en apparence du moins, la plus facile, celle qui consiste à
connaître les faits sociaux, les exigences politiques de
chaque pays. Les législateurs de nos jours n'ont

point travaillé à acquérir cette connaissance. Au lieu d'agir par un sentiment général et confus de l'état des choses, ont-ils procédé rationnellement ? se sont-ils mis en possession de tous les éléments de leur travail ? C'est d'ouvrages historiques, c'est de recherches de statistique judiciaire qu'ils auraient dû s'aider. On travaille partout aux lois pénales ; le luxe de la *codification* nous envahit. Mais quelle est la nation qui possède une histoire vraie, complète, de son Droit criminel ? L'Allemagne elle-même, la studieuse, l'infatigable Allemagne, la désire, mais elle ne la possède pas encore. Disons plus : parmi les nombreux *codificateurs* de nos jours, quels sont ceux qui ont regardé l'histoire comme le véritable point de départ ? Quels sont ceux qui ont songé à lui demander tous les renseignements qu'elle devait leur fournir ? Il ne suffit point de connaître la date, l'occasion, les auteurs, le contenu des lois antérieures ; d'en avoir remarqué l'obscurité, l'insuffisance et les défectuosités les plus saillantes. C'est là, si l'on veut, l'histoire de la loi ; mais où est la véritable histoire du Droit pénal, de son développement spontané ? Où est l'histoire de la science, qui a dû, si elle a existé, s'emparer du produit des forces nationales et le soumettre à ses procédés et à ses méthodes ?

Ce qui importe, avant tout, c'est de connaître sur chaque espèce de délit, sur chaque espèce de peine les opinions nationales, les croyances populaires, l'époque de leur naissance, leur développement, leur déclin, leur liaison avec d'autres opinions, d'autres croyances, religieuses, politiques, ou de toute

autre nature. Si tel homme, qui a peut-être contribué par son avis à faire décider un grand nombre
de questions législatives, s'adressait de bonne foi à
lui-même un seul de ces problèmes historiques, ne
serait-il pas étonné et de son ignorance et des difficultés qu'il éprouverait pour s'éclairer, surtout dans
les pays sans assemblée législative, sans liberté de la
presse et plus encore sans jurés? On n'a pas assez remarqué qu'entre autres avantages, le jury a celui
d'être, jusqu'à un certain point, l'histoire vivante du
Droit pénal. Quelques bons essais de statistique judiciaire datent d'hier ; et on n'a rien à espérer de semblable des pays sans liberté politique. Des travaux de
cette nature y seraient publiés qu'ils ne mériteraient
aucune confiance, privés qu'ils seraient du contrôle
de la libre discussion par le moyen de la presse.

D'ailleurs ces travaux historiques sont d'une exécution difficile. L'historien d'une institution matérielle
n'a besoin que d'attention et de bonne foi pour être
vrai. Il n'en est pas de même pour la description des
faits moraux. L'attention et la bonne foi suffisent-elles
pour bien observer et décrire à leur naissance, dans
leurs progrès, dans leurs variations, les penchants, les
opinions et les croyances d'une nation? pour apprécier les effets produits sur elle par telle ou telle coutume? pour suivre l'action réciproque des lois et des
mœurs au travers des circonstances et des temps? Les
recherches de statistique judiciaire sont précieuses,
mais elles ne sont qu'un élément du travail historique;
elles ne donnent que des résultats qui peuvent être
l'effet de causes multipliées et diverses. Ce n'est qu'à

l'aide d'un travail complet que ces résultats peuvent
être rattachés à leurs véritables causes ; et ce travail
est long et difficile.

Cependant on n'est pas encore sorti du domaine
étroit des faits nationaux.

Il faut en outre la connaissance de faits plus généraux, celle des faits de la nature humaine. C'est
l'histoire de l'homme, c'est la connaissance de sa
sensibilité physique et morale qui nous aide à comprendre l'histoire d'une réunion d'hommes, de tel ou
tel peuple en particulier, qui nous explique la nature
de ses sentiments dans des circonstances données, qui
nous laisse deviner ce que les faits matériels dé-
robent au vulgaire sous leur enveloppe grossière.
L'histoire naturelle de l'homme doit être le résultat
de l'observation exacte de tous les faits internes et
externes de la nature humaine. Mais où est le registre
complet de ces observations? Le matérialiste néglige
les faits internes; d'autres trouvent plus simple d'é-
chapper, en toutes choses, au procédé lent et pénible
de l'observation : les législateurs et les jurisconsultes
commencent à peine à se douter de l'obligation où ils
sont de connaître l'homme avant de lui donner des
lois et de s'établir juges de ses actions.

Une troisième difficulté vient s'offrir. En connais-
sant l'homme et l'État, le législateur peut fonder un
système pénal conforme au but particulier qu'il se
propose, un système efficace, d'une certaine utilité,
si l'on veut. Mais pour qu'il soit en même temps
juste, conforme au but suprême des sociétés civiles
et en harmonie avec la dignité de l'homme, c'est aux

principes fondamentaux du bien et du vrai qu'il faut remonter. Or, ces principes ne sont-ils pas encore un objet de contestation et de dispute? Sommes-nous à la veille de voir cesser ce désaccord? Demandez plutôt aux philosophes, à l'école de Condillac et à celle de Kant, aux jurisconsultes théoriciens de l'Allemagne et aux disciples de Bentham, et puis encore aux prosélytes de Maistre et de Lamennais. Demandez-leur ce que c'est que le juste, et à quoi et comment il est donné à l'homme de le reconnaître. Les uns interrogent la raison, la conscience; les autres nient la conscience, et mutilent la raison; les derniers n'avouent la conscience et ne reconnaissent la raison individuelle que pour se donner le plaisir de les avilir et de les détrôner. La diversité des principes réagit sur toutes les questions de détail et d'application. Trois Codes criminels, dont l'un serait l'ouvrage d'un Kantiste, l'autre d'un disciple de Bentham, le troisième d'un admirateur des *Soirées de Saint-Pétersbourg*, ne se ressembleraient pas plus que ne sont identiques entre eux le principe du devoir, le principe de l'intérêt et le principe théocratique. Encore, si de ces trois systèmes de lois, l'un du moins était en parfaite harmonie à la fois avec les principes du juste et les exigences de l'ordre social! Mais, dans le premier, très-probablement on n'aurait pas assez regardé à l'état réel des choses humaines; le second n'aurait pourvu qu'aux intérêts matériels et variables; le troisième ne serait que l'expression d'une tyrannie avilissante, se croyant même le droit de punir l'examen et la plainte.

La vérité existe cependant en dépit de tous les systèmes exclusifs. Si le philosophe, trop fier d'en avoir saisi un fragment, et tout occupé à exploiter les richesses de sa conquête partielle, en perd de vue l'ensemble, cette unité vaste et féconde n'existe pas moins ; le sens commun l'entrevoit ; il n'en tire pas savamment toutes les conséquences dont elle est pleine ; mais à chaque cas particulier il en fait une application qui, pour être instinctive, n'en est pas moins juste. S'il erre, ce n'est pas en droit, c'est, le plus souvent, sur le compte des faits qu'il se trompe ou qu'on l'a trompé.

Le législateur devrait être à la fois peuple et philosophe ; se tenir en garde également contre l'esprit systématique, parce qu'il lui faut la vérité tout entière, et contre tout sentiment irréfléchi, parce qu'il a besoin de conséquences rationnellement déduites, et qu'une raison éclairée peut seule empêcher que d'aveugles passions ne s'allient au sentiment naturel du juste et du bien.

Mais placés ainsi entre le peuple et les philosophes, ayant à la fois besoin des lumières instinctives de l'un et des méthodes savantes des autres, est-il facile aux jurisconsultes et aux législateurs de n'être ni empiristes avec le premier, ni partiaux et incomplets avec les seconds ? Qu'on examine et qu'on juge. Au surplus, il faut en convenir, ce n'est pas du côté des philosophes que nous nous sommes laissé le plus souvent emporter. Il est si commode de n'être que peuple !

Jusqu'ici les difficultés dérivent de la nature des

connaissances que suppose l'établissement d'une bonne
justice pénale. Il y a plus, s'il est difficile d'acquérir
ces connaissances, il l'est encore davantage, peut-
être, de les bien employer, en passant de la doctrine
à la législation, de la science à l'art.

Qu'est une loi positive, écrite? Une formule, une
sorte d'expression algébrique, une mesure tirée de la
taille moyenne d'un certain nombre de faits particuliers ; en un mot, un lit de Procuste. Cela n'est ni ne
peut être autrement, à moins qu'on ne renonce à se
donner des lois, et qu'on ne s'expose à tous les caprices d'un pouvoir arbitraire. Dès qu'on veut établir
une règle de droit il faut sortir, par la généralisation, du chaos des faits individuels, et donner à l'esprit humain, dans les lois, le même secours qu'on
lui donne dans les sciences.

Mais l'ingénieur, l'artilleur qui appliquerait, sans
tenir compte des circonstances du fait particulier, une
formule générale de mécanique ou de balistique, se
rendrait ridicule ou coupable. En serait-il autrement
des ministres de la justice sociale ?

Qu'est donc cette loi écrite qui est plus encore
une méthode qu'une vérité? cet ordre qu'on ne saurait exécuter à la lettre sans injustice ? cette règle
qui a besoin d'être rectifiée par d'autres règles ?
Questions graves, ainsi que celles de savoir si cette
rectification est possible, jusqu'à quel point et de
quelle manière.

Ce n'est pas le moment de nous occuper de ces questions; nous ne faisons ici que signaler les difficultés.

Vous êtes en possession de la règle que vous voulez

établir, tout n'est pas fait encore. Il faut trouver une expression, et une expression claire, simple, précise. C'est ce que tout le monde sait et ce que tout le monde dit, même ceux qui ne se sont jamais doutés des difficultés que présente l'application de l'instrument du langage aux matières de législation.

Les préceptes abondent, mais les lois bien rédigées sont en fort petit nombre. Probablement l'application de tous ces préceptes de rhétorique législative n'est point aisée.

Ce serait un travail aussi curieux qu'instructif que celui de comparer, sous le point de vue de la rédaction, les lois de différents peuples, et d'examiner l'influence du caractère propre de chaque langue, des opinions littéraires et des méthodes scientifiques dominantes chez les diverses nations.

La rédaction de la loi pénale offre plusieurs difficultés qui, ce nous semble, lui sont particulières. Nous n'en rappellerons ici qu'une seule. La loi pénale oblige tous les citoyens; mais, comme instruction, elle s'adresse principalement aux classes les plus nombreuses et les moins éclairées, et comme sanction pénale, c'est sur ces mêmes classes qu'elle frappe le plus souvent. Elle se distingue en cela des lois politiques et civiles. Les principes et l'esprit des premières intéressent la nation entière; leur application ne concerne qu'un petit nombre de personnes. Celle des lois civiles tombe, soit directement, soit indirectement, sur un grand nombre de citoyens, mais toujours est-il que la rédaction de ces lois importe peu à ceux qui n'ont rien.

Or, avec nos langues prudes, dédaigneuses et tout embarrassées de leur étiquette, est-il aisé de se faire comprendre de ceux qui n'ont jamais entendu que le dialecte rude, pauvre, irrégulier, mais vif, franc, pittoresque de la halle, des cabarets, de la foire?

Cependant, et surtout d'après certaines théories pénales, c'est à ceux qui sont le plus exposés à tomber dans le crime qu'il est indispensable de faire comprendre la loi. Comment sans cela contenir par la crainte les impulsions du plaisir? Que deviendrait cet artifice mécanique, ce balancier pénal tant vanté, par lequel on se flatte de pouvoir opposer, coup pour coup, une force prépondérante à l'action de chaque passion nuisible?

De quelle langue, de quelle méthode faudra-t-il donc faire usage dans la rédaction des lois, pour agir efficacement sur l'esprit inculte de ceux qui peuvent moins résister aux tentations du crime? Sera-ce en style de palais ou en style académique? sera-ce dans la langue des salons qu'on écrira les lois, ou dans ce dialecte populaire qui ne sait traverser une rivière ni tourner un coteau sans cesser d'être le même; dans ce dialecte capricieux, multiforme, qui ne veut ni effacer les empreintes de ses antiques origines, ni rejeter aucune forme nouvelle pour peu qu'elle serve à ses véritables besoins? Devra-t-on procéder par de vastes généralisations ou entrer dans les détails? Faut-il se confier au sens commun, ou faut-il donner des définitions et faire briller dans les Codes toute la splendeur scientifique de la synthèse?

Questions graves, épineuses, qui sont loin d'avoir

obtenu une solution satisfaisante, et qui suffiraient
seules, ce nous semble, pour signaler les difficultés
qu'offre la législation pénale, par ses rapports avec
les sciences morales et politiques ainsi qu'avec les
études littéraires.

Mais ceux qui conserveraient quelques doutes à cet
égard, n'ont qu'à fixer leur attention sur la seconde
partie du système pénal, les jugements.

La justice du jugement repose, avant tout, sur la
certitude du fait imputé. L'homme n'a pas de moyen
plus sûr, pour connaître les faits extérieurs, que le
témoignage immédiat de ses sens, en supposant qu'il
ait appris à s'en servir convenablement. Or le juge
n'a point été témoin du fait. C'est par les yeux d'autrui qu'il voit, par les oreilles d'autrui qu'il entend.
C'est une instruction qu'il lui faut ; c'est à travers un
rideau tendu souvent par les passions et les intérêts
les plus ignobles que des hommes doivent voir ce qui
est arrivé, et ce qui souvent n'a laissé de traces que
dans le souvenir d'autres hommes qui, par mille
motifs divers, peuvent désirer de tromper la justice.
Triste et dangereuse nécessité ! Aussi l'on ne saurait,
en y réfléchissant, se défendre d'un sentiment d'effroi,
lorsqu'on voit trop souvent la légèreté ou la passion
présider aux jugements criminels ; et l'on éprouve
une impatience bien légitime en voyant des législateurs, esclaves d'une aveugle routine, traiter avec
une sorte d'indifférence les formes de la justice pénale, et ajourner froidement les modifications les plus
indispensables.

Ces amis de la routine oublient donc qu'il s'agit

des questions les plus délicates, touchant la crédibilité humaine ; qu'il s'agit de trouver des garanties contre les dangers résultant de preuves que des hommes administrent et que d'autres hommes apprécient ; qu'il s'agit de statuer à l'avance sur ce qui de sa nature se prête si peu à des règles générales et inflexibles, sur l'admissibilité des preuves et sur le meilleur mode de les fournir ; qu'il faut concilier la liberté de l'accusation et de la défense avec ces garanties et ces formes sans lesquelles il n'y aurait ni justice ni sûreté. « Car justice gît en formalité ; sinon c'est force, c'est violence, c'est tyrannie. »

Sans doute il est utile que la poursuite des criminels soit prompte, active : mais on ne peut pourtant pas laisser au premier venu la faculté de troubler impunément la paix d'une famille, le droit de faire courir à tout homme les chances d'une action pénale, et cela sans frein, sans précautions, sans garanties.

Il est encore utile, il est éminemment juste que la défense soit libre, pleine, armée de tous ses moyens. Mais il n'est pas cependant possible d'écouter celui qui, sous le prétexte de recueillir des moyens de défense, voudrait arrêter le cours de la justice ; celui qui, abusant de la liberté, de la hardiesse même légitime dans la défense, s'en ferait un moyen de calomnie et d'outrage.

Il est évident pour nous que c'est dans sa conscience que le juge du fait doit puiser sa conviction, et que nul n'a le droit de lui en demander compte. Mais cela ne veut pas dire qu'on lui laissera une liberté absolue quant au mode de se procurer les moyens de conviction, que toute preuve sera admissible et pourra être administrée d'une manière quelconque. Un juré pourra-t-il ne pas assister à une partie des débats, parce que sa conviction sera déjà formée, et qu'il l'estimera pleine et inébranlable ?

Tous, juges, accusateurs et parties, ont droit à la liberté ; tous ont le devoir de la renfermer dans certaines bornes, de la soumettre à certaines règles. Mais ces bornes ne sont pas faciles à placer ; ces règles ne sont pas aisées à fixer. Comment s'y prendre pour contenir la liberté sans lui imposer le joug de la servitude, sans qu'elle cesse d'être elle-même ?

Trouver la juste mesure de la libre action de tous ceux qui prennent part à un procès criminel, et découvrir les liens par lesquels cette action spontanée et indépendante doit se rattacher aux formes et aux garanties légales, est un problème qui n'a pas encore eu de solution complète ni en pratique, ni même en théorie. C'est un des problèmes sociaux dont la complète solution se fera le plus attendre ; car elle suppose de grands progrès scientifiques et politiques à la fois. Un esprit purement spéculatif ne saurait résoudre dans son cabinet un problème si compliqué, et où il faut réserver une si grande part à l'action libre des individus. Il faut avoir vu l'homme agir dans des circonstances analogues ; il faut comparer les résultats de différentes méthodes ; il faut des observations et des connaissances qu'on ne peut obtenir que là où la civilisation est en plein progrès et où la liberté laisse tout voir, tout entendre, tout discuter sans restriction et sans crainte. Aussi est-ce surtout en ma-

tière de procédure criminelle qu'aux difficultés inhérentes à la nature du sujet viennent se joindre les
autres obstacles qui retardent le perfectionnement du
système pénal, l'obstacle d'une civilisation imparfaite et celui d'un gouvernement antinational.

§ I. — Des rapports du système pénal avec la civilisation.

Il en est du système pénal comme de tout autre
système d'idées. L'homme ne saurait le concevoir
dans toute son étendue et dans toute sa pureté, avant
que l'esprit humain n'ait subi le travail de la civilisation.

Dans l'enfance des peuples, lorsque les individualités sont encore trop isolées, trop distinctes, et les
notions générales d'ordre trop obscures et trop faibles, la justice sociale ne saurait être comprise, et de
fait elle ne l'a pas été.

Les hommes, au berceau de la civilisation, n'ont
de la justice pénale qu'une sorte de connaissance instinctive. Ils sentent confusément que le mal mérite
le mal ; ils ne se révoltent point contre les applications grossières de ce principe ; mais subjugués par
les besoins immédiats et par la violence des passions,
ils le ramènent trop à l'individualité, ils n'aperçoivent guère que l'offenseur et la partie lésée.

C'est dans l'enfance des sociétés que le droit de punition est presque confondu avec *le droit de défense*
personnelle, qui est essentiellement individuel, brutal
dans son action, et passager.

La vengeance se mêle aussi à la pénalité, dans ces

époques de la société, sans que l'homme, témoin de ces excès, en soit ni blessé ni scandalisé.

Peu à peu les individualités se mêlent; la fusion sociale fait quelques progrès; les idées d'ordre public commencent à frapper les esprits.

La justice pénale en profite; elle commence à se dépouiller de cet alliage de sentiments personnels, violents et vindicatifs, qui étaient le résultat d'une individualité excessive. Ce progrès est rendu sensible par ce fait, que, dans ce second degré de civilisation, l'idée dominante dans l'exercice de la justice sociale, est l'idée d'une réparation. Ce n'est pas encore l'idée du châtiment, de la pénalité proprement dite; les hommes sont encore trop matériels; le rapport qu'ils saisissent le mieux est toujours celui du mal opéré, avec l'intérêt particulier des parties lésées. Tout ce qu'ils aperçoivent des principes d'ordre dans ce sujet, se réduit à comprendre que l'action individuelle ne doit pas être sans frein, qu'elle doit se modérer dans l'intérêt de la paix publique. Ils établissent le tarif des réparations, le taux légal du rachat de la peine, de la composition entre l'offenseur et l'offensé; ils prennent ainsi l'accessoire pour le principal; mais cependant ils entendent déjà mieux la justice pénale, puisqu'ils ont mieux compris que son exercice est une mission du pouvoir social, dans des vues générales.

Ces idées se développent davantage lorsqu'enfin un plus grand besoin de paix publique fait reconnaître l'insuffisance de la réparation individuelle pour le maintien de l'ordre social. C'est alors que la pénalité proprement dite commence à devenir le principe régulateur de la justice criminelle. A mesure que l'homme, en suivant les lois de sa nature, se rapproche de ses semblables, et entre avec eux dans une communication intime d'intérêts, d'actions, de sentiments, ses notions d'ordre et de droit s'élèvent, s'étendent et s'épurent; il entrevoit la source et le but de la justice sociale; il entrevoit le devoir de la soutenir, de s'y soumettre; il comprend confusément qu'elle ne doit pas se gouverner exclusivement, ni en vue, ni au gré des individualités. La justice se montre enfin à ses yeux sous l'image d'un sacerdoce, d'une sorte de ministère sacré, chargé de protéger l'ordre public et la morale.

C'est alors, et alors seulement, que se développe l'idée du délit *public*. Ainsi qu'on l'a remarqué, cette notion est une de celles qui se forment le plus tard chez les peuples. Il faut qu'elle soit précédée par celle de l'unité morale, du corps politique ayant ses droits à protéger, ses devoirs à remplir. Aussi, dès que l'histoire nous montre chez un peuple la notion du délit public établie, peut-on en conclure hardiment que ce peuple a déjà atteint ce degré de civilisation où les unités individuelles s'effacent jusqu'à un certain point, pour faire place à l'unité générale, où, pour mieux dire, elles ont été saisies et coordonnées par les liens de l'ordre public. Il y a une règle établie, des formes positives, une véritable corporation.

Mais ces notions sont encore bien imparfaites, bien confuses, et non sans alliage. L'homme ne passe pas d'un état à un autre, d'un ordre de sentiments et d'idées à un ordre plus élevé, sans traîner avec lui les débris du système dont il est parvenu à se dégager.

Aussi dans cette période de civilisation, la justice pénale a pris son vrai caractère ; mais il lui est impossible de le développer. Elle est encore gênée, souvent subjugée par les circonstances extérieures. Elle s'est placée sur la route que la raison lui prescrit ; mais elle est encore loin du but.

L'histoire nous la montre à cette époque, cruelle, fantasque, et surtout superstitieuse. Elle proclame des lois pénales qui ne sont, aux yeux de la raison, que des bizarreries ; elle confond le délit avec le péché ; elle aspire à une expiation complète et même dramatique, parlant par des formes souvent plus ridicules encore que cruelles ; elle imagine que le supplice du coupable est un holocauste agréable à la Divinité offensée et qui la réconcilie avec son peuple ; frappée de l'importance du maintien de l'ordre public, par cela même qu'il est un bienfait récent et non encore parfaitement assuré, elle se croit en droit de tout faire pour en prévenir les violations ; elle ne sait garder ni proportion ni mesure ; elle enfante des crimes imaginaires ; elle se plaît dans les supplices [1].

---

[1] Il ne faut pas croire cependant que toutes les sanctions pénales qu'on trouve dans les statuts et coutumiers du moyen âge et même d'une époque postérieure, aient été adoptées dans l'intention de les faire exécuter, le cas échéant. Il y en avait dans le nombre plusieurs dont l'application aurait été non-seulement chose bizarre, mais impossible. C'était une sorte de satisfaction mentale que le législateur voulait se donner à lui-même et à la partie honnête du public. On voulait peindre, par le choix de la peine, l'iniquité du crime et l'horreur qu'il inspire. C'était de la poésie du Dante mise en lois. Quelquefois aussi la peine était exagérée pour déterminer plus facilement le coupable à se soumettre à un fort rachat, et sa famille à lui en fournir les moyens nécessaires. (*Note de l'auteur.*)

1. — 3ᵉ ÉDITION. 10

Le besoin de découvrir les coupables l'agite, la tourmente d'autant plus qu'elle sent confusément l'impuissance de ses moyens incomplets et grossiers. De là une foule de procédés absurdes et révoltants à nos yeux; les jugements de Dieu, le combat judiciaire, les *conjurateurs*, puis les peines extraordinaires en cas de preuves insuffisantes, et enfin la torture. Car la torture aussi a été dans son temps, et dans un certain sens, un progrès. Aussi pourrait-on dire avec exactitude à ses défenseurs modernes (à la honte de l'humanité et de la raison elle en a encore), quel est le siècle auquel ils appartiennent, quelle est la condition sociale qu'ils représentent.

Il nous est facile à nous, qui vivons au sein d'une civilisation avancée et fortement progressive, de condamner dédaigneusement ces actes d'une justice pénale encore inculte et à demi-barbare.

Au lieu d'appeler les peuples anciens à notre tribunal, nous ferions mieux cependant d'étudier nos propres lois et nos institutions pénales; nous trouverions de quoi rougir de nos propres faits et de notre insouciance. Les peuples, dans leur enfance, n'ont pas fait ce qu'ils ne pouvaient ni comprendre ni faire; nous, nous faisons ou nous tolérons ce que le devoir nous commande de ne plus faire ou de supprimer.

Sans doute il n'y a qu'une vérité, qu'une justice; et l'homme a le devoir de tendre constamment, avec effort, vers cette vérité et cette justice. La transformation en délit légal d'un acte innocent, une peine hors de toute proportion, un jugement arbitraire, sont

des actes illégitimes en eux-mêmes, en tout temps et
en tout lieu.

Mais ces actes, considérés relativement à leurs auteurs, dans un certain état de civilisation, sont des
fautes graves, même des crimes imputables au pouvoir ; dans un état moins avancé, ils peuvent n'être
que des erreurs excusables.

Il y a en outre, dans une certaine latitude, une légitimité toute relative. Elle résulte des parties diverses
dont se compose le droit pénal. Elle se retrouve principalement dans la fixation des bornes du délit, non
moral, mais légal, et dans le choix, nous ne disons
pas dans la mesure des peines. C'est des éléments relatifs et variables, plus que des éléments invariables
et absolus du droit, que dépend la solution de ces
questions.

La justice sociale aussi a son beau idéal, duquel
nous avons tous, sociétés et individus, le devoir de
nous rapprocher constamment, par tous nos moyens.
Mais aucun progrès n'est possible sans capacité proportionnée. Cette capacité est le résultat du développement de notre intelligence, et de circonstances
extérieures en harmonie avec les progrès de la
science.

Les principes primitifs de la justice pénale sont
dans la conscience du genre humain. Leur oubli dans
tous états de société est sans excuse.

Mais une fois que les bases essentielles sont respec-
tées, une fois qu'on entre dans le domaine des conve-
nances politiques, le principe de la légitimité relative
s'y développe. Chaque société n'est plus responsable

d'une manière absolue ; elle ne l'est qu'en raison des
moyens d'amélioration qu'elle possède, ou qu'elle aurait dû posséder.

Au premier degré de civilisation, il est impossible
que le principe de la pénalité ne soit pas violemment
plié aux exigences passionnées de l'individualité.

Plus tard il ne peut se faire accepter qu'en se présentant toujours sous les formes de l'individualité,
comme principe de réparation et de dédommagement.

Par un nouveau degré de civilisation, lui est-il
permis de se montrer dans sa véritable nature comme
principe conservateur et élément essentiel de l'ordre
social ? Il lui faut exagérer son action ; il lui faut
frapper fort et souvent ; ce n'est qu'à cette condition
qu'il peut se faire écouter, respecter, et se préparer
par là les voies d'une action plus rare, moins violente,
et cependant suffisante pour son but. Dans cet état de
choses, la pénalité paraît dans son véritable jour,
mais sous des formes très-sévères et presque brutales.

En nous retraçant en détail tous ces faits, en nous
décrivant cette marche progressive de la justice humaine, l'histoire rend à la science un service essentiel. Elle nous apprend à concilier la théorie avec
l'état des faits extérieurs, à n'essayer que ce qui est
possible ; mieux encore, à devenir tolérants. L'école
historique serait à l'abri de tout reproche, si elle ne
cédait pas trop souvent à deux penchants, d'ailleurs
assez naturels chez les hommes qui s'occupent essentiellement de comprendre et d'expliquer le passé.

L'un est le penchant à tout approuver, à tout justifier, comme si nos ancêtres n'eussent jamais commis de fautes, comme s'ils n'eussent jamais lutté contre leur propre civilisation. L'autre est le penchant à nous donner le dernier état historique, non comme un point de départ, mais comme le type de la perfection, comme l'idéal du mieux possible dans ce monde. L'école historique ne remplira parfaitement sa mission qu'en se persuadant que l'histoire est l'auxiliaire essentiel de la science, mais qu'elle n'est pas la science.

Jusqu'ici les obstacles au perfectionnement du système pénal dérivent de causes générales, inhérentes à la nature du sujet, à la marche des sociétés humaines.

Cependant le moment ne tarde pas à arriver où l'ordre social ayant pris un développement ultérieur, le système pénal semble devoir suivre ce progrès, épurer de nouveau ses principes, et revêtir des formes plus rationnelles et plus douces.

Toutefois les faits ne répondent point à ces espérances. L'histoire du droit pénal est là pour donner un démenti formel à cette déduction théorétique. Une discordance frappante existe chez presque tous les peuples civilisés entre leur état moral et leur système pénal.

Ce fait est grave. Il pourrait être révoqué en doute par ceux qui savent combien de lois et de projets de législation pénale ont vu le jour depuis trente à quarante ans. Il mérite qu'on en donne quelques preuves.

Nous n'irons pas fouiller dans les archives des peuples anciens.

Nous n'irons pas demander compte de leurs lois à ceux des peuples modernes qui n'ont pas encore acquis ou qui ont laissé dépérir notre civilisation.

Interrogeons les lois de l'Angleterre et de la France, et celles d'une grande partie de l'Italie, de l'Allemagne et de la Suisse. Certes, le degré de civilisation n'est pas le même dans ces divers pays. Cependant tous ces peuples ont droit d'être compris dans la sphère des peuples civilisés. Le gouvernement de Berlin tout comme celui de Londres, celui de Turin comme celui de Fribourg en Suisse, éprouveraient une grande indignation, si, pour expliquer l'existence de certaines lois pénales dans leur pays, on osait affirmer que dans la carrière de la civilisation leurs peuples ne sont pas encore entièrement en dehors de la période semi-barbare.

Ce serait un travail fastidieux et déplacé que de donner ici l'analyse des législations pénales existantes dans ces divers pays. Nous nous bornerons à quelques observations principales ; nous ne citerons que peu de faits ; mais ce petit nombre de faits devra suffire à tout homme doué de quelque liberté d'esprit et d'un peu d'humanité.

§ II. — Coup d'œil sur l'état actuel de la législation pénale.

C'est une vérité universellement reconnue aujourd'hui, qu'en Angleterre, sans le droit de grâce et les pieux mensonges du jury, l'administration de la justice criminelle ne serait qu'une horrible boucherie. Dans l'espace de 7 ans, de 1820 à 1826 inclusivement, les tribunaux de l'Angleterre proprement dite, le pays de Galles y compris, ont condamné à mort 7,656 individus. Le jugement a été exécuté sur 528. C'est à peu près 2 sur 29 [1].

Les lois anglaises sont encore encombrées de dispositions pénales qui ne sont que l'expression violente, et par trop absurde aujourd'hui, de l'intolérance de l'*Église établie*.

Les délits de chasse jouent un rôle effroyable dans les annales de la justice criminelle des Anglais. Des lois odieuses, comme le sont toutes les lois en faveur de priviléges que rien ne justifie; des lois qui

---

[1] Parmi les condamnations à mort, 2,047 ont été prononcées pour crime de *burglary*. (C'est l'entrée faite de nuit à l'aide de l'effraction ou d'un moyen analogue, dans une maison habitée, une église, un bourg, pour y commettre un vol ou tout autre *félonie*, que la félonie ait été ou non consommée, pourvu que l'intention de la commettre apparaisse par des actes matériels.)

    137 Pour vol ou destruction malicieuse de bétail.
    318 Pour crime de faux ou de fausse monnaie.
    865 Pour vol de chevaux.
    1171 Pour vol de la valeur de 40 schellings dans une maison habitée.
     35 Pour crime de sacrilége (vol commis dans une église ou chapelle.)
    714 Pour vol de moutons.
     15 Pour crime de sodomie.

De ces jugements on en a exécuté 116 pour *burglary*.

     53 Pour faux et fausse monnaie.
     50 Pour vol de chevaux et de moutons.
      2 Pour sacrilége.
     25 Pour vol de 40 schellings dans une maison habitée.
     13 Pour sodomie.

                                                    (*Note de l'auteur.*)

ne sont que des conséquences tirées, à tort ou à raison, des principes de la féodalité, et qui de toute
manière font un contraste trop choquant avec les
idées des temps modernes ; des lois qui ne respectent
pas plus la liberté individuelle que le droit de propriété ; des peines disproportionnées et barbares,
l'amende, la prison, le fouet, la déportation ; des
braconniers et des gardes-chasse infestant également
le pays ; les prisons et les pontons remplis de malheureux que de mauvaises lois ont rendus criminels [1] : tel est le système auquel est encore aujour-
d'hui soumise l'Angleterre, et qu'on a étayé de
plusieurs statuts sanctionnés sous le règne de
George III [2].

La peine du fouet est prodiguée dans les lois pénales d'Angleterre. De 1820 à 1826, 42,491 individus ont été condamnés à la peine de l'emprisonnement, qui entraîne souvent la peine accessoire du

---

[1] Les journaux anglais nous ont appris que dans une pétition présentée
à la chambre des communes au mois de mars 1827, entre autres faits, on
y alléguait celui-ci : dans une prison qui renfermait en tout 232 détenus,
il y en avait 100 arrêtés pour infractions aux lois sur la chasse.
(Note de l'auteur.)

[2] Par une disposition de ces statuts, celui qui s'avise de tuer ou de
prendre une perdrix nuitamment, peut être condamné à une amende de
10, de 20, de 50 livres sterling ; s'il ne peut pas payer les 50 livres, il les
escompte par six mois de prison ; et, si tel est le bon plaisir du juge, il est
par-dessus le marché fouetté en public. Si par malheur, au lieu d'une perdrix, il prend un lapin, ce qui l'attend, c'est la déportation pour sept ans,
à moins que le juge charitable ne se contente de le condamner à l'amende,
à la prison, au fouet. Et puis on s'étonne que les braconniers soient armés
jusqu'aux dents, et que le cas échéant ils n'épargnent guère la vie d'un
garde-chasse, c'est-à-dire d'un dénonciateur !
(Note de l'auteur.)

fouet ; en outre, 1,832 individus ont été condamnés au fouet et à l'amende.

La peine du fouet a été religieusement conservée dans les bills de consolidation et de réforme sanctionnés en l'an de grâce 1827. Cette phrase : *And if a male, to be once, twice or thrice publicly or privately whipped*, est une des parties les plus saillantes des deux lois du 21 juin 1827 (7 et 8, Georg. IV, ch. 29 et 30). On la retrouve si souvent, qu'en lisant ces statuts, on croit presque approcher d'une plantation de sucre ; on entend claquer les fouets [1].

La peine de la confiscation existe dans les lois anglaises sous plus d'une forme. En 1817, le parlement repoussa un bill proposé par Samuel Romilly, à l'effet d'abolir ce qu'on appelle la *corruption du sang*, c'est-à-dire la plus odieuse des confiscations.

Qui oserait décrire le supplice réservé aux coupables de haute trahison ? Cependant, lorsqu'en 1813 Samuel Romilly proposa d'y substituer une forme d'exécution capitale moins révoltante, sa motion fut rejetée par soixante-treize voix sur cent treize. (Romilly Speeches, t. I, p. 461.)

Le peuple anglais n'en est pas moins de l'avis de Romilly, et il l'a prouvé en 1820, lors de l'exécution de Thistlewood. Aujourd'hui, tout le monde sait que la loi ne sera point exécutée et qu'elle ne pourrait l'être ; mais les sages du parlement, ces

---

[1] Les directeurs d'une maison d'asile établie à Londres (the refuge for the destitute) ont observé qu'ils ne trouvaient d'individus absolument incorrigibles que parmi ceux qui, avant d'entrer dans l'établissement, avaient subi la peine du fouet.

(*Note de l'auteur.*)

hommes graves qui croient sérieusement avoir donné
une bonne raison lorsqu'ils se sont écriés : « Nolumus
leges Angliæ mutari, » préfèrent de laisser au bourreau le soin de faire chez eux la part de l'humanité.

La France a une législation pénale qui est sans
doute plus rationnelle et plus humaine que celle qui
existait avant la révolution. Cependant un code,
œuvre précipitée d'un pouvoir qui rétablissait la confiscation et rouvrait des bastilles, devait être, comme
il est en effet, fort au-dessous de la civilisation française [1].

La division des actes punissables en crimes, délits
et contraventions, division tirée du fait matériel et
arbitraire de la peine, révèle à elle seule, ce nous
semble, l'esprit du code et du législateur. C'est dire
au public : Ne vous embarrassez pas d'examiner la
nature intrinsèque des actions humaines ; regardez le
pouvoir ; fait-il couper la tête à un homme, concluez-
en que cet homme est un grand scélérat. Il y a là un
tel mépris de l'espèce humaine, une telle prétention
au despotisme en tout, même en morale, qu'on
pourrait, sans trop hasarder, juger de l'esprit du code
entier par la lecture de l'art. 1er.

Aussi y trouve-t-on élevé au rang de délit et de
crime, ici un fait utile et licite, tel qu'une réunion
de vingt et une personnes, quelque louable qu'en soit
le but (art. 291); ailleurs, la simple proposition,
presque la seule pensée d'un délit (art. 90).

---

[1] Les critiques qui suivent ont perdu une partie de leur force depuis
les modifications apportées au Code pénal de 1810 par la loi du 28 avril
1832.

La peine de mort, quoique moins prodiguée que dans l'ancienne législation, y est cependant conservée pour un trop grand nombre de crimes. Mais elle y est surtout appliquée sans discernement, sans les distinctions que réclament la justice et l'opinion publique. Lorsque le législateur du Code pénal frappe, il frappe en masse, avec une sorte de laisser-aller, dédaignant toute considération du plus ou moins de démérite moral et politique que peut offrir l'action punissable [1].

S'agit-il de complicité? Il a établi une théorie d'une simplicité draconienne [2].

A-t-on détruit, par l'explosion d'une mine, une propriété appartenant à l'État; la mort : telle est la peine prescrite pour tous les cas, soit qu'on ait dé-

---

[1] La loi du 28 avril 1832 a, d'une part, établi la possibilité de ne prononcer dans aucun cas la peine de mort par la déclaration des circonstances atténuantes, et, d'une autre part, elle a supprimé cette peine dans neuf cas, qui sont : 1° Les complots non suivis d'attentats; 2° la fabrication ou émission de fausse monnaie, d'or ou d'argent; 3° la contrefaçon ou l'usage des sceaux de l'État, effets du trésor public ou billets de banque; 4° plusieurs cas d'incendie; 5° le meurtre joint à un délit, quand la relation de cause à effet n'existe point; 6° le vol avec les cinq circonstances aggravantes; 7° le recelé d'objets volés, quand le vol est puni de mort; 8° l'arrestation exécutée sous un faux costume, avec un faux nom ou un faux ordre; 9° l'association illégale avec menace de mort.

[2] Le système des circonstances atténuantes résout en partie cette objection. Le rapporteur de la loi du 28 avril 1832 a voulu y répondre lorsqu'il a dit : « Qu'importe que la complicité, si diverse dans ses formes et dans sa criminalité, ne puisse toujours être équitablement assimilée au crime principal, si l'admission des circonstances atténuantes rétablit les différences que l'assimilation générale du complice à l'auteur du crime a négligées? » (*Mon.* du 23 décembre 1831.) Mais il reste à savoir si ces distinctions, qui sont prises dans la nature des faits et non dans le caractère de la participation, doivent être faites par le législateur ou doivent être abandonnées au jury.

truit les arsenaux de la France, soit qu'on ait renversé un vieux mur, débris négligé d'une fortifica-
tion du moyen âge [1] (art. 95).

S'agit-il de meurtre *qualifié;* la mort, même pour
l'infanticide [2].

Enfin, s'agit-il de fausse monnaie; qu'on ait contrefait les monnaies françaises, ou qu'on les ait alté-
rées; qu'on ait opéré la contre-façon ou participé à
l'émission; qu'on ait contrefait pour des sommes
énormes, ou seulement altéré deux pièces de vingt
sous, contrefait en diminuant la valeur ou en conser-
vant le même titre et le même poids, dans tous les
cas, la mort (art. 132) [3].

La peine de la marque et celle du carcan, qui,
dans certains cas, peut même être appliquée, soit
comme peine principale, soit comme peine accessoire
de celle de cinq ans seulement de réclusion, sont aussi
des taches qui, nous ne saurions en douter, ne tar-
deront pas à disparaître de la législation pénale d'une
nation dont les mœurs sont si douces et la civilisation si fortement progressive. La France est la Tos-
cane de l'Europe [4].

[1] A la peine de mort était jointe celle de la confiscation. Mais cette peine
a été à jamais abolie par la Charte.   (*Note de l'auteur.*)

[2] Cette disposition a été modifiée par la loi du 25 juin 1824.
                                        (*Note de l'auteur.*)
Mais la loi du 28 avril 1832 l'a rétablie, en plaçant toutefois à côté la
faculté de déclarer les circonstances atténuantes.

[3] On a vu dans une note précédente que la peine de mort a été supprimée dans ce cas; elle a été remplacée par celle des travaux forcés à
perpétuité.

[4] Ces deux peines ont été abolies par la loi du 28 avril 1832. Celle de
l'exposition publique, qui remplaçait le carcan, a été elle-même supprimée
par le décret du 12 avril 1848.

Nous sommes convaincus qu'on s'empressera également d'y réviser les lois relatives à la mort civile. On ne voudra plus être aussi injuste qu'inhumain par respect pour la logique de Treilhard, car cette doctrine de la mort civile, avec ses affreux détails, est-elle autre chose qu'un véritable enivrement de logique? On partait d'une fiction, d'un principe aussi raisonnable que peut l'être l'idée de supposer que ce qui est n'est pas, qu'un vivant est un mort, et on sanctionnait de révoltantes conséquences, par respect pour le syllogisme. On portait atteinte aux liens, aux devoirs les plus sacrés ; on punissait l'innocent, et on s'en consolait en disant qu'il trouverait son dédommagement *dans sa conscience, dans sa religion, même dans l'opinion*. Des lois sanctionnées dans l'espoir que l'opinion publique en corrigera les mauvais effets [1] !

Et puisque nous venons de mentionner l'opinion publique, pourrions-nous passer sous silence les dispositions du Code pénal contre les loteries clandestines? Le gouvernement punit dans les particuliers ses propres actes ; et le public pourrait voir quelque moralité dans une semblable loi pénale! Que veut-on donc qu'il pense? Que les délits ne sont punissables que selon la qualité des personnes? ou bien que la loi n'est qu'un instrument matériel de puissance ou de gain? Le choix de la sanction pénale n'est pas moins singulier. Le gouvernement tient des

[1] La mort civile a été abolie en matière de crimes politiques par la loi du 8 juin 1850 et en matière de crimes communs par la loi du 31 mai 1854.

loteries, et les particuliers qui l'imitent pourront être
déclarés indignes de voter, d'élire, d'être élus, d'être
jurés, d'exercer aucune fonction publique, d'être
nommés aux emplois de l'administration ! Il est difficile de pousser la contradiction plus loin [1].

Enfin nous ne pouvons pas ne pas rappeler que la
France a des bagnes. Qu'est-ce qu'un bagne? Nous
le demandons à tous ceux qui ont vu ces horribles
repaires de brutes à face humaine : un bagne est-il
autre chose qu'une arène où la force publique se
montre dans une action toute matérielle et brutale [2]?

En Suisse, si on excepte un petit nombre de cantons, en particulier celui de Genève, il faudrait, non
pour le bien, mais pour l'honneur du pays, tirer
un voile sur l'administration de la justice criminelle [3].

Dans un grand nombre de cantons, les principes
dominants, en matière de justice pénale, sont toujours ceux de la Caroline. Je dis les principes, car les
dispositions de cette ordonnance ou instruction criminelle y ont été introduites par la coutume plutôt
qu'adoptées par une mesure législative. Or, la Caroline, quel qu'ait été son mérite dans le temps, n'en

---

[1] Les loteries ont été supprimées en France par la loi du 21 mai 1836.

[2] Nous sommes heureux de pouvoir dire qu'une ordonnance toute ré-
cente vient d'établir un premier principe de réforme dans les bagnes de
France. Les bagnes sont aujourd'hui supprimés, sinon entièrement en fait,
du moins en principe, par la loi du 30 mai 1854, qui a substitué à ces
établissements pénaux les établissements nouveaux de la Guyane.

[3] Un nouveau Code pénal a été promulgué le 18 février 1843 dans le
canton de Vaud.

est pas moins, au dix-neuvième siècle, une législation semi-barbare[1].

Dans un des cantons les plus éclairés de la Suisse, dans le canton de Zurich, il n'existe aucune loi pénale, et cependant on punit. Des hommes ne craignent pas d'y exercer la justice morale, comme s'ils étaient des dieux[2].

En quelques cantons, la peine capitale et les autres peines corporelles sont encore regardées comme

[1] La Caroline peut être considérée comme un signe représentatif de la période sociale immédiatement antérieure à la période actuelle.

Elle fut un progrès dans son temps. Tirée des coutumes et d'autres ordonnances criminelles qui l'ont précédée de quelques années, elle eut pour but d'introduire plus de régularité et plus de mesure dans les procès et dans les jugements criminels.

Précisément parce qu'elle était un progrès, et aussi par la jalousie qu'inspirait le pouvoir impérial, elle rencontra des résistances ; ici elle fut écartée d'abord, ailleurs elle fut bientôt abandonnée ou modifiée.

Voici une preuve que la Caroline, pour certains pays, était un progrès, même en 1767.

L'art. 11 de l'ordonnance porte : « L'on ne doit jamais perdre de vue que les prisons doivent être faites et établies pour la garde des détenus, et non pour leur servir de punition dangereuse. »

Or, voici le commentaire naïf qu'on trouve dans une traduction française de la Caroline, à l'usage des conseils de guerre des troupes suisses, imprimée à Bienne en 1767 : « Quoique la loi recommande l'humanité par rapport à la nature de la prison en général, on peut dire que lorsqu'il s'agit de crimes atroces et où la vengeance du public est absolument intéressée (Math. Steph., I, 1, de Custod. reor.), les plus durs et les plus noirs cachots doivent être mis en usage pour renfermer les criminels, en sorte néanmoins que leur vie n'y coure point de risque. » (Page 22.)

(Note de l'auteur.)

[2] Il n'y a pas longtemps, un homme coupable de plusieurs vols simples avec récidive, a été condamné à mort et exécuté, non pour la gravité de ses délits, mais parce qu'il s'était déjà plus d'une fois échappé de prison. A sa dernière arrestation, il dit qu'il ne manquerait pas de s'évader encore. Aussi a-t-on joué au plus fort avec lui. C'est sur sa tête qu'on s'est vengé du mauvais état des murs et serrures des prisons, et qu'on a puni la maladresse des geôliers. *(Note de l'auteur.)*

d'excellentes punitions qui réunissent le double avantage de l'efficacité et surtout de l'économie [1].

Si la France, l'Angleterre et la Suisse sont encore si loin, quoique à des distances bien diverses, du perfectionnement que la raison et l'humanité réclament dans les lois pénales, qu'attendre des pays où la liberté politique est encore au berceau? Qu'attendre de ceux où elle n'a pas encore vu le jour et où le pouvoir ne veille qu'à en étouffer jusqu'aux moindres germes?

Ouvrez le Code prussien [2]. Et d'abord on y compte 1,577 articles.

Aussi est-il un mélange au moins bizarre, de préceptes de morale, de règlements administratifs, de doctrines légales et de véritables lois pénales : un mélange de principes trop généraux et de détails trop minutieux, de règles trop positives et de dispositions laissant lieu à un arbitraire effréné ; un mélange de dispositions sages, humaines, très-ingénieuses, et d'atrocités repoussantes.

Le supplice de la roue, avec l'affreuse distinction

---

[1] Malheureusement il y a quelque chose de vrai, ou pour mieux dire de nécessaire dans ce déplorable système. Les petits cantons sont pauvres et nullement habitués aux impôts, pas même à ceux qu'ils pourraient payer à la rigueur. Comment établir sans argent un bon système de prison? Si Genève était dans le même cas, aurait-elle pu dépenser onze à douze mille louis pour établir une maison pénitentiaire ? pourrait-elle dépenser chaque année environ mille louis pour l'entretien et la garde de quarante à cinquante détenus? Il faudrait que plusieurs cantons se réunissent pour établir des prisons en commun.   (*Note de l'auteur.*)

[2] Code général pour les États prussiens , part. II, tit. xv. Un nouveau Code, déclaré exécutoire le 1er juillet 1851, a fait disparaître toutes les dispositions qui font l'objet des observations qui suivent.

du supplice commençant à briser par en haut et de
celui où l'on commence par les jambes, est appliqué
dans douze à quatorze articles ; je ne suis pas sûr de
les avoir tous comptés. Faut-il ajouter que ce supplice
a pour cortége la corde, la décapitation par le glaive,
les verges, le fouet ? L'incendiaire, en certains cas,
est brûlé vif.

Qu'est-ce qu'un *crime d'État ?* « L'acte volontaire
d'un sujet par lequel l'État ou son chef sont offensés
d'une manière immédiate » (art. 91).

Et puis suivent les distinctions des crimes de haute
trahison, de trahison simple, des délits contre la tranquillité et la sûreté intérieure de l'État, et enfin des
crimes de lèse-majesté qui ne sont ni crimes de
haute trahison, ni crimes de trahison simple. Que
sont-ils ? « des atteintes à la dignité du chef de
l'Etat » (art. 196), qui « entraînent la peine de la
décollation, encore qu'elles n'aient pas mis en péril
la vie ou la liberté du prince. »

Il y a plus ; les coupables de haute trahison ou de
trahison simple, mais de première classe, « perdent
non-seulement tous leurs biens et leur existence civile, mais ils sont encore punis dans leurs enfants,
lorsque l'État, pour détourner des dangers futurs,
juge nécessaire d'exiler ceux-ci ou de les tenir en réclusion à perpétuité » (art. 95 et 103). Ici du moins
le principe de l'utilité n'a point pris de déguisement.
Ce serait assez ; mais cependant la disposition relative à la femme qui favorise la désertion de son mari
mérite d'être citée. Non-seulement elle subit la peine
de la réclusion ou de la détention, mais elle encourt

de plus la confiscation de ses biens ; si elle ne l'a fa-
vorisée qu'en négligeant de s'y opposer, ou de dénoncer son mari, elle encourt toujours la peine de la
confiscation des biens qu'elle possède à l'époque de la
désertion. Enfin, si l'épouse est innocente, qu'arrive-
t-il ? « Les biens de la femme, même innocente, doivent être administrés judiciairement, tant qu'il n'y
aura pas de preuve de la mort du mari déserteur, ou
que l'épouse, son divorce obtenu, n'aura pas con-
tracté un autre mariage ou pris d'établissement dans
le royaume. »

C'est ainsi que, crainte de perdre un soldat, on se
joue des liens les plus sacrés et on encourage à les
rompre : l'injustice de la disposition n'est rien, com-
parée à son effet moral [1].

Le Code pénal autrichien n'offre point de dispositions aussi choquantes que celles que nous venons de
retracer ; dans les pays autrichiens, c'est surtout par
sa procédure, par ses commissions spéciales, et par
ses lois pénales de circonstance, que le pouvoir peut
exercer sur ses administrés une action qui n'est contenue par aucune garantie réelle, qui ne trouve de
bornes dans aucune institution fondamentale [2].

Cependant, même dans ce Code, la peine de la

---

[1] Espérons qu'une réforme du Code pénal prussien ne se fera pas attendre trop longtemps. Il paraît que le gouvernement de ce pays y travaille avec
zèle. (*Note de l'auteur.*) On a vu que le vœu de l'auteur a été rempli par la
loi prussienne du 1er juillet 1851.

[2] La procédure criminelle de l'Autriche vient d'être réformée. Un nouveau Code, promulgué au mois d'août 1853, renferme quelques améliorations importantes : il admet le débat oral en première instance seulement,
le libre développement de la défense ; mais il maintient dans la suite de
la procédure l'instruction écrite et les preuves légales.

prison *très-dure*, est d'une excessive sévérité. Cette peine consiste « à renfermer le condamné dans une prison sans aucune communication, avec autant de lumière et d'espace qu'il en faut pour entretenir la santé du prisonnier, qui doit être constamment chargé aux mains et aux pieds de fers pesants, et avoir autour du corps un cercle de fer fixé par une chaîne, excepté le temps du travail ; il aura pour toute nourriture du pain et de l'eau, et, de deux jours l'un, un mets chaud, qui ne pourra cependant être jamais de la viande ; quelques planches toutes nues formeront son lit, et toute conversation lui est défendue » (article 14). Exécutée dans toute sa rigueur, cette peine ne serait qu'un supplice lent et plus douloureux substitué à la peine de mort : on n'aurait évité qu'en apparence la peine capitale.

La peine du bâton pour les hommes, et celle des verges pour les femmes et pour les jeunes gens, jouent un grand rôle dans le Code autrichien. En matière de contraventions surtout, on la regarde, à ce qu'il paraît, comme une sorte de panacée universelle.

Celui qui ne dénonce pas un coupable de haute trahison est regardé comme complice, et puni de la *prison dure* à perpétuité.

La contrefaçon du papier-monnaie est punie de mort.

Et celui qui se rend coupable de blasphème, ou qui essaie de répandre une *fausse doctrine* contraire à la religion chrétienne ou de former une secte, est passible d'une peine qui peut s'étendre, selon les circonstances, de six mois à dix ans de prison.

Le Code des contraventions est fort curieux par
les dispositions minutieuses qu'il renferme. En voici
une qui est caractéristique : « Celui qui essaie de per-
suader aux sujets de l'Autriche de s'établir en pays
étranger, sera passible d'une détention d'un mois à
six mois. »

La partie de l'Allemagne qui est encore régie par
ce qu'on appelle le droit commun, n'offre pas moins
de prise à la critique. Le fond du droit commun est
fourni par la Caroline, modifiée sans doute par les
statuts et coutumes des lieux et par la jurisprudence.
Il faut même reconnaître que la jurisprudence y
montre une tendance générale à la modération et à
la douceur; mais de cet ensemble il ne résulte pas
moins une incertitude et une obscurité fort blâma-
bles, surtout en droit pénal. Des écrivains allemands
avouent que dans tel pays de droit commun, un jurisconsulte ne pourrait pas dire sans hésitation, si tel
ou tel acte y est ou non considéré comme délit et
sujet à punition. C'est en vérité pousser trop loin l'a-
mour des doctrines et l'aversion pour le positif, pour
la législation proprement dite [1].

---

[1] La partie de l'Allemagne dont l'auteur parle ici a obtenu depuis la publication de ce livre de notables améliorations au système pénal qui la régis-
sait. De nouveaux codes ont été publiés le 10 juillet 1840 dans le duché
de Brunswick; le 1er novembre 1840 dans le Hanovre; le 30 mars 1838 dans
la Saxe; le 1er mars 1839 dans le Wurtemberg; le 17 septembre 1841 dans
le grand-duché de Hesse-Varunstadt; le 29 août 1848 dans la Bavière; le
14 avril 1849 dans le duché de Nassau; le 6 mars 1845, et le 1er mars 1851
dans le grand-duché de Bâle. Des lois plus récentes sont venues modifier
encore quelques-uns de ces codes : telle a été la loi du 13 août 1849 pour
le Wurtemberg, et telle a été encore la loi du 11 avril 1849 pour le grand-
duché de Hesse.

Dans les lois et *constitutions* du Piémont, vous trouvez une disposition pénale contre ceux qui donnent de la viande à manger pendant le carême ; et l'on menace de la peine de mort les juifs qui oseraient proférer une malédiction contre quelque saint.

Un juif qui se permet de danser ou de jouer d'un instrument, dans sa propre maison, pendant la semaine sainte, est condamné à la peine du fouet en public.

Tous ceux qui, par un mouvement de colère, proféreront quelque injure contraire au respect dû à Dieu et aux saints, seront punis d'un an d'emprisonnement.

S'ils ont proféré un *blasphème atroce*, ils seront condamnés aux galères.

Si le crime a été commis de propos délibéré, on appliquera la peine de mort.

Est coupable de lèse-majesté au premier chef, même celui qui aurait tenté d'offenser l'honneur du roi et des princes ses enfants. La peine, c'est la mort toujours accompagnée des peines accessoires les plus rigoureuses et les plus effrayantes, et de la confiscation des biens.

Par les mêmes *constitutions*, qui ont été remises en vigueur en 1814, on condamne au supplice de la roue et de la tenaille.

Le Code pénal en vigueur aujourd'hui dans le duché de Modène punit le blasphème par des amendes, par le fouet, et même par les galères.

Est crime de lèse-majesté, et comme telle punie de mort et de la confiscation des biens, toute partici-

pation à des actes ou à des complots tendant à exciter
une sédition ou un tumulte, ainsi que toute offense
ou tentative d'offense contre la personne ou l'honneur
du prince ou d'un membre de sa famille.

D'après le même Code, toute personne coupable
d'offense ou de complot contre un ministre, en haine
et à cause de ses fonctions, est punie de mort.

Si elle ne s'est rendue coupable que de menaces ou
d'injures verbales, la peine est celle des galères, même
à perpétuité, selon les circonstances.

Quiconque s'aviserait de monter ou de descendre,
soit de nuit, soit de jour, à l'aide d'une échelle ou
autrement, par l'enceinte murée d'une ville ayant
garnison ou d'une forteresse de l'État, est puni de
mort en temps de guerre, et de la peine des galères
à vie en temps de paix.

Le cadavre d'un suicidé est condamné, par un jugement formel, à la peine du gibet, et, dans certains cas
il peut même y avoir lieu à la confiscation des biens.

La peine contre le libelliste peut aller jusqu'à la
mort et à la confiscation des biens.

Le nouveau Code pénal pour les États de Parme
et de Plaisance paraît avoir été calqué sur le Code
français. Il renferme cependant un grand nombre de
changements et de modifications dignes d'éloges. Les
peines du carcan, de la marque et de la confiscation
générale, n'y figurent point. On y trouve sur la punition de la tentative et de la complicité, des distinctions qu'on cherche en vain dans le Code qui a servi
de modèle. Ces améliorations ne sont pas les seules
qui nous ont frappé en parcourant rapidement le Code

de Parme, qui nous est tombé entre les mains au moment de livrer ces feuilles à l'impression.

Mais, de l'autre côté, nous y avons remarqué cette division insolente d'arbitraire en *crimes*, *délits* et *contraventions*, tirée du fait de la peine légale.

La peine de mort et celle des travaux forcés à perpétuité entraînent la mort civile. Il paraît toutefois que ses effets ne s'étendent pas au mariage, probablement dans le seul but d'éviter une contradiction entre les lois de l'État et les principes de l'Église.

Le premier titre est une loi fort exagérée contre le vol sacrilége; elle frappe aussi quelques autres délits contraires au respect dû à la religion de l'État.

Il n'y a pas même harmonie entre les diverses dispositions de ce titre. Le vol dans une église d'un objet servant au culte, sans autre circonstance aggravante, peut être punie de la réclusion, et même des travaux forcés à temps. Cependant ce délit peut être commis sans bruit, sans scandale, par cupidité ou par besoin, et sans la moindre intention hostile envers la religion.

D'un autre côté, celui qui, intentionnellement, et dans le seul but d'outrager la religion, en insulte les ministres dans l'exercice de leurs fonctions, en trouble par des actes de violence les cérémonies, et cela publiquement, avec bruit et scandale, n'est passible que d'un emprisonnement dont le *maximum* est de trois ans et le *minimum* d'un mois.

-Ou c'est trop peu dans ce cas, ou c'est trop dans le premier.

Les dispositions sur les attentats et complots dirigés contre le prince et sa famille sont aussi sévères et aussi élastiques que celles du Code français.

Il est inutile de rappeler quelles sont les lois relatives aux sociétés non autorisées, aux sociétés secrètes, quel qu'en soit le but, aux publications par la voie de la presse, etc., dans un Code sanctionné en Italie à la fin de l'année 1820.

Il y a même, il le faut reconnaître, une sorte de modération *relative* dans les lois de Parme sur ces matières.

La loi pénale a donc servi tour à tour tous les systèmes et tous les intérêts. Elle a osé tantôt usurper les fonctions de la justice éternelle; tantôt oubliant toute notion morale, elle s'est bassement vouée au service d'intérêts purement personnels, passagers, matériels.

Que doivent penser les hommes témoins de ces excès? Que doivent-ils penser en voyant que ce qui est ici un crime capital, n'est plus, à quelques lieues de distance, qu'une faute suffisamment expiée par quelques jours de prison, ou même un acte innocent? Que la même peine qui est employée dans un pays de l'Europe, avec un sang-froid imperturbable, et toujours au nom de la justice et de l'utilité générale, est regardée dans un pays voisin comme une atrocité, et excite contre elle le cri de l'humanité et de la raison? Suffit-il d'alléguer les différences de gouvernement, de mœurs, de climat, pour justifier au delà des Alpes des condamnations capitales pour des faits qu'en deçà de ces montagnes les magistrats accusateurs eux-mêmes ont déclarés impunissables;

pour que le supplice de la roue, qui est en horreur en France, soit juste et nécessaire en Savoie?

Mais ce qui est encore plus propre à brouiller toutes les notions morales dans l'esprit des peuples, ce sont les diverses procédures criminelles.

De quoi s'agit-il dans toute procédure, si ce n'est de distinguer la vérité de l'imposture et de l'erreur?

Aussi la procédure peut-elle être définie d'une manière générale : une méthode pour la découverte des vérités juridiques. Or, comment se fait-il que sous la même latitude de civilisation, ce qui est regardé comme vérité dans un pays, soit traité de rêve ou de supposition presque gratuite dans un autre? Que la méthode qui, dans un pays, est regardée comme la plus sûre, soit envisagée, à quelques lieues de là, comme absurde, comme un jeu de hasard incompatible avec toute idée de morale et de justice?

En Angleterre, on ne se permet pas, aux débats, de questionner l'accusé. A Fribourg en Suisse, on le soumet à la torture physique ; en d'autres cantons, on ne lui épargne ni le *secret*, ni la mauvaise nourriture, ni les coups de bâton : toujours dans le but très-louable d'administrer la justice avec rectitude [1].

---

[1] Dans le Code d'instruction criminelle que la législature du canton du Tésin a sanctionné le 15 de juillet 1816, on trouve les dispositions suivantes :

Art. 143. Toutefois, si l'accusé persiste avec opiniâtreté dans ses négatives, dans ses contradictions ou dans un silence malicieux, le juge instructeur pourra ordonner qu'il soit renfermé dans un cachot plus étroit, qu'il soit chargé de lourdes chaînes et nourri au pain et à l'eau pendant un mois, pourvu que ce régime soit interrompu de manière qu'il ne dure pas plus de

Un juge anglais condamne à mort un homme qui n'a
pas ouvert la bouche ; le juge fribourgeois s'étonne
qu'on ose envoyer au supplice celui qui n'a pas avoué
son délit. Il fait tordre les muscles des prévenus,
pour garantir la vie des citoyens et pour tranquilli-
ser la conscience des magistrats.

Ici, c'est le système de l'intime conviction qui
triomphe ; ailleurs, on se moque de ce système ; on
le taxe d'arbitraire et même d'illibéral. La preuve de
la culpabilité dans la conscience du juge ! C'est
hors de lui qu'elle doit exister, c'est sur le papier.
C'est ainsi qu'on raisonne dans les législations alle-
mandes et dans les livres de leurs défenseurs.

Faut-il que la procédure criminelle soit orale?
Sans cela, point de justice ; c'est la réponse unanime
des Anglais, des Français, des Belges, des Hollandais.
Écoutez maintenant la plupart des Allemands et des
Suisses ; la procédure orale est un jeu de hasard de
la plus grande immoralité : condamner un homme
sur des mots qui s'envolent ! A-t-on le temps de les
combiner, de les peser ? Il faut que tout soit écrit ;
et, pour mieux saisir la vérité, un juge fera les inter-
rogatoires, un autre juge sera ensuite rapporteur ; le

quinze jours continus, et qu'on évite toute atteinte grave à la santé du prévenu.

Si cette épreuve est inutile, le juge instructeur, avec le consentement du
tribunal, déclarera au prévenu qu'en punition de son opiniâtreté, le tribunal
a ordonné l'emploi de moyens plus sévères, sur quoi le secrétaire donnera
lecture à l'accusé de l'art. 144 du présent Code.

Art. 144. Si, après cette déclaration, le prévenu persiste dans son opiniâtreté, il recevra, sur l'ordre du juge instructeur, vingt-cinq coups de
nerf de bœuf sur le dos à nu, et le nombre des coups sera doublé s'il persiste
encore, etc., etc.   (*Note de l'auteur.*)

tribunal jugera sur les papiers ; et puis on enverra ces mêmes papiers à un autre tribunal, à vingt ou trente lieues de là, qui jugera en appel. Telle est la loi en vigueur.

Faut-il donner aux accusés un défenseur, un conseil ? En France, on croirait assassiner un prévenu si on le condamnait à mort sans qu'il eût eu un défenseur ; en Autriche point de défenseur, point de conseil. Ce même individu, ce même magistrat, ce même homme du pouvoir qui compile en secret tous les éléments de l'accusation, est chargé de ne point négliger ce qui peut servir à justifier l'accusé.

L'idée de renvoyer devant une commission spéciale, nommée par le pouvoir exécutif, les accusés de crimes d'État, ferait dresser les cheveux sur la tête d'un Anglais. Les Italiens, les Allemands, sont traînés dans les cachots aux pieds de commissaires élus, salariés et révocables par le pouvoir. Le public se borne à apprendre par ouï-dire l'incarcération et le jugement de ces malheureux. La Suisse elle-même n'a pas été entièrement à l'abri du fléau des commissions spéciales et extraordinaires.

Dans les pays libres aussi la procédure criminelle n'a pas encore été débarrassée de toute pratique vexatoire.

En Angleterre, dans la terre classique de la bonne procédure pénale, on persiste à ne convoquer le jury d'accusation que le même jour où se rassemble la Cour criminelle et le jury de jugement. Les prévenus peuvent ainsi être forcés à garder la prison pendant

longtemps, avant qu'on décide s'ils seront ou non mis
en accusation. Le mal est encore plus grave dans les
comtés, où la Cour d'assises ne siége que deux fois
par an [1].

Les juges de paix anglais, dans leurs fonctions relatives à la justice pénale, ne présentent point, surtout aux classes inférieures de la société, des garanties suffisantes d'impartialité. Les faits ne manque-
raient pas pour prouver combien il est dangereux
pour un homme du peuple d'être amené comme va-
gabond devant un juge de paix [2]. D'ailleurs, com-

---

[1] Des papiers présentés au parlement, il paraît résulter qu'en Angleterre,
le seul comté de Middlesex excepté, mais le pays de Galles y compris, un
sixième des détenus gardent prison de six à huit mois, et presque la moitié
de trois à six mois avant d'être jugés.

(Note de l'auteur.)

[2] Ne pouvant pas nous livrer à ces détails, nous nous bornerons à citer
un fait qui seul suffit, ce nous semble, à prouver combien est ardent l'esprit de corps dont est animé la caste (car c'en est une) des juges de paix
anglais. Un officier de lanciers voyageait en voiture le 28 juillet 1828, es-
corté de quelques soldats. Au passage d'un pont, il rencontre un char, se
dispute avec le charretier. Les soldats, excités par l'officier, maltraitent et
frappent le conducteur du char, au point de le laisser tout couvert de sang.
A l'audience des *Quarter Sessions* d'Exeter, les faits sont établis. Le jury
répond coupable. La cour, composée de dix magistrats, prononce son jugement à peu près en ces termes : « La cour agit toujours sans passion, sans
faire acception de personne, quels que soient le rang du poursuivant et celui
du prévenu. Elle aurait vu avec plaisir, dans le cas particulier, une transaction quelconque entre les parties, car, quelque amende qu'elle inflige
au défendeur, pas un liard n'entrera dans la poche du plaignant ; tout sera
pour la couronne. Il est toujours pénible de prononcer une condamnation ;
mais, quelle que soit celle qu'on va prononcer dans l'espèce, on s'empresse
d'observer qu'elle n'affectera en rien la position sociale du défendeur et
comme *gentleman* et comme un des officiers les plus distingués au service de S. M. » Après un si bel exorde, on termine en disant que la justice
sera largement satisfaite d'une amende de 20 livres que la cour inflige au
coupable. (*The jurist.*, n. 1, *march* 1827, p. 159, *Proceedings before ma-
gistrates.*) Un pareil scandale n'exige point de commentaire.

Il serait possible qu'un gentilhomme, en un cas pareil, trouvât quelque

ment espérer le redressement des torts d'une caste dont les membres siégent en si grand nombre dans le parlement d'Angleterre ?

La France aussi a d'importantes améliorations à opérer dans son système de procédure criminelle.

Les juges d'instruction, s'ils n'abusent pas, pourraient abuser de l'immense pouvoir dont ils sont revêtus.

Le ministère public, en ce qui concerne son rôle de poursuivant et d'accusateur, est placé, par son rang, par son influence, et surtout par les pouvoirs et priviléges dont il est investi, trop au-dessus du prévenu et de l'accusé.

Les présidents sont chargés de fonctions qui les entraînent quelquefois, d'une manière toute naturelle, à se faire les auxiliaires de l'accusation.

Le jury français, nous nous empressons de le reconnaître, a reçu dans les derniers temps des améliorations essentielles. Toutefois il n'est pas encore ce qu'il doit être. Son action est bornée à un trop petit nombre d'affaires; il n'intervient pas même dans le jugement de tous les délits publics, pas même dans les procès contre les délits de la presse.

Les dernières lois en ont perfectionné l'organisation ; mais son mode d'action est toujours imparfait.

indulgence auprès d'un tribunal français. Mais quel juge oserait ainsi mettre officiellement la justice aux pieds du coupable pour lui faire des excuses et pour l'assurer, à la face du public, que le léger coup qu'elle est forcée de lui porter ne laissera pas la moindre tache sur sa robe sociale ?

(Note de l'auteur.)

On a repoussé avec raison le principe de la simple majorité [1], on a reculé devant le principe de l'unanimité, soit qu'on ait craint sérieusement les inconvénients que ce mode paraît présenter, soit peut-être qu'on ait redouté les plaisanteries de quelques esprits superficiels. On s'est jeté dans une voie intermédiaire dont tout ce qu'on peut dire de plus raisonnable, c'est qu'elle n'est ni la simple majorité ni l'unanimité; c'est une transaction, pour en finir.

On a fait plus ou pis encore. Le jury peut, toutes les fois que bon lui semble, renvoyer indirectement à la Cour la décision de la question de culpabilité [2].

Quant au *secret*, il est plus facile de désirer que de croire qu'on n'en abuse pas. Si l'on a des garanties indirectes, efficaces à Paris, contre l'abus de ce terrible moyen, est-il également sûr que ces garanties aient la même force dans le fond des provinces !

Les cours prévôtales n'iront plus, nous le croyons, effrayer la France de leurs terribles exploits. Mais cependant faut-il qu'une disposition constitutionnelle en permette le rétablissement?

Pour résumer, dans plus de la moitié de l'Europe il n'existe, à l'heure qu'il est, ni procédure orale, ni procédure publique, ni libre défense [3]. On y trouve en revanche le long emprisonnement des prévenus,

---

[1] Une loi du 9 juin 1853 porte : « La décision du jury, tant contre l'accusé que sur les circonstances atténuantes, se forme la majorité. »

[2] Cette disposition a été abrogée.

[3] Il est évident qn'il n'y a jamais libre défense là où il n'existe ni publicité des débats ni liberté de la presse.   (*Note de de l'auteur.*)

les horreurs du secret, les commissions spéciales, et,
en quelques pays, la torture.

En présence de ces faits, et il n'aurait été que trop
facile d'en alléguer un plus grand nombre, quel est
l'homme doué de quelque liberté d'esprit et de quelque humanité, qui refuse de reconnaître avec nous
que le droit pénal n'est point en harmonie avec l'état
actuel de la civilisation ?

On pourra nous opposer les nombreux essais de
réforme qui ont eu lieu dans les derniers quarante
ans. Le fait est réel, mais que sont ces essais ?

Pour la plupart, de simples projets. Les uns désormais oubliés, les autres luttant péniblement et sans
grand espoir de succès contre de nombreux obstacles.
Des projets qui ont été sanctionnés, quelques-uns
ne méritent guère d'être appelés des réformes. En
faisant disparaître quelques abus trop criants, ils ont
en même temps donné une nouvelle sanction à de
vieilles erreurs, et sont par là devenus eux-mêmes un
nouvel obstacle à la véritable réforme du système
pénal.

Quelques essais plus heureux ont été faits, mais
dans des États d'une trop faible importance politique pour que leur exemple exerce une puissante influence en Europe.

Enfin, il faut aussi avouer que quelques-uns des jurisconsultes philosophes qui ont mis la main à l'œuvre,
n'ont pas été heureux dans leurs travaux. Ils ont cru
faire des lois, ils n'ont fait que diviser en articles un
traité, un manuel de droit pénal. L'art de passer de
la théorie à la pratique, d'opérer sans efforts l'amal-

game complet des principes dirigeants avec les faits,
cet art si difficile, et dans lequel excellaient les jurisconsultes classiques de l'ancienne Rome, n'a guère
présidé aux travaux des modernes. Leurs lois ont été
jugées d'une exécution difficile, quelquefois impossible. Les praticiens ont triomphé; ils ont accablé
de leur dédain ces essais malheureux. Leurs auteurs ont ainsi fait naître un nouvel obstacle à la
réforme; toute fausse démarche est une cause de
retard.

Le fait saillant, au milieu de toutes ces tentatives
de réforme, n'est pas la réforme elle-même, elle est
encore un *desideratum;* c'est le besoin d'une réforme,
c'est le sentiment général de ce besoin. Il y a pour le
droit pénal comme pour d'autres institutions politiques, désir d'un côté, opposition de l'autre; désir
raisonnable et opposition aussi injuste qu'irration-
nelle. C'est précisément de ce fait que résulte le désaccord que nous avons signalé entre le système pénal
et la civilisation.

Or, quelles sont les causes de ce désaccord, les
motifs de cette résistance?

D'abord, on retrouve ici, comme en toute chose,
la paresse, l'habitude, la superstition pour ce qui est,
l'engouement vaniteux pour tout ce que l'on sait, et
cette sainte horreur pour tout ce qu'on devrait apprendre et étudier, dont sont pénétrés un si grand
nombre de praticiens.

D'ailleurs, les classes supérieures de la société ne
voient dans la justice criminelle qu'un moyen dirigé
contre ce qu'elles appellent volontiers la canaille.

Comme sur cent prévenus plus de quatre-vingt-dix
appartiennent en effet aux derniers rangs de la société, l'élite du corps social en conclut tacitement,
sans se l'avouer peut-être, que la justice pénale, quels
qu'en soient les principes et les formes, est chose indifférente pour elle. Le moyen de corriger promptement les vices d'un système dont les hommes qui,
par leurs lumières et par leur influence, pourraient
en accélérer la réforme, n'abordent l'examen qu'avec
insouciance et dédain. Romilly, après avoir démontré
au parlement les abus qui se commettaient au détriment de la liberté individuelle dans les cours ecclésiastiques de l'Angleterre, se bornait à demander une
enquête sur le sujet. Mais les vexations de ces Cours
ne retombent que sur de pauvres femmes, sur de pe-
tites gens; aussi messieurs du parlement ne daignè-
rent-ils pas faire grande attention, en 1812, à des
abus qui avaient été fortement signalés dans la chambre des lords, par la couronne elle-même, dès l'année 1606.

Il faut le dire, les classes élevées de la société ont
même une tendance secrète à chercher, avant tout,
dans la justice pénale, la promptitude et la force.
Écoutez ce que chacun dit lorsqu'un crime grave
vient d'être commis, lorsqu'une cause quelconque a
apporté quelque retard à l'action des tribunaux, lorsque la peine prononcée n'est pas celle qu'attendait
l'aristocratie de la fortune, surtout de la fortune
mobilière, mercantile. Vous verrez que c'est principalement contre les voleurs, les faussaires, les
filous et autres délinquants de ce genre qu'elle

éclate, qu'elle montre plus d'âpreté et d'impatience [1].

L'explication de ce fait se trouve presque tout entière dans le sentiment de l'intérêt personnel et de
la peur. La peur est ici, comme en toutes choses, une
mauvaise conseillère. Les uns craignent directement
pour eux-mêmes, les autres pour la chose publique.

Cette dernière crainte, souvent salutaire, n'entraîne pas à de grands et durables excès. L'homme
ne tarde guère à voir clair dans ce qui ne le touche
pas de trop près ; les objets sont à une distance convenable de ses yeux ; il peut les voir distinctement,
et il s'en donne le loisir.

Mais, dès que la crainte personnelle est en jeu, dès
que l'homme croit, à tort ou à raison, qu'il s'agit directement de la sûreté de sa personne et de ses biens,
il ne voit plus de bornes nécessaires à la sévérité ;
l'injustice et la violence perdent à ses yeux leurs
odieuses couleurs ; il ne se contente plus d'avoir dans
la loi pénale une égide, il veut en faire une arme
offensive.

En France et en Angleterre, qu'un homme fasse
usage d'un billet de banque faux ; s'il est découvert,

---

[1] J'ai connu un magistrat, d'ailleurs homme probe et non sans quelques
lumières, qui ne se rendait à son siége de juge criminel avec toute l'impartialité convenable, que lorsqu'il ne s'agissait pas d'une accusation de vol.
Était-il question de vol, l'homme à la fois riche, avare et timide, reparais-
sait sous la robe du juge ; on aurait dit qu'il s'attendait à voir son coffre-
fort enfoncé par l'accusé, la nuit suivante, s'il était acquitté.

Encore tout récemment, j'ai entendu un parallèle, fait par des hommes
éclairés, entre un meurtrier et un faussaire, tout à l'avantage du premier.
Celui-ci avait tué un homme avec *presque* toutes les circonstances qui font
l'assassinat : mais l'autre avait fabriqué une fausse lettre de change de
quelques cents francs, dont, pour tout dire, il n'avait pas touché un sol.

(*Note de l'auteur.*)

il n'échappera pas à la mort : en Angleterre surtout,
point de rémission. A la vérité, on peut douter de
l'efficacité d'une peine qui, quoique prodiguée, ne
rend pas ces délits moins fréquents. Il est permis de
croire que ces délits se multiplient, ou par l'effet
d'une misère irrésistible, ou par l'espoir du secret.
Le remède n'est donc pas dans le glaive, mais dans
des précautions qui préviennent ce délit, et dans une
police qui ôte tout espoir raisonnable d'impunité.
Mais les rapports de la Banque avec la fortune de
chaque citoyen sont si intimes, que la crainte sub-
jugue tout le monde. On ne se contente pas de
moyens lents, et, pour ainsi dire, invisibles ; on veut
frapper fort ; on aime à compter sur les effets de la
terreur ; la terreur ne remédie à rien, c'est égal :
l'enfant est satisfait quand on a brisé le meuble contre
lequel il s'est heurté.

La législation des crimes politiques devrait du
moins, ce nous semble, attirer l'attention des classes
élevées de la société. Elles ne sont pas étrangères à
ces crimes ; et d'ailleurs, lorsque le pouvoir cherche
une victime pour produire de la terreur, il aime à
frapper haut. Plus l'arbre est élevé, plus la chute en
est épouvantable.

Mais les dangers rares, éloignés, ne frappent guère
les esprits. Le moment arrive-t-il où le pouvoir fait
usage des armes dont il a eu l'art de s'emparer? C'est
en vain qu'on espérerait alors une réforme. Les partis
sont en présence. Même là où la lutte n'a lieu qu'au
profit du despotisme, dans les gouvernements absolus,
un grand nombre de notabilités sociales ne rougissent

pas, dans leur aveuglement, de se mettre à la suite
du pouvoir, d'en épouser les passions et d'applaudir
à ses rigueurs. La classe élevée se trouve ainsi partagée en sacrificateurs et en victimes. Qui pourrait
alors demander la réforme des lois pénales? Les uns,
dans leur rage, ne les trouvent que justes, peut-être
même impuissantes ; les autres, il ne s'agit pas de
les écouter, mais de les incarcérer, de les exiler, de
les tuer.

Ceci touche directement aux rapports du système
pénal avec le système politique de la société, à la
troisième des causes principales du retard qu'on
aperçoit dans le perfectionnement des lois criminelles.

§ III. — Des obstacles au perfectionnement du système pénal, qu'amènent
certaines formes du pouvoir politique.

Ce ne sont pas les craintes personnelles des administrés qui contribuent le plus à retarder l'amélioration de la justice pénale.

C'est la crainte des hommes du pouvoir qui aime
à se parer des couleurs de l'intérêt général, et à cacher ainsi aux yeux du public tout ce qu'elle a
d'égoïste et d'ignoble. On se trouve alors dans la
position sociale la plus fâcheuse pour la législation
criminelle.

Que les intérêts des gouvernants et ceux des gou-
vernés ne soient pas identiques, c'est ce qui arrive
souvent, c'est ce qui ne cessera d'arriver que lors-

qu'on aura un système parfait de gouvernement, c'est-à-dire jamais. La différence qui existe entre ce que nous appelons les bons gouvernements et les mauvais, c'est que, dans les premiers, le contraste est éventuel, et ne porte pas sur des objets capitaux; tandis que, dans les seconds, il est en permanence, et ne peut cesser que par un changement de système politique.

Un pouvoir qui se trouve en état d'hostilité avec la nation, est amené assez naturellement à envisager la justice pénale comme une arme. Il commence par s'en servir avec certains ménagements, avec une certaine conscience de son propre tort; peu à peu le besoin le pousse, le succès l'encourage, il ose tout.

Une fois que le pouvoir a pu entrer dans cette route, on a tout à craindre. Dès que les bornes du droit sont dépassées, où est le point d'arrêt? Théoriquement, nulle part; il n'existe plus. En pratique, on pourra en trouver un dans les résistances extérieures que le pouvoir rencontre parfois. La justice de Gessler le rencontra chez les Suisses, celle de Philippe II dans les Pays-Bas.

Qu'on essaie maintenant de pénétrer dans la nature intime de la position sociale que nous venons de décrire; qu'est-ce qu'on y trouve?

L'individualité, ce même obstacle au perfectionnement du système pénal que nous avons rencontré dans les premiers âges de la civilisation. L'individualité, mais sous d'autres formes, avec des vues et des intérêts différents.

Dans l'enfance des peuples, l'individualité avec

toutes ses conséquences égoïstes et violentes, est partout; c'est l'état général de la société.

Plus tard, l'individualité, sans frein, désordonnée, ne se montre plus dans les masses; le lien social est resserré; mais, si les hommes n'ont pas su établir ou conserver un pouvoir véritablement national, l'individualité, avec des prétentions encore plus égoïstes se reproduit partiellement sous d'autres formes, sous les noms de théocratie, de monarchie absolue, de caste, de privilége; en un mot, sous les formes de la domination, de la possession exclusive, patrimoniale de la société civile.

Le caractère des sociétés progressives est l'unité coexistant avec la variété; l'unité qui est l'ordre, coexistant avec la variété qui est le résultat de la libre activité individuelle. L'unité seule produit un état social immobile, stationnaire : la variété seule, c'est le désordre. De l'harmonie des deux éléments résulte une société à la fois régulière et progressive. L'action personnelle y est pleine de vie, d'habileté, d'énergie, mais, contenue par les liens de l'ordre public, elle profite davantage à ceux qui l'exercent, en même temps qu'elle est utile à la société tout entière. Dans les sociétés naissantes, l'individualité a plus d'indépendance et moins d'ordre; plus d'énergie et moins d'habileté; elle est égoïste et cependant moins utile à l'individu lui-même. C'est le contraste de l'activité turbulente, sans suite, irascible de l'enfant avec l'activité persévérante et réfléchie de l'homme.

Le cours naturel des choses serait le passage des sociétés de cet état à l'autre, de la liberté désordon-

née à la liberté régulière : tout comme l'individu passe
de l'enfance à la virilité, de l'état d'inexpérience à
celui de l'homme habile et éclairé.

Cependant il se trouve un troisième état social qui
est tout ensemble sans licence et sans liberté. C'est
lorsque l'activité individuelle est enchaînée et que
tout libre développement de la personnalité est impossible. Il y a alors absence de mouvement plutôt
que mouvement régulier; un calme qui ressemble à
la mort : c'est l'unité sans variété. La société est stationnaire. Il y a un temps d'arrêt, une halte plus ou
moins longue, plus ou moins absolue dans sa marche.
Sans prétendre ici examiner toutes les causes, soit
physiques, soit morales, qui peuvent rendre une société
stationnaire, il est certain qu'un gouvernement de
privilége est presque toujours un des effets, souvent
aussi une cause principale de cette absence de mouvement et de vie dans le corps social. Toute société
non progressive donne naissance à un gouvernement
de privilége, parce qu'en effet la capacité, le savoir-
faire et par là la puissance y sont le privilége d'un
petit nombre d'hommes qui ont échappé, en partie
du moins, à l'inhabileté générale. L'aristocratie, le
sacerdoce gouvernent d'abord à bon droit; c'est par
l'absence de garanties qu'ils ne tardent pas à gouverner pour leur propre compte.

Mais un gouvernement de privilége peut aussi s'é-
tablir au sein d'une société progressive, et y produire
l'état stationnaire au lieu d'en être le résultat. Une
société progressive peut tomber dans les serres d'un
pouvoir égoïste, soit en succombant dans la lutte du

droit avec la force, comme dans le cas d'invasion et
de conquête, soit que distraite par les exigences de sa
civilisation matérielle, elle échange peu à peu, sans
s'en douter, la liberté contre les jouissances physiques, et le pouvoir contre le repos et la mollesse.

Dans tous les cas, lorsqu'une fraction du corps social s'est emparée de la chose publique à son profit,
il n'y a plus d'action que celle qui est imposée pour
l'avantage de la famille ou de la caste qui exploite la
société.

Or, partout où règne un principe égoïste, le système pénal ne peut s'améliorer; que dis-je, s'améliorer. Dans certaines parties, dans tout ce qui touche,
plus ou moins directement, les individualités dominantes, il doit, par la nature des choses, s'écarter de
plus en plus de ses véritables principes.

Sourde ou éclatante, la guerre est dans le corps
social, puisqu'il y a, d'un côté, des maîtres, de l'autre
côté, des esclaves, et que ceux-ci, quoique l'on fasse,
sont cependant des hommes.

La pénalité n'est plus qu'un expédient au service
d'un intérêt; le principe de la justice a disparu; il ne
reste plus qu'un moyen.

L'individualité naturelle dans l'enfance des sociét-
tés, contient, par la nature même de l'homme, un
principe correcteur qui tend continuellement à régulariser l'action de la personnalité, et à préparer
pour l'avenir le développement rationnel du système
pénal.

L'individualité égoïste dans le pouvoir est incorri-
gible de sa nature; si elle consent à un mouvement,

ce ne peut être qu'un mouvemeut rétrograde ; une plus grande détérioration de l'état social.

Aussi cet obstacle au perfectionnement du système pénal a cela de particulier et de fâcheux, qu'il devient en quelque sorte permanent.

Un pouvoir qui ne pense qu'à lui-même et qui a existé pendant longtemps avec un certain système pénal, doit éprouver une grande répugnance à en changer ; il s'agit, pour lui, de quitter un moyen de défense, ou d'attaque éprouvé, pour en prendre un nouveau, d'un succès plus ou moins problématique. Pourquoi hasarder un changement, à moins qu'il ne s'agisse d'augmenter, dans l'intérêt du pouvoir lui-même, la force du système existant ?

Il n'est donc pas étonnant qu'à mesure que les gouvernements ont vieilli, le système criminel, généralement parlant du moins, se soit détérioré, surtout en ce qui concerne les délits politiques et les formes de la procédure.

Cette tendance permanente qu'ont les hommes du pouvoir à exagérer la force du système pénal, et à en dénaturer les principes, se développe de temps à autre par des causes éventuelles, avec une effrayante activité. Un crime atroce, un délit trop souvent répété, mais surtout une conspiration, une insurrection, des troubles civils, sont des prétextes pour ne garder plus aucune mesure, et pour dépouiller insolemment la justice de tout caractère de moralité. C'est à ces bonnes fortunes saisies avidement qu'on doit, en grande partie, ces institutions qui n'ont pas encore cessé de déshonorer la législation et l'huma-

nité. C'est alors que se vérifie le dire d'un ancien :
« Il n'y a pas de bête plus féroce que l'homme lorsque
» la passion se réunit en lui au pouvoir. »

Une fois entré dans la carrière de l'injustice, de la
terreur, où s'arrêter, comment en sortir? La terreur
demande de la terreur, tout retour à des idées de
modération et de justice prend les formes de la crainte
ou de la faiblesse; on finit par mettre en état de torture la société tout entière; et si l'on ne parvient pas
à briser toutes ses forces, c'est elle qui, dans ses
mouvements convulsifs, brise tous les liens, et se livre
à toutes les horreurs de la vengeance.

C'est ainsi que les sociétés civiles se trouvent arrê-
tées par les intérêts individuels dans leur marche
progressive vers le développement moral de l'homme,
l'amélioration de l'ordre politique et le perfectionnement de la justice sociale. Qu'on vienne ensuite
nous parler de la légitimité des gouvernements de
privilége, quel que soit le nom dont ils aiment à se
parer.

En résumé, les obstacles les plus essentiels au perfectionnement du système pénal, à la conquête de
cet idéal dans la justice humaine vers lequel nous
avons tous, pouvoirs et individus, le devoir de tendre
constamment par tous nos moyens, se trouvent dans
la nature des gouvernements de privilége, dans une
civilisation imparfaite, enfin dans les difficultés intimes de la science.

CHAPITRE III.

Quant aux moyens d'écarter ces obstacles, à peine est-il nécessaire de les indiquer; ils sautent aux yeux.

Ramener les gouvernements du principe du privilége à celui de la nationalité, doit être le vœu; et, dans les voies légitimes, l'effort de tout homme qui sent le devoir de favoriser le progrès de l'espèce humaine et de la justice sociale.

Nous l'avons vu, les faits mêmes récents, des Codes existants ne prouvent que trop que dans les pays sans liberté politique, toute amélioration essentielle du système pénal est impossible. C'est en vain qu'on placerait ses espérances dans l'opinion publique, et dans le progrès des lumières et de la civilisation; dans cette opinion et ces progrès que le pouvoir absolu lui-même, dira-t-on, ne peut plus étouffer ou arrêter en Europe. Cependant là où ce pouvoir domine, que peut-on obtenir par ces moyens? Quelque amélioration dans la fixation des délits légaux contre les particuliers, quelque adoucissement dans les peines; mais l'ensemble du système, et surtout la

législation des délits publics, l'organisation judiciaire
et la procédure, se ressentiront toujours du principe
de l'individualité dominante dans le pouvoir politique. Partout où le gouvernement, tempéré, si l'on
veut, par les mœurs, n'est pas contenu par les institutions fondamentales de l'État, on peut jouir d'une
bonne justice criminelle, mais ce n'est pas une conquête assurée. Ce n'est là, comme on l'a dit, qu'un
accident heureux.

La justice humaine, qui est l'attribut le plus important du pouvoir social, ne doit être que la raison
appliquée, dans sa plus grande pureté possible, aux
faits illégitimes contraires à l'ordre social. La justice
humaine est donc, de sa nature progressive comme la
raison.

Au contraire, le pouvoir absolu, qui se transforme
presque toujours et bien vite en gouvernement de
privilége, n'est qu'un intérêt, et il est stationnaire
de sa nature. L'incompatibilité de ce pouvoir avec la
justice tient donc au fond même des choses. Si la
raison se réconciliait avec ce pouvoir, elle se mettrait
en guerre avec elle-même ; elle abdiquerait.

Aussi est-ce avant tout à la justice qu'on rend hommage, quand on prépare les intelligences à faire reculer le pouvoir absolu devant un pouvoir rationnel.
Considérés de ce point de vue, tous les travaux tendant à élever la civilisation d'un peuple, acquiè-
rent un bien autre degré d'importance et de moralité que lorsqu'on ne les envisage que sous le rapport
de la prospérité matérielle. Cependant, comme tout
progrès accélère le moment où doit enfin s'établir le

règne de la raison, c'est encore au nom de la justice qu'il faut encourager et remercier tous ceux qui, ne fût-ce qu'en creusant un canal ou par l'invention d'une machine, favorisent le mouvement social d'un peuple.

Si la civilisation, par ses progrès, ruine dans leur base les gouvernements de privilége, et tend incessamment à leur substituer un gouvernement national, celui-ci, à son tour, favorise et accélère les progrès de la civilisation. La raison nous le dit, les faits le confirment; il y a action et réaction constante, inévitable. Un gouvernement national contribue ainsi au perfectionnement de la justice criminelle, et comme cessation d'un obstacle, et comme moyen de civilisation.

Une fois que l'obstacle du gouvernement de privilége et celui d'une civilisation trop imparfaite sont écartés, il ne reste que les difficultés intrinsèques de la science du droit pénal; mais cet obstacle ne tend-il pas à s'affaiblir tous les jours, lorsque le progrès de la civilisation a produit un gouvernement national, et que l'établissement de ce gouvernement favorise à son tour les progrès de la civilisation? lorsque l'intelligence humaine peut se développer à son aise, que la discussion est libre, que les faits et les observations abondent, que la justice est mieux comprise, et que le besoin en est mieux senti? Ainsi tout se lie, tout s'enchaîne dans le monde intellectuel et moral, comme dans le monde physique.

Tenons-nous en garde cependant, nous qui avons le bonheur de vivre sous un gouvernement national,

contre une confiance aveugle dans la force des choses ;
n'allons pas croire que, parce que le point le plus
essentiel est obtenu, le reste se fera tout seul. Ne
prenons pas la force des choses pour une sorte de
fatalisme rationnel. Sans doute, le bien qui n'est pas
encore et qui est possible se fera ; mais il se fera,
parce que des hommes contribueront à le faire ; il se
fera, mais quand ? Si l'événement est certain, l'époque
est incertaine ; peut-être dans dix, peut-être dans
cinquante ans, selon que nous-mêmes nous ferons
ou ne ferons pas notre devoir. En attendant, si, par
notre insouciance, l'époque se trouve reculée,
sommes-nous innocents (pour ne parler ici que du
système pénal) des erreurs, des excès d'une justice
criminelle que nous aurions pu éclairer et contenir
dans ses bornes légitimes ?

Le devoir commande aux hommes de tous les pays,
qui, par leurs travaux ou par leur influence, peuvent
contribuer, en quoi que ce soit, à la réforme du droit
pénal, de ne point écouter les conseils perfides de
l'insouciance, du découragement ou d'une vague
confiance dans l'avenir. Qui ne serait heureux de
pouvoir sauver la vie d'un homme près de se noyer ?
de pouvoir sécher les pleurs d'une famille ? Mais la
vie d'un infortuné qui va périr victime de l'injustice
a quelque chose de bien autrement sacré que celle
d'un individu qui succombe par accident. On plaint
celui-ci ; mais on frémit toujours en relisant l'histoire, quoique si rebattue, des Calas.

Sans doute, il y aurait folie à espérer d'exercer par
des livres, aujourd'hui surtout, une influence immé-

diate et puissante sur les gouvernements. Un livre n'a plus aujourd'hui le pouvoir d'enfanter des événements. Les gouvernements, je parle principalement des gouvernements absolus, sont devenus plus ombrageux que jamais. Ils tiennent d'autant plus vivement à ce qui leur reste de despotisme, qu'ils le voient de plus en plus miné par les progrès de la raison publique. C'est le vieux avare, qui de ses forces défaillantes n'en presse sur son sein qu'avec des étreintes plus passionnées le fruit de ses rapines. Mais qu'importe? « Fais ce que dois, advienne que pourra. » C'est surtout auprès des sourds qu'il est nécessaire de crier.

D'ailleurs, bien que toute réforme décisive soit incompatible avec leur existence, ces mêmes gouvernements absolus ont pourtant autour d'eux un public qui grossissant chaque jour, les observe, les menace, toujours de moins en moins disposé à se payer de vieilles paroles, quand il demande des garanties. C'est l'éducation de ce public qu'il importe d'étendre et d'achever. Il est avide de lumières, d'instruction, de secours qui aident au développement des germes qu'il sent fermenter et grandir. On a beau le surveiller, l'opprimer, le parquer ; la lumière perce à travers les vieilles murailles du despotisme. Là où elle ne peut pas entrer à grands flots, elle pénètre peu à peu ; elle n'éblouit pas, mais elle éclaire. Le temps n'est plus où la force matérielle pouvait étouffer la vie morale d'une nation. On n'extermine plus les Albigeois ; le règne des Torquemada est passé ; la force peut encore s'essayer à ses anciennes saturnales, mais si elle a les mêmes désirs, elle ne se retrouve plus ni le même courage ni la même puissance, ni ce front qui ne rougit jamais; elle n'est plus que l'ombre d'elle-même; elle s'est affaiblie de tout ce que le droit a gagné sans retour.

En considérant l'état de l'Europe tel qu'il est actuellement, il n'est pas impossible de conjecturer la marche qu'y suivra la réforme des lois pénales. On peut dans chaque pays apprécier la force des obstacles qui s'y opposent, et des difficultés qu'on devra surmonter pour les vaincre.

La France réformera la première, nous en sommes convaincus, sa législation criminelle. Le Code pénal (il en est autrement du Code civil) n'est pas le Code de la France; c'était le Code de Napoléon. Comme l'empire a été un détour, nécessaire peut-être, dans la marche du peuple français vers la liberté, de même le Code pénal n'est que l'effet d'un état temporaire et qui n'est plus. Il est l'expression de l'individualité impériale. Débarrassée de l'Empire, la France ne pouvait pas échapper à l'influence de tout intérêt égoïste et illégitime. Aussi a-t-elle eu, pour citer un exemple, la loi du sacrilége, qui est le résumé d'un épisode théocratique dans l'histoire moderne de la nation française. Mais désormais la France marche d'un pas ferme dans la carrière de la liberté. La meilleure des preuves en est que les esprits y sont fortement occupés de choses sérieuses. On sait, à l'heure qu'il est, ce qu'a de prix une nouvelle garantie pour la liberté et la sûreté individuelle. Les Français ont assuré leur destinée politique, lorsque, en cessant de viser à des buts divers, ils se sont réunis dans le principe de la monarchie constitutionnelle. Une nation, comme un individu, se prépare de brillants succès, le jour où elle concentre toutes les forces de son esprit sur un point.

Ce qui reste de mauvaises lois pénales en France, n'a pour soi ni le prestige de la véritable nationalité, ni celui de l'ancienneté. Si on en excepte, peut-être, un certain nombre de praticiens, qui trouvent commode de garder ce qu'ils savent, personne n'en veut. Les écrivains dénoncent le mal, les législateurs ne le défendent guère, et les jurés en repoussent l'application.

Il y a plus ; la science n'est pas chose purement de luxe en France ; c'est une puissance morale qui se mêle avec succès de la chose publique. Si elle ne parvient pas à faire accepter à la fois tous ses corollaires, elle obtient du moins qu'il en passe une partie dans la pratique. C'est tout ce qu'on doit espérer, tout ce qu'on peut désirer, pourvu qu'on se garde de croire qu'on a tout obtenu, lorsqu'on a obtenu quelque chose.

La science du droit avait presque entièrement quitté, il faut le dire, la patrie de Cujas et de Montesquieu. Les faits ayant pris trop de place en France, elle avait passé le Rhin. La révolution et l'empire ne lui étaient pas favorables. La révolution n'avait pas le temps de l'écouter ; l'empire ne le voulait pas. Il avait en horreur, et pour cause, toutes les sciences morales. Il avait donné dans le Code civil, le résumé législatif de ce que savait la France ; il était fier de son travail ; sous beaucoup de rapports, et comme œuvre

de législation positive, il avait raison de l'être : mais
aussi voulait-il s'en tenir à ce grand fait, et le faire
accepter aux Français comme un fait primitif, comme
un point de départ au delà duquel il ne restait rien
à rechercher ni à examiner. On devait partir du
Code civil, et ensuite de chacun des quatre Codes
dans les matières y relatives, pour faire du droit pratique, de la justice d'application ; c'était là le cercle
tracé par le pouvoir, que secondaient les circonstances morales et politiques où se trouvait alors la nation. Ce pouvoir est tombé, les circonstances ont
changé, et tout annonce que la science du droit va
reprendre, en France, tout son empire. Nous croyons
qu'elle s'y assiéra sur des bases larges et solides ; car,
d'un côté, l'étude des sciences morales s'y propage
rapidement, librement, sous des formes variées ; le
moule de convention est brisé pour toutes choses :
de l'autre, l'esprit scientifique trouvera dans les précédents d'une nation qui s'était placée tout entière
dans le positif, des secours et un frein qui l'empêche-
ront de s'égarer en de vaines rêveries. Cet état de
choses légitime les belles espérances, et tous les amis
de la science attendent impatiemment de les voir se
réaliser.

La législation pénale des Anglais est un ensemble
de résultats dérivant de causes diverses. Le principe
de la nationalité, de la liberté, y a produit la procédure criminelle presque tout entière, la doctrine de
l'*overt-act* en matière de trahison, etc. Mais l'individualité monarchique, ou pour mieux dire despotique,
y a façonné les statuts sur la trahison, de manière

que, par de bizarres détours, tous les faits de ce genre, même ceux dirigés proprement contre l'État, sont rapportés à la personne du roi. L'individualité théocratique y a établi les lois pénales en faveur de l'Église. Celle de la féodalité, les confiscations, les lois de chasse, etc.

Il n'y a donc qu'une partie du système pénal des Anglais qui représente l'état actuel de la civilisation de l'Angleterre. Peut-on espérer de voir bientôt disparaître cette discordance? Nos espérances ne sont pas au niveau de nos désirs. Certes, d'utiles améliorations viennent d'être faites, et nous sommes très-loin de vouloir reprocher aux auteurs des nouvelles lois de n'avoir pas fait davantage. On voit clairement qu'on a proposé tout ce qu'on pouvait se flatter d'obtenir. C'est une des raisons qui nous empêchent de croire à une prompte et véritable réforme des lois pénales.

Nous nous écarterions trop de notre sujet, en signalant les obstacles qu'opposent à cette réforme les anomalies qu'on rencontre dans l'organisation politique de l'Angleterre, et surtout dans la composition presque invariable du parlement, où des masses homogènes et compactes ne se laissent percer par une idée nouvelle qu'après un travail séculaire.

Mais indépendamment de cette considération, les principes de la loi anglaise ont pour eux le prestige de l'antiquité, d'une longue pratique, d'une énorme série de précédents. Il en coûte beaucoup pour bien apprendre la loi anglaise; mais aussi on y tient en proportion du travail nécessaire pour s'en emparer. La savoir est un privilége, et ceux qui ne la savent pas s'en rapportent avec d'autant plus de confiance et de respect au dire des initiés.

Il faut considérer aussi l'état intellectuel de la nation. Il y a beaucoup d'instruction, de savoir, et un grand nombre d'hommes d'une rare capacité en Angleterre. Mais la pensée y est-elle aussi active, aussi entreprenante, aussi remuante qu'elle l'est en Allemagne, qu'elle commence à le devenir en France? Les Anglais n'ont-ils pas trop d'affaires sur les bras pour avoir le temps de méditer sur les principes? Toute leur existence n'est-elle pas consacrée à gouverner et arranger le mieux possible les choses telles qu'elles sont? Ont-ils le loisir d'examiner s'il ne serait pas mieux qu'une partie de ce qui est fût autrement?

Aussi est-on frappé, ce nous semble, de l'absence de doctrines générales, de principes élevés et féconds dans les ouvrages de droit anglais. La théorie ne peut guère s'y montrer; la pratique la suffoque par son étendue et par son poids. Il y a sans doute quelques théoriciens en Angleterre. Quel est le fait général qui n'ait pas ses exceptions? Mais ces théoriciens, quelles que soient leurs doctrines, sont-ils lus, écoutés? Exercent-ils quelque influence sur l'homme d'État, sur la chose publique? Nous en doutons. L'Angleterre est éminemment le pays des affaires et de la pratique, et en cela elle est admirable. Mais, nous le craignons, elle ne fera pendant longtemps encore que des tâtonnements qui n'amèneront pas une véritable réforme de ses lois pénales.

Nous pourrions peut-être démontrer que cet état des esprits en Angleterre est un effet de la forme qu'a prise le développement national de leur droit. Le droit anglais s'est développé d'une manière assez analogue à celle du droit romain. C'est de la forme que nous parlons, non des principes. Nous pourrions peut-être démontrer que, par la nature même et par un effet nécessaire de ce travail, les jurisconsultes anglais, comme ceux de l'ancienne Rome, sont plus habiles à manier les principes d'application que les principes créateurs, plus propres à développer les principes dirigeants du droit existant qu'à remonter aux théories générales.

Leur méthode est précieuse pour le développement complet du système établi, pour en tirer tout ce qu'il est capable de donner ; mais si l'état de la nation avait subi des changements essentiels, des modifications profondes, s'il fallait changer de système et commencer une création nouvelle, les esprits qui auraient travaillé au développement de la création première, se trouveraient frappés d'incapacité.

Peut-être est-il vrai que les nations chez lesquelles le droit s'est développé peu à peu, comme une création nationale, comme un élément de la vie sociale, par la coutume plus encore que par les lois, sont condamnées, une fois que cette création est épuisée, à se traîner longtemps dans l'ornière des compilations, avant de recommencer une vie nouvelle. Et quoique cette observation s'applique plus particulièrement au droit civil, il n'en est pas moins vrai que l'espèce d'incapacité temporaire qui en résulte doit se montrer même dans le droit pénal.

Ce fut un essai honorable pour le gouvernement

prussien que celui d'une législation plus en harmonie
avec une nouvelle civilisation. Le Code général, du
moins dans la partie pénale, fut dans son temps un
progrès. Mais avec les meilleures intentions, les gouvernements absolus ne sauraient dépasser la mesure
de leur capacité. Le plus éclairé de ces gouvernements n'y voit jamais qu'à moitié : tout voir, tout
entendre, tout apprécier n'est pas dans leur nature.
Quand ils font tout le bien dont ils sont capables, encore restent-ils à une distance immense du but qu'un
gouvernement national doit atteindre. En matière
de lois pénales, jamais un pouvoir absolu ne résistera
à la tentation d'y faire sa part bien large, bien arron-
die, de s'y mettre à son aise, de manière à être per-
suadé qu'il n'a absolument rien à craindre. Chose
naturelle, puisque c'est le pouvoir lui-même qui distribue tout seul les lots de la pénalité. En ce qui le
concerne, il est juge et partie. Que seraient les lois
contre les braconniers, si les propriétaires de chasses
gardées étaient seuls chargés de les établir ? La justice
pénale sous un gouvernement absolu, lorsqu'elle
est aussi bonne qu'il est possible, y est toujours de
deux couleurs : équitable pour les délits privés ; exagérée pour les délits publics ; et toujours appliquée
à l'aide d'une procédure sans garanties. Je défie
qu'on cite un exemple du contraire, car telle est la
force des choses ; et il n'y a rien là de surprenant [1].

---

[1] Nous désirons ardemment être réfutés par la promulgation du nouveau
Code pénal, auquel il paraît qu'on travaille. Au surplus, le gouvernement
prussien a fait un premier pas dans la carrière constitutionnelle. Espérons
qu'il n'attend que le moment favorable pour accorder à la nation quelque
chose de plus.   (*Note de l'auteur*).

Ces remarques sont également applicables au système pénal de tous les pays où règne un gouvernement absolu.

Demander quelle sera l'époque de la véritable réforme du système pénal dans ces pays, c'est demander quel sera le jour où la liberté luira sur eux. Ces prédictions ne sont pas de notre ressort.

Nous craignons seulement qu'en Allemagne cette réforme ne rencontre, pendant un long temps encore, un obstacle d'un genre particulier. Certes, il n'y a pas au delà du Rhin absence de doctrines générales ; la pensée n'y est pas oisive ; la spéculation s'y développe avec toutes ses hardiesses, du moins dans une grande partie de cette contrée.

La science du droit y a été remaniée sous toutes les formes ; philosophie, histoire, dogme, pratique, tout a eu son tour, ses écrivains, ses journaux, sa polémique, son triomphe plus ou moins durable.

Le droit pénal en particulier y a été le sujet de grands travaux ; les théories de la pénalité auxquelles ils ont donné naissance, sont aussi nombreuses que variées, et ce mouvement philosophique s'est étendu à une foule de questions spéciales de droit criminel dont la discussion, plus ou moins importante pour la pratique et la législation, est toujours curieuse et utile à la science. A en juger par ce qui est arrivé jusqu'à nous, il n'est plus facile de faire du neuf en Allemagne ; encore ne connaissons-nous pas la vingtième partie de ces travaux. Cependant il ne paraît pas qu'il y ait dans ce pays une doctrine dominante. Le système, à coup sûr fort ingénieux, de M. de

Feuerbach est peut-être celui qui a exercé le plus d'influence en Allemagne : toutefois, il paraît succomber dans ce moment sous les attaques réitérées dont il a été l'objet. Le plus grand succès d'une théorie au delà du Rhin semble consister à en faire naître une nouvelle. Tout s'y dit, mais rien n'y est définitivement accepté.

Est-ce là une cause ou une conséquence de ce fait universellement reconnu, que les penseurs et les savants de l'Allemagne ne sont guère en rapport avec les hommes d'affaires? N'y a-t-il pas une sorte de schisme entre la nation agissante et la nation pensante? Ne sont-elles pas juxtaposées plutôt que fondues et amagalmées en une seule et même nation? De là ne résulte-t-il pas une sorte de dédain de l'une pour l'autre? Si le fait est vrai, les praticiens seront, pendant longtemps encore, les esclaves de la routine, et les théoriciens, des hommes peu aptes à servir utilement la patrie en qualité d'hommes publics. On aura quelque peine à trouver en Allemagne le juste point de contact entre la théorie et la pratique, dans toutes les branches des sciences politiques, dans celle du droit pénal en particulier. Un fait mérite, ce nous semble, d'être cité. La plupart des criminalistes allemands repoussent le jury. Cette aversion est naturelle chez les praticiens ; étrangers à la théorie, peuvent-ils voir en l'absence de toute lumière ? Mais les théoriciens ? Il y a chez eux défaut de connaissance pratique des gouvernements, des hommes, dès choses telles qu'elles sont. Le jury est essentiellement une garantie ; et il est difficile de découvrir *à priori* la né-

cessité de telle ou telle garantie. « Pour bien juger, il
faut bien connaître. Pour bien connaître, il faut du
talent, de connaissances, de l'expérience, des études.
Le jury est donc une mauvaise institution. » Si on
ajoute à ce raisonnement quelques faits isolés à la
charge du jury (personne en effet ne soutient que les
jurés soient infaillibles), et si ce raisonnement est fait
dans un pays où la justice pratique étant meilleure
que les lois, n'excite pas de vives plaintes, on conçoit
l'erreur des hommes de cabinet. C'est lorsque la liberté a inspiré, pour tout ce qui a rapport à la justice
pénale, l'inquiète susceptibilité des hommes libres ;
c'est lorsque, en se transportant activement au milieu
des faits, on les voit dans leur ensemble et dans leurs
rapports ; c'est lorsque la possession et l'usage d'un
certain nombre de droits et de garanties laissent apercevoir combien ils sont faibles et vulnérables, faute
d'autres garanties et d'autres droits, qu'on est forcé
de remonter jusqu'au jury. Alors, en s'appuyant sur
les observations et sur les faits, sur les faits parlants,
irrécusables, urgents de son propre pays, la théorie
prend un nouvel essor, elle s'élève sans s'égarer, et
parvient à saisir un principe qui la ramène toujours
et comme par une contre-épreuve, aux faits dont elle
était partie. Ces faits sont à la fois cause et confirma-
tion de ces découvertes. Le jury est donc comme la
conséquence de la vie pratique des états libres et de
théories très-élevées : les criminalistes allemands sen-
tiront la nécessité de cette institution quand, devenus
citoyens actifs d'un pays libre, les faits leur donneront
le premier mot de la théorie.

CHAPITRE IV.

Soit que l'on considère l'état de la science, soit qu'on porte ses regards sur les diverses législations pénales et sur la condition politique et morale des peuples, il reste donc un vaste champ ouvert aux travaux des publicistes et des jurisconsultes. Sans doute les livres abondent; il n'y a presque aucune branche du droit pénal qui, dans les cinquante dernières années, n'ait été cultivée avec plus ou moins de succès. C'est l'esprit du temps; c'est le besoin généralement senti d'une réforme qui se révèle, non-seulement par des essais de législation, mais surtout par les nombreuses productions des écrivains.

Nous sommes dans une époque de transition. Les sciences politiques et morales se sont fortement saisies de l'esprit humain, la discussion est ouverte; la raison se sent libre; elle peut exercer ses droits; et il importe à la sûreté individuelle que la science ne tarde pas à diriger ses efforts vers le perfectionnement du système pénal. Tous les peuples de l'Europe ne jouiront pas en même temps de ces progrès, mais tous en profiteront tôt ou tard. Il en sera comme de la réforme calviniste qui a épuré le catholicisme, qui a tempéré le despotisme de la cour de Rome, et ramené le clergé catholique à la pureté des mœurs et au respect de son caractère. Des contrastes trop choquants entre nation et nation ne peuvent pas exister longtemps lorsque les communications sont devenues si faciles et si rapides.

Mais avant de mettre la main à l'œuvre, il est essentiel de reconnaître quel doit être le point de départ, quels sont les principes qui paraissent dominer dans ce moment la science du droit criminel.

Le spiritualisme et le sensualisme se sont partagé le monde intellectuel, mais en rivaux, en ennemis, ayant chacun la prétention de le posséder sans partage. Cette guerre est passée du domaine de la spéculation dans celui de la vie sociale, dans celui du droit positif, et en particulier du droit pénal.

Si les deux écoles se rencontrent plus souvent qu'on n'aurait raison de s'y attendre dans les résultats d'application, c'est qu'une déduction rigoureuse et poussée jusqu'à ses derniers termes dépasse les forces et le courage de beaucoup d'hommes. Ils élèvent une théorie, il se plaisent dans ce travail, mais lorsque le moment arrive d'en développer les conséquences pratiques, la théorie sommeille et le sens commun reprend son empire.

C'est une heureuse nécessité que cette impuissance de l'homme à pousser toujours ses principes jusqu'à leurs dernières conséquences pratiques; sans quoi l'esprit de système, partiel et borné de sa nature, incapable de saisir l'universalité des choses sans ces-

ser d'être lui-même, aurait bouleversé le monde.
Mais quoique le principe spiritualiste et le principe
sensualiste aient essayé, chacun, de s'établir sans
partage dans le domaine du droit pénal, il faut cependant reconnaître que c'est surtout le principe du
sensualisme qui a prétendu fonder sa domination
d'une manière exclusive. Il est également vrai que
représentant d'une école philosophique aussi influente
que l'a été l'école française du dix-huitième siècle,
offrant d'ailleurs une grande précision et une grande
netteté de formes dans ses applications au droit
pénal, il a obtenu un succès qui paraissait assuré.
Les uns l'ont introduit dans la législation pénale, en
le prenant hardiment comme principe absolu de morale et de justice. Les autres, plus timides et moins
conséquents dans leurs doctrines, se sont imaginé
qu'il y avait une séparation complète, un abîme entre
la morale et le droit positif. Ils ont adopté le principe
de l'utilité comme un instrument politique, comme
une règle exclusive, mais particulière au droit pénal
et aux matières analogues, sans que dans leur esprit
cela tirât à conséquence pour tout ce qui concerne
la morale et le droit en général.

Ce principe domine seul en Angleterre dans les
écrits de tous ceux qui essaient de remonter à la
théorie de la pénalité. Et lorsqu'on lit les discussions
parlementaires des Anglais, on ne peut pas se refuser
à le reconnaître, même dans les discours d'un grand
nombre de praticiens. Seulement il ne s'y montre pas
dans toute sa pureté; il n'y a pas toute la rigueur
logique d'un système. Au surplus, ce principe agit

nécessairement sur l'esprit de tous ceux qui essaient de défendre par des raisonnements l'excessive sévérité des peines.

En France le principe sensualiste ne règne plus sans contradiction, ni dans les sciences morales ni dans les sciences politiques. De redoutables adversaires ont osé le regarder en face et l'attaquer ouvertement. Cependant la querelle est loin d'être vidée ; la victoire est encore incertaine. On pourrait citer des ouvrages récents de droit pénal où ce principe est appliqué sans restriction.

Enfin, si les défenseurs de cette doctrine ne dédaignaient pas de s'informer des travaux faits en Allemagne sur le droit pénal, ils apprendraient que leur principe s'est glissé même au delà du Rhin ; seulement il a dû changer de nom, prendre des formes moins matérielles, et parler un langage plus abstrait.

Le point de départ, tel qu'il est signalé par l'état actuel de la science, doit être en conséquence l'examen des deux principes dans leurs rapports avec le droit pénal.

Il serait peut-être permis de croire que les essais de réforme des quarante dernières années ont été tentés sous l'influence du principe sensualiste ; puisque c'était là le principe dominant, la doctrine implicitement adoptée, du moins en politique, même par ceux qui se montraient d'ailleurs hostiles au mouvement général de la société. Or, certes, ce ne serait pas là un titre de gloire ; quelque bien que ces essais aient produit, ils ne sont pas cependant, nous l'avons vu, au niveau de la civilisation, ils ne répondent pas aux besoins du temps.

Toutefois, il y aurait une sorte d'injustice dans ce jugement, car d'autres obstacles, étrangers à la doctrine dominante, se sont opposés à une plus grande amélioration des lois pénales.

C'est donc aux théories elles-mêmes qu'il faut remonter; ce sont les principes en eux-mêmes qu'il faut examiner.

Il importe de reconnaître avant tout, si l'un ou l'autre des deux principes rivaux doit en effet dominer exclusivement le droit pénal. Il importe de savoir s'ils n'ont pas chacun une action, une influence légitime, dans des limites diverses. Une conciliation des deux systèmes, une conciliation par laquelle on poserait les limites du domaine particulier de l'un et de l'autre, ne semble pas impossible : ce serait plus qu'un de ces expédients commodes auxquels on a recours dans le but unique de rétablir, d'une façon quelconque, la paix entre les parties. Il faudrait donner à chacun des deux principes la part à laquelle il a droit dans les choses humaines, en un mot prendre l'homme et la société dans leur entier.

Une fois qu'on aura affermi la théorie de la pénalité sur ses véritables bases, il restera deux tâches à remplir. La première est l'application des principes généraux aux diverses parties du système pénal. La seconde consiste à montrer les moyens de faire passer les résultats de la théorie, soit dans les lois, soit dans l'administration de la justice, sans méconnaître les exigences de la pratique, et sans que la théorie en soit dénaturée ou mutilée.

Les principes généraux du droit pénal, lorsqu'ils sont l'expression sincère de la raison appliquée à cette branche du droit, doivent dominer le sujet tout entier, résoudre toutes les difficultés, et ramener sous la règle ce qui paraît au premier abord s'en écarter et faire exception. Quel est le vrai délit, quelle est la peine rationnelle qui pourrait échapper à une formule qui serait l'expression de la justice et de l'utilité politique à la fois? Tout ce qui résisterait à cette règle ne serait pas légitime, et nulle puissance, nul raisonnement ne saurait le légitimer.

Il est sans doute difficile d'exprimer dans les lois d'une manière complète et précise les corollaires de la théorie pénale; il est encore plus difficile, peut-être, de déterminer avec exactitude le point où le législateur doit s'arrêter, et où doit commencer le rôle du jury et des juges. Un grand nombre d'injustices n'ont eu lieu que parce qu'on a fait trop ou trop peu dans la loi; parce que les tribunaux ont été asservis par le législateur ou laissés sans guide et sans frein.

Une théorie pénale solide et complète peut seule résoudre ces difficultés. En mettant en lumière les véritables éléments de la justice humaine, elle distinguera en même temps ce qui est de sa nature absolument individuel, de ce qui est susceptible d'être réglé d'avance par disposition générale; elle fera la part du législateur et du juge.

Par cela même, le champ de la législation se trou-

vant déterminé avec plus de précision, l'expression
de la loi gagnera en correction et en exactitude, et
peu à peu le langage législatif et juridique reprendra
cette simplicité et cette énergie qu'on retrouve toujours lorsqu'on sait nettement ce qu'on veut et ce
qu'on doit dire.

J'ai cru que c'était un devoir de préparer, selon
ses forces, la solution de tous ces problèmes. J'ai
soumis à un nouvel examen les idées que je m'étais
formées ; peut-être ceux qui auront autrefois jeté les
yeux sur les écrits que j'ai publiés, trouveront que
j'ai renoncé à quelques-unes des opinions que je sou-
tenais alors. Qu'importe? j'ai compris que ces opinions étaient erronées. Partant de principes que je
crois à la fois conformes aux notions absolues du
juste, et susceptibles d'être appliqués aux faits réels
dans leur infinie mobilité, j'en ai suivi rigoureusement les conséquences. Je ne me suis point fait scrupule de profiter des travaux de ceux qui m'ont précédé, et mes raisonnements ont acquis plus de force
à mes yeux, chaque fois que par d'autres chemins
mes devanciers étaient arrivés aux mêmes résultats
que moi ; c'est là une sorte de contre-épreuve qui
garantit la rigueur des déductions.

Je n'ai écrit ni pour les théoriciens rêveurs, ni
pour les praticiens enfoncés dans la routine : j'espère
que les premiers me reprocheront la réserve que
commande pourtant l'expérience à quiconque n'a
point été étranger aux affaires ; les seconds cherche-
raient inutilement dans cet ouvrage l'examen minutieux de quelques questions de droit que peut offrir

chaque législation en vigueur. Si je compare quelquefois les dispositions du droit positif entre elles, il
n'est pas dans le plan de cet ouvrage de m'astreindre
à sa marche : j'entreprends plutôt de le juger que de
le suivre.

Dans l'état actuel de la science, je crois à l'utilité
d'un tel travail, sans m'en dissimuler les difficultés.
J'aurai beaucoup fait déjà si ces essais suggèrent à
quelques esprits des pensées plus fécondes et un système plus complet : dans cette matière, comme
presque partout, chaque effort amène un progrès.

LIVRE PREMIER

BASES DU SYSTÈME PÉNAL

CHAPITRE I.

DU DROIT DE PUNIR. — POSITION DE LA QUESTION.

Un homme est attaqué; il se défend; en se défendant il inflige un certain degré de souffrance à l'agresseur.

Un homme vient d'être attaqué; il a reçu un dommage positif; mais en réagissant contre son offenseur, il lui a fait du mal, il l'a blessé.

Un homme a été attaqué; l'acte dirigé contre lui est déjà consommé; cependant il poursuit l'agresseur, dans la vue d'obtenir une réparation, un dédommagement.

Enfin un homme, sans avoir encore été lésé, ni même attaqué, se trouve menacé d'une attaque imminente; dans le but d'écarter de lui ce fait injuste, il prend les devants contre son ennemi; mais en lui enlevant la faculté de nuire, il le blesse.

Ce sont là quatre positions diverses, mais assez analogues, dans lesquelles un homme est amené à infliger un certain degré de mal à l'un de ses semblables.
Est-ce là exercer le droit de punir?

Rien de plus facile que de tomber ici dans une dispute de mots.

Car on doit répondre affirmativement, si l'on entend par droit de punir, le droit de repousser ou de
réparer le mal par le mal.

On doit répondre négativement, si l'on entend par
droit de punir, le droit d'assujettir à un mal correspondant l'auteur d'un mal injuste, quand même ce
mal serait dès longtemps accompli, et absolument
irréparable; quand même il n'y aurait plus rien de
menaçant de la part du malfaiteur.

Le langage commun peut induire en erreur; car il
se prête assez à l'une et à l'autre signification. Qu'un
voyageur tue le brigand qui l'attaque, on dira de
celui-ci qu'il a reçu la punition due à son crime, qu'il
a eu ce qu'il méritait.

Toutefois, en pénétrant plus avant dans le sens de
ces expressions, on reconnaît que ce n'est que par
analogie qu'on s'exprime de la sorte. Ce qu'on veut
dire, l'idée dominante dans la phrase, est que l'a-
gresseur méritait un châtiment, et que. la justice
devait le punir. Par hasard la réaction défensive n'a
pas laissé de rôle à la justice humaine; l'agresseur a
eu ce qu'il méritait, c'est-à-dire il a été frappé comme
il aurait dû l'être, comme il l'aurait été par le glaive
de la loi.

Cela est si vrai que dans les cas ordinaires, lors-

qu'il n'y a pas lieu au droit de défense individuelle,
et que la justice exerce loyalement ses attributions,
l'expression de se faire justice à soi-même est une
expression de blâme.

C'est du droit de punir, dans le sens restreint et
technique, que nous devons traiter ; car tel est le
pouvoir qu'exerce la société. Un calligraphe abuse
de son talent pour commettre un faux ; un accident
lui ôte à jamais l'usage de ses mains ; c'est dans cet
état qu'il est traduit en justice ; il subit la peine des
faussaires, indépendamment de la réparation civile
qu'il doit à la partie lésée.

Tel est le fait : il importe de ne pas l'oublier. Est-
ce là un droit ? C'est demander si ce fait est moralement, rationnellement légitime. Si c'est un droit
d'où dérive-t-il ?

On rencontre, en étudiant cette question, les noms
des philosophes et des publicistes les plus distingués.
On trouve des systèmes opposés, on assiste à des combats dont on ne voit point l'issue. C'est une de ces hautes
questions de droit philosophique qui sont loin d'avoir
obtenu jusqu'ici une solution non contestée.

Parmi les jurisconsultes qui ont écrit sur le droit
pénal, il y en a cependant un grand nombre qui ne
se sont guère occupés de cette question ; ils supposent la légitimité de la justice humaine. Serait-ce
traiter la science du droit pénal que de les imiter !
Ce serait se borner à l'art, je dirais presque au
métier.

C'est par la connaissance de son origine morale
qu'on détermine la juste étendue du droit de punir.

C'est par la connaissance de ses bornes qu'on peut juger de la justice de son application dans les lois positives, et, en nombre de cas, avoir un guide sûr pour l'interprétation de ces lois.

CHAPITRE II.

NOTIONS FONDAMENTALES.

Interdire à un homme l'exercice d'une faculté, d'un droit, à jamais ou pour un temps déterminé ; ou bien encore lui infliger un certain degré de souffrance; et cela en raison d'un acte consommé, même irréparable ; tel est en dernier résultat le fait de la punition sociale.

Pour que ce fait soit légitime, il faut qu'il soit avoué par la justice[1].

Y a-t-il justice à rendre le mal pour le bien? Personne ne le dira.

Y a-t-il justice à infliger un mal en retour d'un acte indifférent, ou du moins de nulle importance? Non plus.

Reste le cas du mal rétribué par le mal.

Sans doute, s'il est rétribué avec connaissance de cause, dans une intention morale, et avec mesure, il y a dans ce cas justice absolue. La conscience et la

---

[1] Ce n'est pas à ceux qui n'admettent point l'idée du juste et de l'injuste, que nous nous adressons dans ce moment. Ici, nous ne faisons point appel aux systèmes, mais au sens commun. Nous examinerons plus tard la doctrine de l'utilité, en-tant que principe exclusif de la législation pénale.

(*Note de l'auteur.*)

raison nous l'affirment d'une manière invincible. Interrogez l'innocent, appelez-en au coupable lui-même, dans ces moments où il ne saurait cacher le témoignage de sa conscience ; leurs réponses seront unanimes : il a fait le mal, il en souffre, il en porte la *peine ;* c'est juste.

Posons donc un premier principe qui n'est que l'expression d'une loi de la conscience humaine : la punition consistant à infliger un mal, intentionnelle-ment, en raison d'un fait antérieur, même irrépa-rable, sans tenir compte de la volonté du patient, et nullement en vue d'un avantage futur pour lui, ne peut être un droit qu'autant qu'elle a pour objet l'auteur d'un mal injuste ; c'est là son essence. Si on fait abstraction un seul instant de la liaison morale qui doit exister entre le fait punissable et le fait de la peine, le droit de punir disparaît. On aura à la place une violence, un accident, un acte pour la conserva-tion de soi-même, peut-être un service rendu ; mais il ne sera plus question de pénalité ; la raison ne reconnaît ce caractère que dans le fait que nous ve-nons de décrire.

Mais quelle est, quelle doit être la position morale, la position de droit de celui qui est devenu l'objet légitime d'une punition, vis-à-vis de celui qui la lui inflige ?

Interrogeons de nouveau le sens commun : « Il l'a puni. » Qu'est-ce que cela veut dire ? « Il a pris con-naissance de son action, il l'a jugé ; l'ayant trouvé coupable, il lui a appliqué une peine. » Que suppose ce langage dans l'esprit de tous ceux qui l'emploient ?

Que celui qui a puni se trouvait, vis-à-vis de celui
qui a été puni, dans une position de supériorité morale; que l'homme puni n'a pas pu avec raison dire
à son juge : de quoi vous mêlez-vous? On dit d'un
père qu'il châtie son enfant ; la proposition inverse
serait une proposition révoltante, quand même le
père serait coupable.

La punition enlève à un homme l'exercice d'une
faculté, la jouissance ou la possession d'un droit, elle
contraint, s'il le faut, à un certain ordre d'actions un
être libre et moral ; la justice n'en est point concevable, si elle opère de l'inférieur au supérieur, même
d'égal à égal. Elle suppose nécessairement un pouvoir, un pouvoir légitime, que la raison avoue, qui
tire de la raison sa force morale, son autorité.

La punition suppose un juge de l'action injuste;
autrement, elle serait une force aveugle. La qualité
de juge suppose le droit de se faire rendre compte
des actions d'autrui. C'est encore un rapport de supérieur à inférieur.

A qui appartient ce pouvoir dans ce monde? A
quels signes peut-on le reconnaître?

Y a-t-il en réalité quelqu'un qui en soit légitimement revêtu? Si ce quelqu'un existe, qui est-il? Est-
ce la partie lésée? est-ce un individu quelconque?
ou bien y a-t-il un pouvoir spécial ayant mission
d'exercer la justice humaine? Nous reviendrons sur
ces questions.

Il faut considérer aussi quel est le but, quelles sont
les conditions et les bornes de la justice sociale.

Enfin il reste à examiner si le fait de la punition

légale, considéré en soi, en tant que fait matériel, de telle ou telle nature, capable de produire des effets divers, peut avoir un but propre, légitime, autre que l'accomplissement de la justice. Dans ce cas, quel est ce but? Est-ce un but unique, invariable? ou bien est-ce un but variable, multiple, déterminé par les circonstances, un but auquel on peut essayer de parvenir en modifiant, au fur et à mesure des besoins, la nature et la qualité des peines?

En attendant, bornons-nous à ces conclusions : 1° il n'existe pas de possibilité morale, de droit d'infliger un mal, en raison d'un fait consommé, si ce droit ne découle pas avant tout de ce principe absolu de justice : le mal mérite le mal ; l'homme injuste doit réparation à la justice ; 2° toute action pénale qui n'émanerait pas d'une supériorité morale, d'un juge ayant droit de l'être, ne serait qu'un fait sans justice et sans moralité. Démérite dans l'objet de la punition, supériorité dans celui qui l'inflige.

Il convient d'insister sur ces deux principes ; car, quoiqu'ils ne soient que deux formules incontestables données par le sens commun, ils n'ont été que trop méconnus dans un grand nombre de théories de la pénalité.

De ces principes que nous venons d'établir, il ne résulte pas encore sans doute que l'homme, que la société aient le droit de punir ; mais il en résulte que si ce droit leur appartient, il ne leur appartient en définitive qu'à ces conditions. La justice est une comme la vérité ; si elle peut offrir des variétés dans ses ramifications, elle ne saurait en offrir dans sa source.

CHAPITRE III.

SYSTÈMES DIVERS.

Toutes les théories du droit de punir, tel qu'il est exercé par la société, peuvent se ranger sous deux chefs; celles qui remontent à un principe moral, celles qui ont pour base unique un fait, un intérêt matériel ; en d'autres termes, les unes remontent au juste, les autres s'arrêtent à l'utile ; les unes sont filles du spiritualisme, les autres du matérialisme.

Parmi les premières se distinguent celle qui attribue à chaque individu, dans l'état de nature, le droit de punir ceux qui violent la loi naturelle. Le pouvoir social ne fait qu'exercer ce même droit que lui ont cédé les individus, en se réunissant en corps politique.

Un grand nombre de théories sont fondées d'une manière plus ou moins directe sur le principe du droit de défense. Si l'individu a le droit de se défendre contre l'injuste agresseur, s'il a même le droit d'écarter de lui les attaques imminentes dont il est menacé, pourquoi la société, composée d'individus, ne l'aurait-elle pas? Ce principe une fois posé, on suit des routes diverses.

Pour les uns, la société n'exerce que le droit individuel de défense dont on lui a fait cession : mais pour l'exercer utilement, elle doit l'exercer avec plus de latitude que n'aurait pu le faire l'individu lui-même.

Pour d'autres, la société a un droit de défense propre, à elle appartenant en tant que corps social. Ce droit ne peut donc pas être mesuré sur celui de l'individu : la société a droit à quelque chose de plus.

Enfin on a aussi cherché à résoudre le problème d'une manière plus simple. L'homme, être libre et moral, a pu faire une convention ; expresse ou tacite, elle n'est pas moins valable et obligatoire, dès qu'elle est l'expression de son libre consentement, et la source pour lui d'immenses avantages. La société n'exerce donc pas les droits d'un individu sur l'autre, mais le droit que chacun lui a cédé sur lui-même, au cas d'infraction par lui commise de la loi pénale.

Le principe de l'utilité est au fond le principe qui domine dans tous les systèmes où l'on n'a pas essayé de remonter à un principe moral. Qu'on se serve d'une circonlocution ou d'une autre, qu'on allègue l'intérêt individuel, qu'on ait recours au principe de l'utilité générale, du plus grand bien du plus grand nombre, ou qu'on invoque comme principe primitif la nécessité de prévenir par la punition d'un acte la réitération d'actes semblables, d'intimider les esprits, de contenir les volontés dangereuses, toujours est-il que si on ne remonte pas plus haut, la doctrine de ces écoles est en définitive contenue tout entière dans cette phrase : les punitions sont justes, parce qu'elles sont utiles, même nécessaires à ceux qui les prescrivent.

Au fond, il y a plus d'analogie qu'il ne paraît au premier abord, entre les doctrines fondées sur le principe de la défense et celles fondées sur le principe de l'intérêt.

Au reste, nous ne voulons pas fatiguer nos lecteurs par l'énumération, moins encore par une discussion détaillée de toutes les théories connues. Un grand nombre de ces théories sont identiques dans le fond, et ne diffèrent entre elles que par quelques nuances de forme. C'est à l'examen de principes généraux, dans leur rapport avec le droit de punir, que nous devons nous borner. Si, par cette recherche, nous pouvons reconnaître quels sont les principes à écarter ou à modifier, nous serons amenés à saisir le fondement véritable du droit de punir. Les théories qui s'en éloignent en tout ou en partie, seront par cela seul implicitement jugées.

CHAPITRE IV.

DE LA DOCTRINE DE L'INTÉRÊT, CONSIDÉRÉE COMME
SOURCE DU DROIT DE PUNIR.

Si la doctrine de l'intérêt est légitime dans ce sens
que l'intérêt, bien entendu, si l'on veut, soit le seul
et unique principe d'après lequel l'homme doive se
diriger en toutes choses, un publiciste célèbre aura
eu raison d'écrire ces paroles : « Par rapport à l'origine du droit de punir, il n'y a rien de particulier à
en dire; elle est la même que celle de tous les autres
droits du gouvernement..... Ce qui justifie la peine,
c'est son utilité majeure, ou, pour mieux dire, sa
nécessité. »

Mais il importe d'éviter toute question de mots.
L'idée de l'utile est sans doute un des éléments de
l'esprit humain. L'homme conçoit l'utile; il fait
plus, il désire vivement de l'obtenir. Il est également
vrai que le bonheur, ou, pour mieux dire, le bien-
être, n'a pas été présenté à l'homme dans ce monde
pour qu'il passe sa vie à le repousser et à souffrir. En
un mot, l'utile aussi a sa légitimité. Mais alors l'idée

de l'intérêt personnel ne se présente plus seule. C'est
à l'aide d'une autre idée, de l'idée du droit et du devoir, que le sens commun, lors même qu'il ne s'en
doute point, sépare les intérêts légitimes de ceux qui
ne le sont pas. Il avoue les intérêts que le droit était,
que le devoir ne réprouve pas ; il repousse tous les
autres, quelque chers qu'ils nous soient.

Ce n'est pas là le langage et la doctrine de l'école
de l'intérêt. Dans son système, l'utile se suffit à lui-
même. Il est sa propre justification. Il est principe
primitif, unique, exclusif. Son synonyme, il ne faut
pas s'y tromper, c'est jouissance, plaisir. Entendre la
doctrine de l'intérêt dans un sens, je dirai presque,
plus modeste, c'est tomber dans une question de terminologie, c'est accuser les défenseurs de cette doctrine d'une obscurité de langage qu'on n'a nul droit
de leur reprocher.

Ils ne nous disent pas que le juste est toujours
utile, ce qui est vrai dans ce sens que le bien moral
ne saurait être un mal, que l'ordre n'est pas le désordre. Ils soutiennent, au contraire, que l'utile est
toujours juste, c'est-à-dire qu'on n'a aucun reproche à faire à l'homme qui n'apprécie le mérite de ses
actions que d'après l'influence qu'elles peuvent exercer sur son bien-être.

En un mot, ils nient la distinction de l'intérêt et
du devoir, en effaçant le second terme, en repous-
sant l'idée du juste et son autorité, indépendamment
de toute considération d'utilité.

Leur doctrine est aussi claire et aussi positive
qu'elle est générale. Elle embrasse tout, la vie privée

comme la vie publique, les rapports individuels comme les rapports sociaux, la justice civile comme la justice pénale.

Aussi, en voyant un de ses semblables marcher à l'échafaud, l'idée principale d'un partisan du principe de l'intérêt est la nécessité du supplice de ce malheureux, pour que ceux qui le lui font subir puissent travailler, dormir, aller, venir, en un mot jouir tranquillement et sans crainte.

Dans son esprit, ce but matériel de la peine est l'idée dominante, le principe créateur du droit. D'où dérive la mission de celui qui punit? Du besoin d'atteindre ce but. Sur qui doit-il exercer son droit? S'il n'abjure pas la logique, sur tous ceux qui lui font un obstacle pour atteindre ce but. Tout ce dont on se soucie, dans ce système, c'est l'effet matériel et immédiat de la punition sur la multitude. Aussi la justice apparente y vaut presque la justice réelle.

Qu'un innocent soit condamné; si on est parvenu à convaincre le public de la culpabilité de la victime, le mal n'est pas grand ; peut-être le bien obtenu le dépasse-t-il de beaucoup, puisqu'on a un effet salutaire, la terreur de tous les hommes disposés à nuire, contre une chance de condamnation pour quelque autre innocent.

Si la majorité parvient à se convaincre que, pour son bonheur, pour sa tranquillité, il convient de sacrifier chaque année un certain nombre d'individus, le sacrifice est rationnel; car de quel droit la condamnerait-on à vivre dans l'inquiétude et à ne point se donner toute garantie de sécurité ? Qui me repro-

chera d'avoir fait tuer un de mes chiens, sans m'être
assuré auparavant de son hydrophobie, si sa mort
seule a pu calmer les terreurs de ma famille ? Dans
le système de l'intérêt, l'homme est-il autre chose
pour l'homme qu'un moyen ou un obstacle ?

L'examen du principe de l'intérêt dans toute sa
portée, comme principe exclusif de morale et de législation, est un sujet de haute philosophie qui embrasse l'ordre moral et l'ordre politique, l'homme et
la société, le présent et l'avenir tout entiers. Il a déjà
été le sujet des travaux de philosophes et de publicistes habiles ; d'ailleurs, il dépasse les limites de notre sujet.

Nous devons nous borner à des aperçus propres,
ce nous semble, à jeter quelque lumière sur le sujet
spécial que nous traitons.

Le système de l'utilité ne peut se fonder que sur
l'intérêt individuel, ou bien sur l'utilité générale.

Examinons-le sous les deux points de vue, surtout
dans ses rapports avec la justice criminelle.

CHAPITRE V.

La doctrine de l'intérêt traduite en langage commun, est celle-ci : « Dans cette affaire, ai-je *raison?*
— Sans doute, puisque je ne veux que ce qui m'est
utile. — Ai-je *droit?* Ah ! — pour en décider, il faut
voir si le législateur et ses gendarmes ne trouveront
pas mauvais ce que je veux faire.—Mais j'ai un devoir
aussi, et ce *devoir* c'est précisément d'examiner si je
n'enfreins pas une loi, c'est-à-dire si je ne joue pas
contre trop forte partie, si je ne m'expose pas à être
emprisonné ou même pendu par plus fort que moi.
De *crime*, bien entendu, il n'en est pas question ; je
puis bien me tromper sur mon intérêt, mais, quoi
que je fasse, au pis aller ce n'est qu'un faux calcul.
Les autres appellent *crime* ce qui leur donne la peur
d'un mal pour eux-mêmes, tout comme on dit *vertu*
dans autrui ce qui promet quelque profit pour soi.
Mais, au bout du compte, c'est pur calcul; bon ou
mauvais, voilà toute la différence. »

Or, ce langage est-il le langage de l'humanité? Il

doit l'être, s'il est conforme à la vérité; s'il est l'expression d'un élément, ou, pour mieux dire, du seul et unique élément moral de la nature humaine. Examinons : c'est sur les faits, dit-on, qu'est fondée la doctrine de l'intérêt.

Ce langage exprime-t-il réellement ce que nous pensons? Qu'on appelle, pour répondre, le riche et le pauvre, le faible et le puissant, le juste et le méchant, l'homme instruit et l'ignorant, la réponse sera négative et unanime. Le puissant affirme qu'il ne songe qu'au bien public; le méchant parle justice plus haut que tous les autres; l'ignorant ne comprend pas même la question. Si on parvient à la lui faire comprendre, il hausse les épaules. Qu'on lui parle justice, il peut ne pas comprendre nettement, mais il ne désavoue point : il ne sent rien en lui-même qui répugne à notre langage.

Le méchant, dira-t-on, trompe; il parle autrement qu'il n'agit : mais cela est un fait digne d'observation. Il faut donc parler vertu et rendre hommage à la justice pour tromper; les auditeurs ne sont donc pas de l'école d'Helvétius. Ils sentent et croient autre chose, tous, généralement, même ceux qui, en pratique, n'obéissent qu'à l'intérêt. Il n'y a qu'une poignée d'hommes systématiques qui paraissent ne point partager la croyance générale. Encore, si on les examinait de près lorsque, ayant déposé le manteau philosophique, ils parlent et agissent en hommes! Il faut le dire à leur honneur, ils ne sont pas ce qu'ils s'efforcent de paraître.

En un mot, l'humanité tout entière rend témoignage à une autre vérité, à un principe plus élevé. Elle reconnaît une justice absolue dont les arrêts sont indépendants du succès matériel de nos actions ; elle proclame un devoir invariable, quels que soient les événements et les circonstances, les temps et les lieux, les profits et les pertes ; elle a en horreur le crime, lors même qu'il lui est peu redoutable. Elle fait plus, elle honore le dévouement, elle admire le sacrifice de l'intérêt personnel.

C'est ce que l'hypocrite lui-même avoue par son langage ; c'est ce que des faits éclatants confirment.

Le vieux célibataire qui frémit au récit d'un parri- cide, redoute-t-il le bras d'un fils qu'il n'a pas ?

Et le citoyen obscur qui, voyant un enfant se dé- battre dans les flots prêts à l'engloutir, risque sa vie, la perd, pour essayer de le sauver, a-t-il auparavant chiffré sur le sable du rivage ce qui pourra lui revenir, s'il échappe au danger, en remercîments, en médailles et en phrases de gazettes ?

Contradiction frappante ! Le principe de l'intérêt tiendrait lieu, pour l'espèce humaine, de tout prin- cipe moral, il serait son guide unique, et personne, ou presque personne, n'ose l'avouer ! Il est dans les livres, il s'érige en théorie, mais en pratique nul ne l'avoue ; nul ne songe à se justifier en l'alléguant ; nul ne veut accorder son estime au petit nombre d'hommes qui osent faire exception à cette règle gé- nérale ! Qui pourrait expliquer ce phénomène, si le principe de l'intérêt était la véritable loi morale de notre nature, le principe unique de la légitimité de nos actions ? L'homme, l'être raisonnable, s'ignorerait-il à ce point? Pour qu'il se place ainsi par son langage en contradiction manifeste et constante avec les lois de son être, avec son droit, il faut nous montrer une autre loi qui explique ce bizarre résultat. Ce n'est pas ainsi que l'homme agit quant aux autres lois de sa nature; s'il les connaît, il les avoue. Il se connaît la liberté, il avoue qu'il est libre; il se connaît l'intelligence, il ne la renie point. Son langage n'est pas un mensonge obstiné.

Si l'humanité ne se ment pas à elle-même, c'est donc un fait qu'elle sent autre chose, qu'elle tient un autre principe, qu'elle reconnaît une autre loi; du moins est-il certain qu'elle croit la reconnaître. Cette croyance est un élément de sa nature. Dès lors comment la lui arracher? comment *déprouver* cette croyance? car il ne s'agit pas ici d'un jugement de l'esprit sur un fait étranger à lui-même. Il s'agit d'un fait interne, d'un fait de conscience, du regard de l'humanité reporté sur elle-même. Pour refuser ce témoignage, il ne reste qu'un moyen, celui de nier le fait interne, ou bien de soutenir qu'il est autre.

Aussi la question n'est-elle au fond qu'une question de fait. S'il n'y avait dans ce monde que deux individus, Reid et Helvétius, la vérité ne serait pas moins ce qu'elle est; mais toute discussion serait difficile, peut-être impossible.

Dans le monde tel qu'il est, d'un côté il y a l'espèce humaine, son langage, ses faits, ses croyances, ses religions et plusieurs écoles philosophiques; de l'autre, des philosophes, mais en moindre nombre.

Il y a plus; les philosophes sont plutôt d'habiles

experts que de bons témoins ; excellents juges des
sujets particuliers dont ils s'occupent, mais hommes
spéciaux, ils ne méritent point, par cela même, une
entière confiance, lorsqu'il faut rendre témoignage
sur un ensemble de faits. On peut les comparer aux
jurisconsultes, dont on ne peut se passer dans l'administration de la justice; ils sont des juges par
excellence, pourvu cependant que des jurés leur
fournissent la matière du jugement, les faits judiciaires. Dans l'appréciation des faits moraux, les jurisconsultes ce sont les philosophes ; le jury c'est l'espèce humaine. L'espèce humaine dit tout ce qu'elle
pense ; elle se révèle tout entière. Les philosophes,
lorsqu'ils veulent en appeler à leur propre témoignage pour constater les faits, habitués qu'ils sont
à concentrer leurs regards sur un objet particulier,
perdent de vue tous les objets latéraux et coexistants.

Ainsi qu'on l'a déjà remarqué, les matérialistes
n'ont pas mal observé, mais ils ont en quelque sorte
mutilé l'homme le jour où ils ont dit : Ce que nous
n'avons pas regardé n'existe pas. Ils ont négligé les
faits internes et difficiles à bien observer, frappés
qu'ils étaient de l'éclat des faits matériels et saillants
de l'humanité. Ils ressemblent à un homme qui,
n'ayant jamais pesé que des objets lourds et grossiers,
regarderait en pitié le chimiste qui s'avise de peser
des gaz ; c'est là toute la cause du débat.

En effet la plus grande partie des hommes, dans
le plus grand nombre de leurs actions, ont pour mobile l'intérêt. Le fait est certain, les moralistes le
décrivent et le déplorent ; les prédicateurs s'en

indignent, et le poursuivent de leurs déclama-
tions; les législateurs le supposent dans leurs lois.
Nous nous bornerons à le reconnaître; l'intérêt
est en fait un mobile puissant, général, immédiat.

Les uns, malavisés, cèdent à un intérêt quelconque; d'autres ont appris à démêler l'intérêt apparent
de l'intérêt bien entendu; ils sont des hommes pru-
dents; d'autres enfin ne résistent à la voix de l'intérêt
que lorsqu'il se montre en opposition avec le dicta-
men de leur conscience. Il n'y a qu'un petit nombre
d'ascétiques, d'anachorètes, qui aient pris le parti de
faire au plaisir une guerre opiniâtre et sans relâche.

Oui, encore; le fait est constant, l'observation est
juste. Mais de ce fait dérive principalement l'erreur
de l'école de l'intérêt; car elle conclut d'abord du
fait matériel au fait moral, et ensuite de la force du
mobile au droit.

Un grand nombre d'hommes ne suivent que les
conseils de l'intérêt; est-ce à dire que ces mêmes hommes ne reconnaissent pas en même temps la réalité
de la loi morale, le principe du devoir? Parce qu'ils
cèdent à la violence des passions, aux conseils de la
cupidité, à l'attrait du plaisir, est-ce à dire que leur
raison approuve leurs actes, et que l'idée de l'utile
ne soit pas dominée, même chez eux, par l'idée du
juste? Le poëte connaissait mieux la nature humaine:
Video meliora proboque, deteriora sequor.

On ne peut trop le répéter: de ce que l'intérêt
est un mobile puissant, actif, général, doit-on en
conclure qu'il est la dernière raison des choses, qu'il
est le droit? C'est conclure de la force de la poudre

à la justice du coup de canon ; c'est supposer ce qui
est en question ; c'est supposer que l'idée du juste est
une chimère, que le devoir n'est qu'un préjugé. Un
motif n'est qu'une force impulsive, et une force peut
produire indifféremment le bien et le mal.

Les *utilitaires* distinguent l'intérêt bien entendu de
l'intérêt mal entendu, l'intérêt passager de l'intérêt
durable : la distinction, est juste. Mais les intérêts
passagers sont aussi un mobile réel, général, souvent
très-puissant, très-souvent plus efficace que le mobile
des intérêts durables. Que répondre à celui qui en
conclurait que le principe régulateur de nos actions
doit être l'intérêt du moment? N'aurait-il pas les faits
pour lui, les faits les plus constants, les plus nombreux? On lui répondrait qu'il y a cependant d'autres
faits à examiner; on lui dirait que ce qui se fait n'est
pas ce qu'on doit faire ; que la raison et la liberté
n'ont pas été données à l'homme en pure perte ;
qu'il doit examiner et choisir entre le bien et le
mal; que, s'il erre dans son choix, il doit se l'imputer.

A la rigueur, on pourrait contester la légitimité
de cette réponse. La doctrine de l'intérêt en morale
est une suite de la doctrine de la sensation en philosophie; or, la doctrine de la sensation n'est guère
compatible avec le principe de la liberté humaine. Il
est assez difficile de prouver que lorsqu'on frappe la
quatrième touche d'un piano, c'est un autre marteau
qui peut se soulever, une autre corde qui peut vibrer,
un autre son qu'on doit entendre que ceux qui correspondent à la touche frappée.

Mais quoiqu'en éludant les conséquences rigoureuses de leurs principes, les partisans de l'intérêt
reconnaissent la liberté humaine. Qu'ils y prennent
garde, cependant : s'ils font cette réponse, s'ils supposent un choix obligatoire entre le bien et le mal,
les voilà hors de leurs voies. L'intérêt n'est-il pas la
loi absolue, selon eux ? Qu'est-ce donc que ces mots
bien et mal qu'ils invoquent en désespoir de cause ?
ne les ont-ils pas rayés de leur dictionnaire ? L'intérêt, quand il règne tout seul, ne se laisse pas ainsi
régulariser : il serait bien dupe ; il prend son plaisir
où il le trouve. L'intérêt bien entendu ! Autant vau-
drait-il dire l'appétit bien entendu.

Ce langage, qu'on voudrait faire comprendre à l'intérêt, ne peut s'adresser qu'à l'homme placé entre
l'intérêt et le devoir, lorsqu'il écoute l'intérêt au détriment du devoir ; car l'intérêt et le devoir sont loin
d'être en opposition constante. On ne nie point les
faits invoqués par les utilitaires, mais on en tire les
seules conséquences dont ils sont susceptibles ; ou,
pour mieux dire, on reconnaît en même temps les
autres faits de la nature humaine, la raison, la conscience, la liberté et la responsabilité qui en est la
conséquence.

Tout homme raisonnable sent et reconnaît sans
scrupule la puissance du mobile de l'intérêt personnel. Sent-il, reconnaît-il de même que l'intérêt suffit
seul pour justifier nos actions ? qu'il n'y ait rien au
delà, rien au-dessus du calcul ?

Encore une fois, constatons les faits.

D'où provient l'admiration générale qu'excitent les

actes héroïques? Les dupes ne sont pourtant pas un objet d'admiration : on peut les plaindre; mais qui a jamais imaginé de les vouer à l'immortalité? Or, dans le système de l'intérêt, voici que le chevalier d'Assas n'est qu'une dupe ; il eût pu ne pas crier : *A moi, Auvergne !* et il échappait aux baïonnettes de l'ennemi. — Mais la gloire, dira-t-on, la gloire dont il couvrait son nom? La gloire ! Qu'un titulaire nous dise donc en passant ce qu'il entend par ce sentiment qui sacrifie tout, y compris la vie, pour conquérir l'estime des hommes. Il n'y a point de subtilité de sophiste qui puisse y découvrir cet intérêt matériel que l'école de l'utilité est réduite à soutenir si elle ne veut pas être inconséquente :   .

Udam
Spernit humum fugiente pennâ.

L'estime publique, l'admiration que les actions de l'homme peuvent exciter sont toujours en raison inverse de la personnalité de ses motifs : voilà une règle positive, un fait général, constant. Ce jeune homme reçoit une éducation très-soignée, mais coûteuse; aux frais de qui? de son père, homme fort riche et fort avancé dans la carrière des honneurs; on n'en dit rien, car cela est tout simple. C'est aux frais d'un homme riche, qui chaque année destine une parcelle de ses immenses revenus à l'éducation de quelques jeunes gens dont les gazettes publient les noms avec celui du bienfaiteur; c'est encore heureux que tout l'argent de ce Crésus ne s'en aille pas en festins et en chevaux. Mais non, c'est aux frais

d'un homme aisé qui s'est empressé de venir au secours d'une famille frappée par le malheur, et n'a
pas voulu que l'éducation de ce jeune homme fût
interrompue ; c'est très-bien. Mais si on vous dit que
c'est aux frais d'un vieillard qui prend sur son nécessaire pour subvenir à l'éducation du jeune homme,
si on ajoute que le jeune homme est le fils de l'ennemi acharné de son bienfaiteur, si on ajoute que
cependant celui-ci n'avait plus rien à craindre d'un
homme que la mort a enlevé, en laissant sa famille
dans le deuil et dans la misère ; c'est beau ! vous vous
écriez, quel est le nom de cet homme généreux? Son
nom ? il nous est défendu de le dire ; le jeune homme
lui-même l'ignore : c'est sublime !

C'est un exemple sur mille de ce qui se passe en
pareils cas ; ce sont là les réponses du genre humain.
L'admiration, l'attendrissement, le respect profond
sont pour le vieillard inconnu, et cependant ce vieillard, dans le système de l'intérêt, n'est qu'un im-
bécile.

Car on ne nous dira pas que le vieillard a spéculé
sur la vie à venir. Ce serait une inconséquence, une
contradiction qu'on ne peut pas reprocher à l'école
de l'intérêt. Elle sait que la croyance à une vie future
de peines et de récompenses détruit de fond en com-
ble son système, puisqu'elle suppose un ordre moral,
des devoirs à remplir, le mérite de ceux qui s'y conforment, le démérite de ceux qui les enfreignent;
aussi n'est-ce pas là un des éléments de ses calculs.

Cependant, de cela même il résulte pour elle une
grave difficulté. Si les calculs de l'intérêt individuel

ne doivent embrasser que la courte échelle de la vie
matérielle, c'est à l'homme qui est à deux pas du
tombeau, c'est au vieillard qu'il appartient de ne plus
garder de mesure, de se plonger tête baissée dans tous
les excès, de ne se priver d'aucune jouissance, quoi
qu'il en coûte aux autres, même aux siens. Car, que
risque-t-il? La vie à venir? elle n'est pas. La renom-
mée? chimère pour l'homme englouti dans le néant.
L'amitié de ses semblables? il ne lui reste que peu
de jours à vivre. Le nom qu'il laissera à ses enfants?
qu'est-ce que l'amour paternel? Une affaire d'habitude, un préjugé. Ugolin, renfermé dans la tour fatale, entendait ses enfants lui dire :

> Tu ne vestisti
> Queste misere carni e tu le spoglia.

Nous sommes des fous, nous qui pleurons en lisant
ces paroles; mais Ugolin, près d'être anéanti par la
faim, pourquoi refusait-il de dévorer ses enfants, de
prolonger sa vie de quelques jours, de se donner la
chance que la mort subite de son ennemi, ou quelque
révolution politique vînt faire tomber les portes de
sa prison? Il n'avait rien à craindre de pis que l'état
où il se trouvait, il a donc méconnu son intérêt, et
en conséquence son droit.

Ce ne sont pas là des invraisemblances accumulées
à plaisir, dans le but de décrier un système; ce sont
des conséquences directes, immédiates du principe.
Plus le champ de l'avenir, c'est-à-dire des craintes et
des espérances, diminue, plus l'intérêt actuel devient
puissant, plus le droit de tout faire acquiert de force

et d'activité ; ce qui, exprimé en termes vulgaires, signifie, plus l'homme vieillit et plus il a intérêt et en
conséquence droit d'être méchant. Ou c'est là une
déduction strictement vraie du système, ou le système
est faux.

On ne finirait plus, si on voulait développer toutes
les conséquences auxquelles on peut arriver en prenant un motif, et surtout un motif d'un ordre matériel et variable, tel que l'intérêt, pour source unique
du droit, en faisant absolument abstraction de la nature morale de l'action considérée en elle-même.

Combien le langage de tous les peuples s'écarte de
cette doctrine ! Tous parlent de devoir; quel devoir
résulte-t-il de la morale de l'intérêt, si ce n'est le devoir de ne pas se tromper dans les calculs que chacun
institue à son profit, ce qui n'est qu'un abus de langage ? Tous parlent de remords ; apparemment qu'en
tout lieu, en tout temps, le remords a été connu,
senti, redouté. Cependant qu'est-ce que le remords,
là où il ne peut y avoir tout au plus qu'une peu d'ignorance dans l'arithmétique du plaisir? Tous parlent
de mérite et de démérite, de reconnaissance et d'ingratitude ; mots vides de sens, si chacun ne fait que
ce qui lui convient, ou s'il a grand tort d'agir autrement. Enfin tous flétrissent l'égoïsme, la personnalité
exagérée ; singulier accord de l'espèce humaine de
vouloir ainsi dans son langage flétrir sa propre nature, se faire un délit d'une nécessité, se reprocher
ce qu'elle ne s'est pas donné, et dont elle ne saurait
se dépouiller !

Arrêtons-nous ; car, nous l'avons déjà dit, le su-

jet est inépuisable. Nous croyons en avoir assez dit
pour que ceux qui n'auraient jamais réfléchi sur ces
matières puissent aisément se convaincre que la doctrine de l'intérêt individuel n'est qu'une vue partielle
et très-resserrée de la nature humaine, la transformation arbitraire d'un fait matériel, d'un mobile indifférent de sa nature, en un principe absolu de droit
et de justice.

Si cela est vrai, ce n'est pas sur le principe de
l'intérêt personnel qu'on peut fonder le droit de
punir.

L'expression elle-même, *droit de punir*, est incompatible avec cette doctrine. Il faut dire, *pouvoir
de faire du mal*. Il ne peut être question que de force
plus ou moins prudemment employée. L'idée de
peine, d'un mal mérité par une action injuste, est
inconciliable avec un système d'après lequel l'homme
ne peut commettre, tout au plus, que des erreurs.

D'ailleurs, l'intérêt, où regarde-t-il ? sur qui, sur
quoi fixe-t-il son attention ? Sur lui-même. Cela est
dans sa nature ; autrement, il ne serait plus. A ses
yeux, la question n'est pas de savoir si l'objet de la
punition a mérité le mal, mais s'il lui convient à lui
intérêt, de l'infliger. Il écarte donc, de sa nature, le
premier principe fondamental de la pénalité.

Dans le fait, dira-t-on, on ne l'écarte pas ; on ne
punit que des coupables. Nous pourrions nier le
fait, l'histoire de la pratique de ces doctrines à la
main ; nous pourrions aussi demander devant quel
obstacle s'est arrêté plus d'une fois l'intérêt déguisé
sous le nom de salut public, dans ses aveugles et

sanglantes résolutions? devant l'opinion, devant le
sentiment d'improbation que lui témoignait ce
public qu'il prétendait servir. Il faudrait donner
un démenti à l'histoire, pour nier que ce sentiment ne fût le sentiment de la justice morale qui
soulevait toutes les consciences et mettait l'opinion
publique en révolte contre le pouvoir. Mais à quoi
bon examiner si, en fait, on a osé ou non faire périr
un grand nombre d'innocents? C'est le principe qu'il
importe de juger en lui-même.

Respecte-t-il davantage la seconde condition du
droit de punir? Ne portons pas notre pensée sur un
homme attaqué, ou positivement menacé; il s'agit
alors du droit de défense. Il faut se représenter une
personne étrangère au fait qui a déjà été commis,
qui est déjà consommé. Pour lui reconnaître le droit
de punir l'auteur d'un fait nuisible, il faut lui reconnaître une supériorité morale sur celui-ci. Or,
dans le système de l'intérêt, cela n'est pas, cela ne
peut pas être; il serait même contradictoire de le
supposer. Car, si l'intérêt personnel est à la fois la
source et la mesure du droit, où est le droit le plus
énergique, le droit meilleur? Ou il n'est nulle part,
ou il est chez celui qu'on veut punir.

Cependant, droit d'un côté, droit égal de l'autre;
c'est ce qui n'est pas concevable. Ce ne sont que
des faits. Celui qu'on veut punir a plus d'intérêt à
échapper au châtiment, qu'un individu quelconque
ne peut en avoir à le châtier. Plus la punition est
grave, plus le moment de la subir approche, et plus
le droit de l'homme qui a été condamné acquiert

d'intensité. Le droit de l'homme qu'on a traîné sur l'échafaud, et sur la tête duquel le glaive de la loi est déjà suspendu, est à son *maximum*.

Que, par un événement quelconque, cet homme brise ses liens, qu'il égorge, pour se sauver, bourreau, gardes, assistants, il en a le droit. Il a obéi à la loi, et à la loi unique de sa nature. Que peut-on lui reprocher? Qu'on le prenne, qu'on le tue; c'est un fait : mais on ne saurait, sans se rendre ridicule, sans se mettre en état de contradiction manifeste, lui reprocher son action.

Il a commis un premier acte, un vol, je suppose: Il s'est peut-être trompé dans ses calculs; mais cependant, au moment où il volait, tourmenté de privations, excité par les plaisisirs de la possession de la chose d'autrui, encouragé par les circonstances qui lui faisaient espérer de n'être pas découvert, il a pu croire que le vol était dans son intérêt bien entendu. Il a eu raison de voler. On l'a découvert; il s'est donc trompé. C'est une spéculation, raisonnable en elle-même, qui cependant a manqué par un accident imprévu, comme cela arrive quelquefois.

Ceux qui l'ont découvert veulent le punir; c'est un second acte. Ils ont peut-être raison à leur tour. S'ils sont riches, s'ils n'ont pas besoin de voler, s'ils sont convaincus qu'il n'est guère possible qu'ils se trouvent dans le même cas, et qu'en conséquence l'effet de la punition sera tout profit pour eux, ils ont intérêt à le punir; ils font bien. Pour mieux faire, ils l'envoient à l'échafaud ; les morts ne reviennent pas, et la terreur est plus forte.

Arrivé sur l'échafaud, des moyens s'offrent à lui d'échapper à la mort, en la donnant indistinctement à ceux qui l'entourent : nous l'avons dit, il a plus que jamais raison d'en agir ainsi. Il y aurait folie, inconcevable folie à se laisser tuer par ceux qui ont quelque intérêt à sa mort, tandis qu'il en a, lui, un immense à conserver sa vie. Voilà un troisième acte.

Enfin ses adversaires le reprennent ; ils ont encore plus d'intérêt qu'ils n'en avaient auparavant à lui arracher la vie : ils le tuent. C'est le dernier acte.

De ces quatre actes, quel est l'acte véritablement illégitime ? Dans le système de l'intérêt, je n'en vois aucun.

C'est qu'en réalité, comme nous l'avons démontré tout à l'heure, dans le système de l'intérêt il n'y a place ni pour le droit ni pour le devoir ; il n'y a que des faits. Ce n'est que la lutte de la ruse et de la force ; malheur au plus faible ou au moins adroit. Comment en serait-il autrement ? La nature n'a-t-elle pas doué tous les hommes de la même constitution physique, de la même sensibilité ? Le degré d'activité peut en être divers ; le principe sensitif est le même ; ils sont donc tous également soumis aux impulsions qui en résultent. Et s'il n'existe aucun principe au-dessus de la sensation, en dehors de la partie maté-rielle de la nature humaine, aucun principe moral qui oblige à résister à certaines impulsions, quel que soit le plaisir qu'on en attend, de quel droit les uns feraient-ils un crime aux autres d'y avoir cédé ? Quels que soient les faits de l'être sensitif, il obéit à sa na-ture ; il suit sa destinée ; il peut se tromper à son propre détriment; mais qui aurait le droit de lui demander compte de ses erreurs? Il peut y avoir guerre; il ne peut y avoir de justice, parce qu'il n'y a ni droit ni devoir. Au surplus, les défenseurs du système de l'intérêt sont parfaitement conséquents. En effet, pour eux, il n'y a de droits, il n'y a de devoirs que ceux que la loi positive accorde ou prescrit. Or, dans leur système, qu'est la loi si ce n'est la manifestation de la volonté du plus fort? Avouons cependant que ceux qui soutiennent explicitement le système de la force, sont encore plus conséquents et plus francs.

C'est en vain qu'on aurait recours au contrat social, au droit résultant de la convention ou à la loi positive qui, dans ce système, n'est elle-même qu'une convention. Échappe-t-on par là aux conséquences du principe? Résulte-t-il de là le devoir du condamné de se soumettre à la peine? Dans ce système, une convention n'oblige que lors et en tant qu'elle est utile. Si elle obligeait lorsqu'il n'y a plus d'intérêt à l'observer, elle obligerait par un autre principe; la source du droit serait ailleurs. Mais comment peut-on dire qu'elle oblige? Cette expression n'est qu'un abus de mots, dans le système de l'intérêt personnel. A-t-on jamais dit : « Vous êtes obligé de faire cela, puisque cela vous fait grand plaisir? »

Concluons : la doctrine de l'intérêt personnel est démentie par l'observation des faits de conscience; elle répugne aux croyances du genre humain; elle pose un principe duquel découlent nécessairement les conséquence les plus monstrueuses.

CHAPITRE VI.

Le système de l'intérêt est trop ouvertement une synonymie du droit du plus fort, pour que les défenseurs du principe de l'utilité aient pu le soutenir dans toute son étendue. Plusieurs d'entre eux ont reculé devant ses conséquences grossières et brutales, et ont tâché de s'élever à une sorte de principe abstrait qu'ils ont appelé *utilité générale, le plus grand bien du plus grand nombre.*

Ce système, lorsqu'on se borne à considérer son action dans l'enceinte étroite de la loi positive, a quelque chose de séduisant. Comme il est vrai que le pouvoir social ne doit exercer le droit qui lui appartient d'une manière abstraite, qu'autant que l'utilité générale le requiert, on a pu facilement être amené à en conclure que l'utilité générale est le principe primitif, générateur de tout droit.

Il est également vrai qu'on peut facilement tomber à ce sujet dans une dispute de mots, et d'une question de terminologie faire une question de principes. Essayons d'éviter cet écueil.

Il y a dans la formule de l'utilité générale, du plus grand bien pour le plus grand nombre, donnée comme règle absolue de morale et de législation, deux termes qu'il importe d'expliquer.

De quel bien est-ce qu'on entend parler? A quoi, à quel nombre total se rapporte l'expression qui est ici purement relative, du plus grand nombre?

Est-ce du bien moral qu'on parle? On remonte donc à l'idée du juste, au principe du devoir. C'est arriver au but par une voie détournée. Mais alors, que signifie le plus grand bien *du plus grand nombre?* La justice est le bien en soi, le bien nécessaire, absolu. Qu'on l'aime ou qu'on la haïsse, qu'on la recherche ou qu'on l'évite, qu'on en jouisse ou qu'on en souffre, et quel que soit le nombre de ceux pour qui elle est une source de plaisirs ou de douleurs, elle ne saurait changer de nature et devenir le mal. Lors même que dix millions de planteurs estimeraient que l'abolition de la traite des nègres est une mesure abominable, lors même que la nation tout entière ne serait composée que de colons, lors même que l'abolition de la traite entraînerait la ruine de leur agriculture, la loi ne serait pas moins juste en elle-même ; elle ne serait pas moins l'expression du bien.

Le législateur pourrait se trouver placé entre plusieurs devoirs, faire en conséquence des concessions sur le mode, sur le temps, sur la forme ; peut-être agirait-il très-sagement ; mais ces concessions ne changent rien au principe ; la traite n'en est pas moins une iniquité, une forme du mal moral.

Aussi, c'est du bien physique, du bien-être qu'on

parle dans la doctrine de l'utilité générale, comme
dans celle de l'intérêt individuel. On ne songe qu'au
plaisir. Soit qu'on l'étende aux jouissances de l'esprit,
soit qu'on le borne aux plaisirs sensuels, c'est le plaisir
qui est le principe dominant, c'est la plus grande
somme de plaisirs possible qui donne l'expression de
l'utile, du bien.

Les deux systèmes partent donc de la même base.
Le plaisir, sous une forme ou sous une autre, est
le principe dirigeant, unique, justificatif des actions
humaines. Il n'y a rien au-dessus, rien qui puisse
exiger le sacrifice du plaisir lui-même.

Le plaisir du *plus grand nombre*. Quelle est la
mesure pour juger de ce nombre ?

Une caste, une coterie, une province agira-t-elle
avec droit, si elle assure le plus grand bien du plus
grand nombre de ceux qui la composent, quoi qu'il
en coûte aux autres parties de la ville, de l'État, de la
nation ?

Cela n'est pas possible, dira-t-on : elle se trom-
perait en agissant de la sorte, en séparant son intérêt de l'intérêt général. Car, au dire des partisans
du système que nous combattons, l'intérêt général
satisfait à tous les intérêts individuels. Il serait facile
de repousser cette dernière assertion, mais nous n'a-
vons pas à nous occuper ici de la réfuter. Supposons
que cet intérêt général soit la garantie de l'intérêt
individuel ; ce que nous avons dit de l'un s'applique
à l'autre.

Si le genre humain tout entier adopte une coutume, dans la persuasion qu'elle est conforme à son

intérêt, qu'il se trompe ou non, il n'y a point de reproche à lui faire. Que pourrait-on lui dire? Qu'il
ne jouit pas? Il répondrait par le sentiment de la
jouissance. Qu'il pourrait jouir davantage? Mais sur
quoi fonder l'obligation de jouir plus qu'on ne jouit?
même celle de renoncer à une jouissance immédiate pour éviter une souffrance dans l'avenir? S'il
n'y a rien au delà du domaine de la sensation, on
pourra bien apprendre à mieux jouir; et en supposant que tout étant sensation, il y ait cependant liberté, on pourra en effet choisir entre plaisir et
plaisir. Mais l'obligation de faire un bon choix n'est
pas concevable. Au nom de qui, en vertu de quoi im-
poserait-on au genre humain un pareil devoir? Au
nom de son propre intérêt, de son intérêt bien entendu. C'est là un conseil, un conseil utile, si l'on
veut. Mais sur quoi se fonde le devoir de suivre son
intérêt bien entendu? De préférer les plaisirs durables
aux plaisirs passagers? une espèce de jouissance à
une autre? Si le genre humain tout entier répondait
qu'il préfère certains plaisirs à ceux qu'on lui con-
seille, que pourrait répliquer un *utilitaire* pour prouver que le genre humain tout entier a le devoir de se
conduire autrement?

Nous l'ignorons, nous ne saurions pas même l'entrevoir; aussi ceux qui, sans s'élever eux-mêmes au
principe du bien moral, ont reproché à l'école de
l'utilité générale d'avoir parlé de droit et de devoir,
de prétendre imposer aux hommes son principe
comme règle impérative de morale et de législation,
au lieu de se borner à leur donner des conseils tirés

de l'observation et de l'expérience, sur la meilleure
manière d'arriver au bonheur, nous paraissent avoir
mieux saisi la portée du principe. Qu'un homme, en
me montrant deux promenades, m'explique les plaisirs que peut m'offrir l'une et les inconvénients que je
rencontrerai dans l'autre, rien de mieux ; mais si tout
en m'avouant qu'il ne peut me parler que de mes
plaisirs et de mes souffrances, il prétend m'imposer
l'obligation de suivre la première, je ne le comprends
plus.

Maintenant si, au lieu de parler au genre humain
tout entier, le philosophe n'en avait dans son audi-
toire que la moitié, aurait-il quelque chose de plus
à dire ? En quoi ce fait nouveau changerait-il la
question ? en ceci seulement : en ce que, parmi les
dangers de certains plaisirs, il y aurait celui d'exciter
la colère de l'autre moitié de l'espèce humaine. La
crainte de la guerre deviendrait un élément du calcul. Il serait prudent d'examiner l'état de ses forces,
avant de se déterminer ; mais c'est tout.

Le devoir de ne pas nuire à l'autre moitié de l'espèce humaine, qu'elle qu'en soit la force ou la faiblesse, n'en resterait pas moins un principe étranger
au système de l'utilité.

Or, en serait-il autrement si, au lieu de s'adresser
à la moitié du genre humain, on ne s'adressait qu'à
la quatrième, à la sixième, à la centième partie ? Non,
sans doute. Les intérêts se compliqueraient, les conseils seraient plus difficiles à donner, la prudence
plus nécessaire ; mais le principe de l'obligation ne
sortirait pas davantage de cette nouvelle position.

Ce que le genre humain tout entier répondrait au philosophe qui voudrait lui imposer l'obligation du plus grand bien, la nation, la province, la commune, la coterie peut le lui dire également, sans insulter en aucune manière à la saine logique. S'il n'y a que des sensations, des jouissances et des peines, pourquoi ne suivrais-je pas mon plaisir ? Si je me trompe, c'est mon affaire ; si je m'expose à des dangers, à des pertes, à des vengeances, c'est encore mon affaire. J'aurais mieux soigné mes intérêts en faisant autrement, mais je n'en avais pas le devoir.

Si ce langage est rationnel pour une nation, pour une province, pour une commune, pourquoi ne le serait-il pas dans la bouche d'un seul individu ? Un seul individu est à une commune ce qu'une nation est à l'espèce humaine.

On décompose ainsi l'utilité générale en un nombre plus ou moins grand d'utilités individuelles. Il faut même convenir que c'est là la manière la plus naturelle de considérer l'utilité générale, lorsqu'on veut se rendre un compte exact des idées renfermées dans cette expression. Mais alors, on retombe dans le système de l'intérêt individuel ; le langage peut en paraître plus honnête ; le fond du système est le même.

Toute la différence consiste en ce qu'il fixe ses regards sur les intérêts d'une masse plus ou moins grande d'individualités plutôt que de s'arrêter à une seule. Il se fonde ainsi sur une abstraction, sur une généralisation arbitraire ; car les intérêts de plusieurs individus ne sont pas plus identiques que toutes les

feuilles d'un arbre ne sont parfaitement égales l'une
à l'autre. En quoi il s'écarte de la vérité plus encore
que le système de l'intérêt individuel. L'un, dans sa
sphère, est complétement vrai, il suit chaque individualité; il prend les faits tels qu'ils sont. L'autre
n'en saisit que les qualités saillantes et communes;
il s'élève ainsi à une notion générale qui n'est qu'une
méthode.

L'un dit tout franchement : s'il était utile à un individu d'en tuer un autre, pourquoi le respecterait-
il ? Et il dit vrai, une fois le principe admis, une fois
l'idée du juste supprimée. L'autre a honte de ce langage ; il refuse de s'arrêter à un individu ; c'est une
masse qu'il lui faut. Le droit de mettre à mort existe;
mais ce droit il l'appelle honnêtement droit de punir,
un privilége, un droit de la société, parce que la
société est utile à tous, ou certainement au plus grand
nombre, et qu'elle ne pourrait point exister sans
loi pénale. Voyez cet individu conduit à l'échafaud ;
sa mort est utile à un si grand nombre d'hommes!

La force du principe est donc placée dans le nombre ; c'est du nombre que le droit tire sa naissance.

Mais que fait le nombre à la question? Quelle est
cette puissance magique du nombre qu'on invoque
pour légitimer un droit? Comment le nombre peut-il
donner à ceux qui punissent cette supériorité non
matérielle, non de force, mais morale, de droit, que
nous avons établie comme un des principes fondamentaux de la pénalité? La réunion de dix mille in-
capacités produira-t-elle une capacité morale? On
punit un individu pour l'avantage d'un million

d'hommes. Le ferait-on pour mille, pour cent, pour dix, pour un? Et si on ne le faisait pas pour un, comment aurait-on le droit de le faire pour un million? Les nombres ne sont que des formules ; c'est une manière abrégée de répéter dix, cent, mille fois le nombre un. Ce qu'un homme ne peut pas faire, pourquoi cent mille hommes le pourraient-ils, également pour l'intérêt particulier de chacun d'eux? Ce n'est pas le nombre qui constitue l'importance morale de l'homme. Singulier principe qui rendrait une punition très-juste à la Chine, médiocrement juste en Angleterre, presque injuste à Saint-Marin !

S'il était prouvé que seize millions de Français se trouvant fort bien d'un état social donné, ne peuvent le conserver qu'en égorgeant les autres quatorze millions, ils auront donc le droit de les égorger? Si on recule devant cette conséquence, tout l'édifice s'écroule. Pourquoi aurait-on le droit d'immoler à l'avantage du plus grand nombre un millier d'individus par an, et non quatorze millions d'un seul coup? Mais aussi, faut-il accorder que des seize millions restants, neuf pourront en égorger huit ; cinq auront ensuite le droit d'en mettre à mort trois ; jusqu'à ce que deux seuls individus restant en présence, l'un assommera l'autre à bon droit, si par hasard le plus fort des deux avait le goût de la solitude.

En vain se récrierait-on contre ces conséquences extrêmes et forcées. Souvent on ne dit vrai que lorsqu'on dit tout ce qu'il est possible de dire. Un principe n'est solide que lorsqu'il peut supporter toutes ses conséquences ; car il ne faut pas confondre une

limitation, une exception avec une conséquence,
extrême si l'on veut, mais cependant directe, nécessaire, et telle qu'en la refusant on renonce au principe. Un principe peut admettre des limitations ; il
ne rejette point des conséquences nécessaires et directes.

D'après le système de l'utilité générale, comme
dans celui de l'intérêt individuel, il ne faut plus regarder l'homme d'en haut. Il ne faut pas croire qu'il
n'est pas dans ce monde pour servir aux fins matérielles d'autres hommes, ni pour être employé contre
son gré comme un simple moyen. Car lorsque vous
punissez un homme uniquement pour le plaisir des
autres hommes et pour inspirer de la crainte à leur
profit, le condamné n'est plus qu'un moyen matériel
employé pour faire peur. Sa tête, qui tombe sur l'é-
chafaud, est destinée à produire le même effet que
la gazette qui raconte son supplice.

S'il n'y a que l'utilité à considérer, quelle différence y a-t-il entre le malfaiteur qu'on exécute, et
le soldat qui tombe au champ d'honneur ? Ils péris-
sent tous les deux exactement par le même principe :
ce sont deux arbres que vous n'abattez que pour for-
tifier l'enceinte de votre demeure.

Aussi, dans ce système, comme dans celui de l'intérêt personnel, la nature de l'action à punir n'entre
point comme élément essentiel dans le droit qu'on
exerce en infligeant un mal ; ce n'est pas sur l'objet
de la punition que l'attention se fixe avant tout. Le
mal est infligé, parce qu'il convient de l'infliger ;
tout caractère de justice disparaît. On peut, à la vé-

rité, trouver convenable de ne punir que ceux qui ont
commis un de ces actes que nous appelons immoraux ; mais la convenance est chose variable, et entièrement dépendante des circonstances. Si, aujour-
d'hui, on juge convenable de punir ceux qui, dans
notre langage, ont mérité la punition, il peut paraître
convenable, demain, de punir ceux qui auraient mérité une récompense. Si cela arrive, on pourra peut-
être avoir commis une erreur, mais on n'aura point
commis une injustice. Dès qu'il n'agit qu'en vue de
son utilité, dès qu'il n'a d'autre soin que celui de
faire ce qui lui convient, le corps social, comme l'individu, peut bien se tromper, mais il ne saurait être
coupable.

Dans le système de l'intérêt individuel, chaque individu est placé sur la même ligne ; c'est une guerre
d'égal à égal, le plus faible succombe. Dans le système de l'utilité générale, l'individu n'est rien. Si le
droit de lui infliger un mal est un droit propre au
plus grand nombre, pour l'utilité, pour le bonheur,
pour le plaisir de ce plus grand nombre, l'individu
n'est plus qu'un instrument qu'on emploie, qu'on
mutile, qu'on brise à volonté, sans qu'il y ait de sa
part ni le droit de résister, ni même celui de se
plaindre. De quoi se plaindrait-il, en effet? d'être
puni sans avoir fait de *mal*? Ce n'est pas là la question ; la seule question est de savoir si sa punition convient ou ne convient pas au plus grand
nombre. Du défaut d'intérêt à le punir? Est-ce à lui
d'en juger? Comment en jugerait-il? d'après quelle
règle ?

C'est par le système de l'utilité générale que certaines formes de gouvernement, entre autres certaines méthodes de procédure, qui n'ont pas encore cessé de déshonorer l'humanité, peuvent être justifiées. Le gouvernement, comme représentant le plus grand nombre, s'empare d'un homme, et le plonge dans un cachot. Deux, trois, quatre, six mois se passent ; que fait le prisonnier ? Personne ne le sait. Il demande de pouvoir communiquer avec un ami ; non : de se faire aider d'un conseil ; non : d'avoir un défenseur ; non encore. Singulières prétentions en effet ! car de quoi s'agit-il ? De savoir s'il convient, oui ou non, de le faire pendre ou de l'envoyer mourir à la peine dans une galère. Pour cela, on le livre à des commissaires qui, à huis clos, dans le plus profond secret, selon leur bon plaisir, à leur aise, le tournent, le retournent, l'analysent, jusqu'à ce qu'un beau jour il apprend qu'il est condamné ou mis en liberté. En liberté ! Mais il y a dans ce monde des hommes pour qui la vie n'est pas tout ; ils tiennent à l'honneur. Ainsi, une fois en liberté, l'individu s'avise de demander les motifs de la poursuite ; il réclame un jugement qui, publié, imprimé, puisse effacer la tache que sa détention peut avoir laissée sur sa réputation : enfin, en désespoir de cause, il s'en va publier sa défense pour le public. Extravagances que tout cela ! On ne publie rien, on n'imprime point, on ne se justifie pas. On est sorti sain et sauf de la griffe du lion ; c'est bien assez : qu'on s'en réjouisse, mais qu'on se taise. Quel droit reste à l'individu, une fois qu'il a été détaché du plus grand nombre et réduit à son individualité pour l'utilité générale ? Aucun, si ce n'est celui de rentrer au plus vite, et sans bruit, dans le plus grand nombre, et d'attendre qu'un autre individu en soit détaché pour jouer le rôle de victime.

Tel est le système de l'utilité générale, lorsqu'on le met à nu et qu'on le dépouille de tous ces grands mots de bien public, de salut de l'État, de sûreté du peuple, qui déguisent toutes les oppressions et légitiment toutes les tyrannies.

Est-ce là de la justice ? Ce n'est pas aux écoles, ce n'est pas aux livres, ce n'est pas aux systèmes que nous le demandons ; c'est à la conscience du genre humain, à cette conscience qui, par son irrésistible voix, a couvert d'opprobre les comités de sûreté publique, les cours spéciales, les commissions extraordinaires, les tribunaux révolutionnaires. Cependant qu'ont fait les auteurs de ces institutions ? Une erreur de calcul, comme le boucher qui se ruinerait en tuant vingt fois plus de bestiaux que le marché n'en exige.

Ces observations donnent, ce nous semble, le résultat suivant :

Si, en posant le principe de l'utilité générale, on entend seulement indiquer que les gouvernements ne doivent pas exercer leur pouvoir dans l'intérêt exclusif des gouvernants, on énonce une maxime incontestable et qui ne pourrait être contestée que par l'école de l'intérêt individuel ;

Si l'on veut dire que le pouvoir social doit prendre pour guide l'intérêt général, on dit encore vrai, pourvu que, par intérêt général, on entende, avant

tout, l'ordre et la justice, et, en second lieu, le bien-
être ;

Si l'on dit que le pouvoir ne doit prêter force au
droit , et ajouter la sanction légale à la sanction
naturelle, que lorsque son intervention tourne au
profit de l'ordre social ; qu'en conséquence il doit,
avant d'agir, peser les avantages et les inconvénients
de son action, on énonce également une vérité que
personne ne songe à révoquer en doute, si ce n'est
peut-être quelque prosélyte de l'école théocratique.

Mais si, par utilité générale, on entend l'utilité
matérielle, la somme des plaisirs ;

Si l'on dit qu'une nation, que l'espèce humaine a
le droit et le devoir de tout faire pour se procurer
son bien-être ;

Qu'elle peut sacrifier à ce but, je ne dis pas la
minorité, je ne dis pas un individu, mais le moindre
droit d'un individu ; si on ajoute que le pouvoir social a l'obligation d'assurer, dans ce sens, le plus
grand bien du plus grand nombre ; enfin, si on prétend imposer cette règle comme règle impérative,
obligatoire, soit aux gouvernements, soit aux nations,
on retombe évidemment dans le système de l'intérêt
personnel, dans le système qui renie le devoir et abjure toute justice ; seulement, on est moins conséquent et moins clair; on ne blesse pas les consciences
seules, on porte atteinte à la logique.

CHAPITRE VII.

RÉSUMÉ.

Loin de nous l'idée que les conséquences extrêmes du principe de l'intérêt se soient présentées à l'esprit de tous ses défenseurs. Plusieurs de leurs écrits se distinguent par des résultats et des applications pratiques qu'aucun ami de la liberté et de la justice ne saurait désavouer. Mais le talent très-rare de manier avec bonheur une arme illicite et dangereuse ne diminue point l'injustice et les périls de ces essais.

Il s'agit ici de remonter à un principe justificatif du mal que la société fait subir à des êtres libres, sensibles et moraux. Or, l'utilité seule, considérée isolément, par sa nature, ne légitime rien ; car, dans des circonstances données, elle pourrait tout légitimer ; le mal infligé au méchant, comme le mal infligé à l'innocent, le mal infligé avec mesure, comme le mal infligé avec excès et à la légère. Dans le système de l'utilité on fait abstraction de l'être qui souffre, toutes les fois qu'une raison d'utilité ne force pas à fixer l'attention sur lui.

L'utilité n'est pas un principe suprême, générateur
primitif de nos droits et de nos devoirs ; elle est un
motif ; elle peut et doit être pour la société une mesure, dans l'exercice de pouvoirs dérivant d'une source
plus élevée.

C'est de la confusion de ces idées que naissent les
erreurs, soit de ceux qui l'admettent comme principe
unique de justification de toutes les actions humaines,
soit de ceux qui la rejettent du système législatif,
même comme motif et comme mesure.

Les seconds errent au hasard dans le domaine immense de la morale, sans savoir où placer au juste
les bornes du champ restreint de la législation : ils
peuvent arriver sans inconséquence jusqu'à l'inquisition théocratique. Les premiers, n'ayant pour guide
qu'un conseiller aussi trompeur et aussi inconstant
que l'intérêt, sont toujours exposés à franchir dans
leurs actes toutes les bornes de la morale : ils peuvent
ne s'arrêter qu'à la *Chambre étoilée*. Lord Strafford
écrivait au juge Hutton au sujet du *ship-money :*
« *Salus populi suprema lex esto ;* et en cas de nécessité, même en dépit des actes du parlement, etc. »

L'utilité est chose de fait, et non de droit ; elle
est chose commune à l'homme qui a des droits et
des devoirs, et à la brute qui n'en a point ; à l'homme
juste qui a conservé ses droits, et au méchant qui
les a altérés en violant ses devoirs : elle est chose de
fait, et, comme telle, variable au gré des circonstances, d'après les temps et les lieux. Est-ce là un
principe ?

Le bien-être, le plaisir, ne sont pas défendus à

l'homme. Dans les bornes de la morale, ils sont son droit, même son devoir. Car le bien-être est un moyen indirect d'atteindre à un plus haut degré de développement moral. Lorsque la poursuite du bien-être est légitime, les actes de celui qui veut nous l'interdire sont injustes et punissables en eux-mêmes. La punition tournera probablement à l'avantage, soit de l'offensé, soit de ceux qui pourraient craindre d'être comme lui troublés dans l'exercice légitime de leurs facultés. Mais la peine n'est pas due, parce qu'elle leur fait plaisir, parce qu'elle tourne à leur profit; mais avant tout, parce que l'auteur du fait imputable l'a méritée en foulant aux pieds un devoir. Ceux qui auraient peut-être profité des effets de la punition pourront, s'ils en ont le pouvoir, remettre, uniquement en vue de leur intérêt, la peine à celui qui l'a méritée. Est-ce à dire que la proposition contraire soit également vraie? Qu'ils pourront, uniquement en vue de leur intérêt, infliger à autrui un degré quelconque de souffrance, par cela seul qu'on l'appellera du nom de peine, d'acte de la justice sociale? Pour juger un pareil système, il suffit que, dans des circonstances quelconques, dans une hypothèse donnée, il puisse justifier le mal, sanctionner l'usurpation du bien d'autrui, légitimer l'assassinat enveloppé de formes juridiques. Il est, en lui-même, compatible avec le mal; il n'est donc pas le principe moral, générateur de la justice humaine. Que dis-je, compatible avec le mal? Comment parler de justice? Dans ce système, il n'y a ni bien ni mal, et la justice n'est qu'un expédient.

Cet expédient, dira-t-on, est nécessaire à la con-

servation de la société. Sans doute la société ne peut
se passer de pénalité : mais qui dit pénalité ne dit pas
un mal infligé uniquement parce qu'il convient de
l'infliger ; il suppose une cause morale de cet effet
matériel, du fait de la peine.

D'ailleurs, pourquoi la société a-t-elle droit à ce
moyen de protection ? D'où lui vient la mission de
faire, dans certaines bornes, une application immédiate et sensible de la justice absolue ? La question
est là. Est-ce uniquement de sa qualité d'association plus ou moins nombreuse ? Est-ce parce que les
hommes ont choisi l'état social comme un moyen
plus agréable et plus commode d'exister ?

Si tout se borne à cela, et c'est à cela que tout se
borne dans le système de l'intérêt, je nie immédiatement la légitimité du droit de punir. Il serait tout
aussi légitime que des marchands réunis pour une
entreprise fort utile, eussent le droit d'établir parmi
eux la peine du glaive. Ils ont le droit de défense,
mais le droit de punir est autre chose. Cela résulte
de l'analyse que nous avons placée en tête du premier chapitre : cela sera encore plus évident, par les
observations renfermées dans le chapitre suivant.

CHAPITRE VIII.

DU DROIT DE DÉFENSE CONSIDÉRÉ COMME SOURCE MORALE DU DROIT DE PUNIR.

Les auteurs de la théorie qui place la source du droit de punir dans le droit de défense, remontent à un principe moral, car la défense est un droit naturel. Mais ce droit est-il le même que le droit de punir? La pénalité, dans son origine morale, est-elle autre chose qu'une défense?

Ici, il est de nouveau assez facile de tomber dans une dispute de mots. En effet, la pénalité, par ses résultats, protége le corps social et les individus qui le composent. Elle prévient des attaques dont ils seraient les victimes si la pénalité n'existait pas. On peut appeler cela une défense, et disputer longtemps avant de s'entendre.

Cependant, nous l'avons déjà dit (ch. 1), en parlant de la sorte, on n'emploierait pas un langage exact, on n'aurait pas la véritable expression du sens commun. Se défendre et faire justice sont pour tout

homme deux actes bien distincts de leur nature. Il
entrevoit dans le premier plus de nécessité, dans le
second, plus de moralité.

Le sens commun ne s'est pas trompé. En effet, se
défendre et punir, sont choses essentiellement différentes. Soit qu'on les considère dans leur principe,
soit qu'on les suive dans leur action, il serait absurde
de les confondre.

Le droit naturel de la défense est le droit de repousser la force par la force; c'est le droit de repousser l'attaque actuelle ou imminente. L'image du droit
de défense individuelle, appliquée au corps social,
n'est point reproduite par la justice pénale, mais par
la guerre.

Dans l'homme comme dans le corps politique qui
se défend, il n'y a point vis-à-vis de l'agresseur cette
supériorité morale qui est exigée dans le pouvoir qui
punit, une supériorité de juge. Celui qui se défend
est partie.

Le droit de défense n'est légitime que comme réaction immédiate et indispensable. L'homme est tenu
de respecter la liberté, la vie, la propriété de l'homme.
Tant qu'un individu se renferme dans la sphère de
son droit et de son activité, il a le droit d'y développer librement son action; il a le devoir de l'y développer moralement. Ce droit et ce devoir ne sont pas
d'un individu, mais de tous.

Un d'entre eux s'élance-t-il hors de sa sphère pour
empiéter sur celle d'autrui, il y trouve la résistance
du droit et du devoir; une résistance qui commence
avec l'attaque et qui finit avec elle. L'agresseur n'est

pas puni, il est repoussé. Quelqu'un a-t-il en outre
le droit de le punir? C'est une autre question ; et si ce
droit existe, c'est un autre droit que le droit de défense; c'est un droit dont un des effets sera de prévenir des attaques semblables, mais non de repousser
les attaques actuelles.

Qu'arrive-t-il si, au lieu de mettre à mort le brigand qui veut m'arracher la vie, je parviens à le désarmer, à le saisir, ou à lui faire prendre la fuite?
Sept, huit ans s'écoulent. Voyez maintenant cet
homme sur les bancs de la justice criminelle; c'est
le brigand contre lequel je me suis défendu; si on
peut prouver le fait de son attaque contre moi, il sera
condamné.

C'est le droit de la justice qui commence, celui de
la défense est depuis longtemps épuisé. J'ai peut-
être blessé ce malheureux ; je lui ai fait beaucoup
de mal en me défendant ; on n'en tient pas compte.
Quelque rude qu'ait été la réaction de la défense, elle
ne détruit pas les droits de la justice.

De même, que l'accusé soit repentant ou d'une
perversité opiniâtre, l'état de son âme, les déterminations de sa volonté n'influent pas sur l'action de
la justice. Elle peut, si elle le juge convenable, se
montrer indulgente; elle n'a pas moins le droit d'être
sévère. L'exercice du droit de défense, au contraire,
dépend essentiellement de la volonté de l'agresseur.
Qu'il cesse son attaque, qu'il se retire : le droit de
défense est paralysé.

La justice ne serait que le droit de défense; défense
contre quoi?

Contre le mal consommé, qui est en effet l'objet essentiel de la justice pénale? Mais il n'y a plus de défense possible.

Contre le mal futur? Cela implique contradiction; la défense suppose la présence, ou du moins la menace prochaine du mal. Celui qui se défend repousse, et on ne repousse pas ce qui n'a pas d'existence.

Défense contre qui? Contre des hommes pervers autres que le délinquant? Ils n'ont rien fait; ils sont inconnus; il n'est pas sûr qu'ils existent, pas même qu'ils existeront. D'ailleurs ce n'est pas contre eux qu'on réagit, ce n'est pas sur eux que tombe le mal de la défense.

Contre le délinquant lui-même? il n'offense plus.

Contre le délinquant pour des actes futurs, possibles, soit de même nature que celui qui a déjà été consommé, soit d'une nature différente? Mais il se peut que le délinquant soit devenu impuissant à faire le mal, et cependant on le punit. D'ailleurs, qui vous dit que ses actes futurs soient à craindre? Un individu, même dans l'état extra social, qui, après avoir désarmé et saisi un brigand, l'égorgerait sous le prétexte de la défense, agirait-il moralement, légitimement? Un peuple vainqueur agit-il moralement en égorgeant tous les prisonniers de guerre? Cependant, si la défense peut s'étendre à la prévision des actes futurs et purement possibles, il y aura des circonstances où il sera légitime de massacrer les prisonniers, ou du moins de les réduire en état de servitude. On pourra peut-être aller plus loin; on pourra revenir au système d'emmener en esclavage des populations tout entières.

Si on considère le droit de punir et celui de se défendre dans leur action, les différences qui les séparent n'en paraîtront que plus frappantes. Le droit de défense, tout légitime qu'il est dans son principe, a cependant, par sa nature, quelque chose de matériel, de déréglé, je dirai presque de brutal dans son action.

Voyons d'abord contre qui réagit le droit de défense. Attaqué, menacé de près, je me défends, je suis dans mon droit; mais je me défends comme je puis, coûte que coûte, sans m'arrêter à examiner le degré de culpabilité de l'agresseur, les circonstances de l'action, la moralité de l'agent. Celui-ci n'est peut-être qu'un fou : tant pis; ma défense est toujours légitime.

Il en est de même de la société lorsqu'elle est sur le terrain de la défense; son droit est fondé; son action est brutale : voyez la guerre.

Représentons-nous une insurrection; qu'on lise la loi martiale; qu'on avertisse deux, trois fois la population révoltée : c'est très-bien. Mais enfin, si l'insurrection est menaçante, flagrante, on tire sur les insurgés, on tue pêle-mêle, sans discernement, sans mesure. Il y a peut-être dans la foule, des sourds, des enfants, des personnes contraintes, victimes par force majeure, ou attirées par une imprudente curiosité : on ne tire pas moins. La société est dans son droit, si réellement elle est dans la nécessité de se défendre.

Mais est-ce ainsi que procède, est-ce ainsi que doit procéder le droit de punir? Sont-ce là les allures de

la justice proprement dite? Peut-on admettre que
les deux droits ne soient au fond qu'un seul et même
droit?

Le droit de défense est une concession faite à l'humanité, soit à l'individu, soit au corps politique. Il
est légitime, mais il n'est point une image de la justice éternelle qui ne connaît point la défense.

Le droit de défense n'est que la réaction immédiate du droit que nous avons à l'existence et au
bien-être. C'est le droit de conservation mis en activité d'une certaine manière.

Et si l'on veut appeler du nom de défense toute
réaction de ce droit, quels qu'en soient l'objet, les
circonstances et la forme, on reconnaît qu'il réagit
également contre les objets inanimés et animés, contre les êtres moraux et les êtres sans moralité, contre
les coupables, et, en un certain sens, même contre
les innocents.

La réaction contre les innocents, celle contre les
coupables ne diffèrent qu'en ceci : dans le premier
cas, celui qu'on repousse a droit, à son tour, de résister ; le coupable ne l'a pas.

Mais, dans l'un et dans l'autre cas, la réaction
n'est légitime qu'à trois conditions, qu'il y ait nécessité inévitable de réagir, que la réaction soit la
moindre possible, qu'elle cesse immédiatement dès
que l'action a cessé.

Ce n'est que lorsque la réaction a lieu contre des
êtres autres que l'homme qu'elle peut dépasser les
bornes de la nécessité. Dans ce cas, elle ne rencontre
pas l'obstacle du droit; tandis que le droit de l'homme

agresseur reprend toute son élasticité aussitôt que la défense cesse d'être nécessaire. La défense n'est qu'un développement pratique de l'égalité naturelle qui existe entre les hommes. Par cela seul il est évident que les trois conditions du droit de défense dérivent de la nature même des choses.

Mais la condition d'une inévitable nécessité doit se vérifier dans chaque acte particulier de défense. Qu'on applique ce principe au droit de punir, et il faudra ouvrir les portes des prisons à un grand nombre de coupables. On ne pourra plus établir de règles générales de pénalité : c'est à chaque cas particulier qu'on devra examiner s'il y a nécessité indispensable d'infliger un mal, et probablement plus le crime sera grave et moins il y aura de nécessité à le réprimer.

La réaction défensive doit être la moindre possible; elle doit se proportionner strictement aux dangers matériels de l'acte à réprimer. Il faudrait en conséquence renoncer à réagir plus sévèrement contre une tentative de parricide que contre une tentative d'homicide.

Dira-t-on que la justice humaine étant nécessairement grossière, et plus occupée des qualités matérielles du fait imputé que des qualités morales de l'agent, révèle par cela même l'identité de sa nature avec celle du droit de défense? L'observation est spécieuse; mais elle ne soutient pas l'analyse.

Sans doute la justice humaine ne peut pas tout apprécier avec une parfaite équité. Cependant quelle différence entre elle et la défense proprement dite!

La justice pénale veut et doit, avant tout, essayer de reconnaître la vérité dans toutes ses parties. La défense s'occupe, avant tout (elle en a le droit), de repousser le mal présent et menaçant. La justice a le temps de bien examiner; la défense, le plus souvent, ne l'a pas. La première délibère avant d'agir, la seconde agit immédiatement.

Si la justice pénale se trompe grossièrement, elle soulève les consciences; on l'accable de reproches, elle peut exciter l'horreur; ses agents sont voués à l'exécration, tourmentés de remords. Si la défense dépasse son droit, si elle exagère sa réaction, elle excite des regrets plutôt que des reproches, la douleur plutôt que les remords; le public excuse plus qu'il n'accuse l'agent de la défense.

C'est qu'examiner, réfléchir, délibérer est dans l'essence de la justice humaine; il ne peut pas en être de même de la défense.

La distinction est capitale.

Je ne sais quelle loi porte que si un homme s'avance vers un autre le poing levé, cet acte constitue une attaque, et que l'homme ainsi attaqué est en droit de repousser cette agression par la force.

C'est la véritable image du droit de défense, légitime dans son principe, inconsidéré, par sa nature, dans son action. Qui nous dit que l'homme qui s'avance vers nous le poing levé a réellement l'intention de nous attaquer?

De là résulte une distinction essentielle qu'il importe de faire ressortir.

En effet, dans le cas de défense, si le principe de

l'action est légitimé par des apparences plausibles, que répond la conscience publique, lors même qu'il resterait des doutes sur la légitimité intrinsèque de l'action défensive? elle répond en faveur de la défense.

Mais lorsqu'il s'agit de punir, s'il y a doute, que répond la conscience? abstiens-toi.

C'est dire que lorsque la justice humaine ne pourrait agir qu'en imitant la précipitation de la défense plutôt que l'équité de la justice morale, son devoir est de demeurer inactive.

C'est en vain que le pouvoir alléguerait le besoin, l'urgence, la nécessité, tout ce que la défense invoque; il n'en a point le droit, lorsqu'il agit au nom de la justice.

Les jugements extraordinaires, prévôtaux, cachent leur vrai caractère sous le prétexte de la défense, ils n'oseraient se montrer brutalement pour ce qu'ils sont. Mais le public, dont on trompe rarement le bon sens, leur dénie le titre honorable de justice.

La défense est une nécessité, un pis aller de la nature humaine. Son caractère le plus distinctif, c'est que son action peut être légitimée par un fait purement matériel, même par de simples conjectures.

Au fond, on repousse l'attaque de l'homme, comme celle d'une brute; comme on repousse, si on le peut, un corps inanimé. La distinction tenant à l'objet, ne commence que lorsque le danger a cessé. Ce danger disparu, je puis alors briser le corps inanimé, tuer la brute; je dois m'arrêter vis-à-vis de l'être moral.

Le droit de défense, dans le moment de son action,

est donc un droit à moitié aveugle. Il n'a d'yeux que
pour le *sujet* ; il n'en a guère pour l'*objet*.

Le droit de défense et le droit de punir, considérés
en soi, sont donc essentiellement différents pour le
fond et pour la forme.

Maintenant que veulent dire ceux qui font dériver
les pouvoirs de la justice sociale du droit de défense?

Qu'en fait c'est là le droit que la société entend
exercer? Dans ce cas il faut convenir qu'elle sait bien
peu ce qu'elle fait, et qu'elle dépasse d'une étrange
manière les bornes du droit.

Que le droit de défense est le seul dont elle ait besoin pour la protection de l'ordre social? Si cela est
vrai, il est évident que le droit de punir ne lui appartient pas. Que ceux qui pensent de la sorte lui in-
timent donc de fermer les tribunaux ; mais qu'ils ne
viennent pas nous dire que c'est au moyen des tribunaux qu'elle exerce le droit de défense. Il y a contradiction dans les termes.

Enfin, veut-on dire que, quels que soient le fait
de la société et les exigences de l'ordre social, nul
autre droit ne peut appartenir au corps politique que
celui de la défense? c'est ce qu'il faudrait prouver ;
c'est ce qui n'a été prouvé nulle part ; car ce n'est
pas donner une démonstration que d'appliquer arbitrairement à la justice le nom et quelques-uns des
caractères du droit de défense.

La question si souvent agitée de la peine capitale,
a plus d'une fois nui aux saines doctrines sur le droit
de punir ; ceux qui nient la légitimité de la peine de
mort, placés dans un point de vue très-spécial, ont

subordonné, sans s'en douter peut-être, la question principale à la question secondaire. Ils ont mis en avant, sur le droit de punir, tous les principes dont ils entrevoyaient qu'on pourrait tirer un argument contre le droit d'ôter la vie à un criminel. La théorie de la défense était, il faut l'avouer, singulièrement favorable à leurs vues; car il est certain qu'il ne serait pas permis de tuer un agresseur désarmé et enchaîné, surtout lorsque c'est le pouvoir social avec tous ses geôliers, ses soldats et ses prisons, qui serait chargé de le garder.

CHAPITRE IX.

DE LA DÉFENSE INDIRECTE.

Le droit de punir n'est point le droit de défense directe; nous croyons l'avoir démontré. Si c'est là le droit que la société entend exercer en vertu de la cession que lui en auraient faite les individus, elle abuse de son pouvoir.

Les écrivains qui ont essayé d'approfondir la théorie de la défense n'ont pas tardé à reconnaître cette vérité. Cependant la doctrine du droit de défense comme source du droit de punir n'a pas été abandonnée. On la retrouve dans toutes les théories pénales où l'on pose en principe que le droit de punir est exercé uniquement en vue de l'avenir, que la peine n'est qu'un moyen politique. La société, dit-on, a le droit d'opposer une digue à l'action du crime, d'empêcher le désordre dont elle est toujours menacée; c'est un droit de défense; mais c'est la défense sociale, un droit propre au corps politique, un droit autre que la défense individuelle et directe. Il n'a de commun avec elle que le droit de repousser le mal. Ils partent

du même principe, mais ils se séparent immédiatement quant à l'étendue et au mode légitime de leur
action.

Or, c'est par la loi pénale que la société se défend.
C'est là le principe et la justification du droit de
punir.

Tel est au fond le raisonnement sur lequel toutes
ces théories sont fondées. Il se retrouve explicitement
dans les unes, implicitement dans les autres. Dans
les unes, on parle de défense indirecte, sociale, collective ; dans les autres, de prévention générale du
crime, de menace, d'intimidation, de contrainte morale. Mais si leurs formes sont diverses, le principe
est le même ; aussi croyons-nous pouvoir les réunir
sous un seul et même chef.

Dans ces théories on admet, il est vrai, que l'exercice légitime de ce droit de défense suppose l'existence d'un délit moral. En cela, elles se séparent,
jusqu'à un certain point, de la doctrine de l'intérêt.
Le principe de l'intérêt légitime l'arbitraire dans
toutes les parties constitutives de la justice sociale.
Les théories dont nous parlons le restreignent à un
seul des éléments de la justice humaine, la peine.

Seulement, elles n'exigent le fait du délit moral
que comme occasion de punir, non comme cause et
sujet direct de la peine infligée. Pour elles, prévenir
les délits futurs n'est pas seulement un effet de la
peine légale ; c'est à la fois son but final, et son principe unique, exclusif de justification.

Il faut d'abord remercier les auteurs de ces théories, de ce qu'ils veulent bien exiger la condition de

la culpabilité morale du patient. C'est pure bonté
d'âme, ou bien un conseil de politique ; car cette
condition ne résulte pas des théories elles-mêmes ; il
faut pour l'établir invoquer d'autres principes. S'il
ne s'agit que de montrer au public ce qu'on est capable de faire, s'il ne s'agit que de se défendre contre
les futurs coupables en leur montrant qu'on pourra
leur faire trancher la tête, il n'est pas strictement
nécessaire de bien constater la culpabilité du patient
actuel. Si les hommes malintentionnés se persuadent
qu'on pourra les mettre à mort, quand même leurs
crimes ne seraient pas pleinement prouvés, ils n'en
seront probablement que plus sages. La défense indirecte sera plus efficace, l'intimidation plus énergique.

Or, qu'est une théorie où, pour établir la condition du délit moral, il faut recourir à d'autres principes qu'à ceux de la théorie elle-même ?

Est-ce de justice qu'on parle, lorsqu'on affirme
que, dans le délinquant actuel, on punit les délinquants futurs ? Tel est cependant le système de la défense indirecte, puisqu'il y a contradiction à parler
de défense relativement à un acte consommé et à un
homme qu'on a saisi et désarmé. En effet, c'est à
une pareille conclusion qu'est arrivé explicitement
un écrivain, remarquable par la force et la justesse
de ses déductions. En adoptant le principe de la défense indirecte, il en a vu toutes les conséquences et
il n'a reculé devant aucune. La défense suppose un
offenseur. Le prisonnier n'offense plus. Où est donc
l'offenseur ? L'offenseur, dit-il, ce sont tous les délinquants futurs. L'existence de ces délinquants est

moralement certaine, si on ôte à la société le droit
de punir. Il y a donc danger certain. Or, un danger
certain équivaut à une tentative actuelle, dans ce
sens que l'un et l'autre légitime la défense. — La logique est peut-être satisfaite, mais la raison?

La raison consent-elle qu'on inflige un mal présent et positif, uniquement en vue d'un danger probable?

Consent-elle qu'on inflige ce mal certain, uniquement pour se procurer un moyen de sûreté future et
d'une réussite incertaine?

C'est à un homme qu'on inflige ce mal, et cependant ce n'est pas le fait qu'il a commis qu'on veut
punir; on ne s'en soucie guère; ce n'est qu'à l'avenir
qu'on songe; ce n'est que sur d'autres hommes inconnus, non assignables, qu'on prétend fixer les regards. Que devient la moralité de la peine? Qu'est
l'homme qu'on punit? Un moyen.

La famine désole un pays, le mécontentement est
général; la misère est une mauvaise conseillère : on
craint des soulèvements, le pillage, des crimes graves. Quel bonheur, s'il y avait dans les prisons cinq
ou six prévenus qu'on pût vite juger, condamner,
exécuter ! Ces exemples défendraient la société contre
un grand nombre d'attaques futures.

Ce n'est pas, dira-t-on, dans le jugement ni dans
son exécution qu'est placé le principe de la défense,
de la contrainte morale; c'est uniquement dans la
loi, dans la menace de la peine. C'est par elle seulement qu'on se propose d'agir sur l'esprit des hommes
et de produire sur eux une impression *psychologique*.

L'homme se détermine toujours par un motif; ce
motif n'est que l'attrait du plaisir. On oppose à ce
motif un motif contraire et prépondérant, la crainte
de la peine. L'homme se trouve ainsi entre deux
impulsions. Faire en sorte que la menace de la peine
soit l'impulsion la plus forte, c'est là tout le jeu de
la justice sociale. Qui pourrait lui contester le droit
d'opposer motif à motif, dans le but de maintenir
l'ordre public? Il est vrai que si le législateur s'est
trompé, s'il n'a pas opposé à l'attrait du plaisir une
menace assez sévère, et qu'un délit s'ensuive, l'auteur du délit sera jugé et condamné. Mais le jugement et l'exécution ne sont que les conséquences légitimes de la menace, rendue active par le fait du
délit. — La distinction est spécieuse; elle ne nous
paraît pas solide.

En essayant de séparer à ce point la loi des jugements, on introduit dans la doctrine pénale une abstraction qui dénature complétement la vérité. La
justice pénale se compose de la loi et du jugement;
de la loi, qui considère un fait général et y applique
une sanction; du jugement, qui constate un fait particulier et y applique la sanction proposée. Les jugements ne sont, il est vrai, que la conséquence de la
loi. Mais ils en sont une conséquence prévue et vou-
lue, une conséquence si intime et si nécessaire que, si
les applications de la loi, le cas échéant, n'avaient pas
lieu, la loi perdrait toute sa force, et la justice pénale
ne serait pas. Veut-on se borner à justifier la loi pénale, l'avertissement, la menace? Qu'on renonce donc
aux jugements et à leur exécution, qu'on essaye de

faire de la justice pénale uniquement par des phrases.

Si c'est là une pure chimère, il est donc vrai que le principe justificatif de la justice sociale doit comprendre également la loi et les jugements. C'est un singulier raisonnement que celui qui consiste à dire : Je fais une menace et je la fais légitimement, car elle est utile à la société, et qu'une menace ne fait de mal à personne ; j'inflige ensuite la peine : pourquoi ? Parce que j'ai fait la menace et qu'on n'en a pas tenu compte. Mais cette menace, pourquoi la faites-vous ? — Uniquement en vue de l'avenir. — Mais cette vue de l'avenir, entendez-vous la concilier cependant avec la justice, ou entendez-vous ne vous diriger que sur cette vue conjecturale de l'avenir ? Dans le premier cas, ce n'est donc pas uniquement en vue de l'avenir que vous agissez ; dans le second, vous agissez en perdant de vue la justice, ou du moins en concentrant toute votre attention sur autre chose que la justice. Et néanmoins vous osez, le cas échéant, infliger une punition !

Les objections au système de la défense indirecte demeurent donc dans toute leur force ; l'accusé n'est qu'un épouvantail entre les mains du pouvoir dont celui-ci se servira, selon le degré de crainte qu'il aura pour l'avenir.

Or, dès que ce principe domine la justice sociale, pourquoi ne serait-il pas le guide, non-seulement du législateur, mais du juge ? Le premier ne considérant que les exigences politiques dans la rédaction des lois, le second en fera de même dans le prononcé des jugements, dans l'application de la loi aux cas particu-

liers. Il sera tout naturellement entraîné à essayer
tous les moyens de renforcer par les applications
l'efficacité préventive de la loi.

La nature même de l'acte à punir ne l'occupera
que d'une manière secondaire ; son attention se por-
tera principalement sur les causes impulsives qui ont
déterminé l'agent, sur l'état de la société ; et si la loi
lui laisse une latitude pour l'application de la peine,
il sera toujours enclin à frapper fort, pour que le
bruit du jugement retentisse au loin et longtemps.
Cet abus de la justice n'est malheureusement que
trop fréquent, sans qu'on vienne encore essayer de
le légitimer par de spécieuses théories. On n'entend
que trop souvent des magistrats se permettre d'exalter
l'imagination des juges et des jurés par d'alarmantes
descriptions de l'état de la société, et s'écrier qu'il
n'y a point de salut, si on ne s'empresse d'arrêter
par de terribles exemples la violence des malfaiteurs;
langage qui fait frémir quand on pense qu'il tend à
enlever à la justice humaine ce calme, cette impartialité, cette pureté qui seules la légitiment, et à faire
considérer l'homme qui est à la barre comme une
victime nécessaire pour la terreur publique. C'est
vouloir déterminer le juge à sacrifier au hasard une
victime à l'avenir. C'est transformer la justice pénale
en une mesure d'administration. Le juge doit connaître ce qui a été ; ce qui sera n'est pas de son
domaine.

Le législateur, s'il a été conséquent, aura déjà
donné au juge l'exemple d'une excessive sévérité.
Car toutes ces théories conduisent à l'exagération

des peines, comme le système de l'intérêt. Voici un aveu aussi franc que logique d'un expositeur de ce système, appliqué à la législation pénale. « Comme on ne peut, à la vérité, saisir l'exacte mesure de la quantité de peine qui pourra surpasser une quantité supposée de plaisir, il est quelquefois nécessaire de risquer d'aller un peu au delà du but, pour être sûr de ne pas le manquer. En cas d'actes dont le mal est très-grand, de crimes de l'ordre le plus élevé, en un mot, il peut être utile de risquer un degré considérable d'excès, pour être sûr d'atteindre le vrai point d'efficacité. »

Telles ne sont pas, nous le reconnaissons, les conséquences auxquelles les défenseurs du système de la défense indirecte veulent arriver.

Ils repoussent le reproche de l'exagération des peines ; mais, pour échapper à ce reproche, ils sont obligés de recourir de nouveau aux principes fondamentaux de la justice morale et aux enseignements de la politique qui, éclairée par l'expérience, a compris que les peines exagérées sont nuisibles à l'État. Cette nécessité de recourir à des principes qui leur sont étrangers, condamne ces théories. Singulier système que celui qui ne peut se suffire à lui-même, et qui est forcé d'invoquer d'autres principes pour repousser ses propres conséquences !

En général, toutes les théories, quelle que soit leur dénomination, qui envisagent la menace ou l'application de la peine, isolément, en elle-même, et qui lui assignent un but propre, spécial, exclusivement placé dans l'avenir, partent, ce nous semble,

d'un principe aussi faux que dangereux. Le passé
n'est plus qu'une occasion, le présent qu'un moyen
d'agir, et si l'on agit rationnellement, l'énergie de
l'action, la force du moyen, seront proportionnées
uniquement à l'importance du but qu'on veut atteindre.

Nous sommes loin de vouloir nier qu'un des effets
salutaires de la peine, ne soit de prévenir des actes
semblables à ceux dont elle frappe les auteurs. Nous
reconnaissons au législateur le droit d'avoir en vue
cet effet dans les bornes de la justice. Mais si cet
effet naturel de la punition est pris comme *but* principal et direct de la sanction pénale, comme seul
principe constitutif et dirigeant du droit de punir,
toute notion de justice disparaît.

Il a déjà été observé qu'un pareil système donne à
la justice sociale un but qu'elle ne saurait atteindre;
l'expérience et la fréquence des jugements criminels
ne le prouvent que trop. Dira-t-on que la même objection existe contre tout autre système? Nous ne le
pensons pas, nous croyons que la justice pénale atteint complétement son véritable but. C'est ce que
nous essayons de montrer en traitant du but de la
justice sociale.

Ce système tend non-seulement à légitimer l'exagération des peines, mais à ôter tout moyen de reconnaître cette exagération, car, s'il ne se commet
presque plus d'actes semblables, on doit en conclure
que la peine est bien choisie : s'il s'en commet encore, on doit en conclure qu'elle est insuffisante,
que l'impression produite est trop faible.

Par chaque jugement criminel, le législateur est accusé d'impéritie et d'injustice. S'il pense en avoir le moyen, pourquoi n'a-t-il pas empêché le crime par une contrainte morale proportionnée au besoin ? Il punit donc dans les autres sa propre incapacité. Dira-t-il que la menace d'une peine, quelque grave qu'elle soit, ne pourrait jamais prévenir tous les crimes ? Il dira vrai ; mais il condamnera par cette justification son propre système. Dira-t-il que la punition du délit qu'on n'a pas prévenu, est cependant juste, parce qu'elle tombe sur l'auteur d'un acte illicite? Il dira encore vrai, mais en abandonnant de nouveau son système pour invoquer le secours de principes autres que les siens.

Ce n'est en effet qu'un rêve que ce prétendu jeu *psychologique*, cette lutte à qui sera le plus fort, entre les attraits du crime et les terreurs de la peine, entre le plaisir immédiat et la douleur en perspective.

D'abord cette théorie suppose dans tous les citoyens une connaissance détaillée de chaque article de la loi. Or, cette hypothèse est fondée sur une présomption légale qui est et sera toujours trop éloignée de la vérité. La promulgation des lois est nécessaire, mais elle l'est surtout comme garantie.

Elle suppose, en second lieu, que tous les crimes sont le résultat d'une mûre délibération, d'un froid calcul : autre hypothèse gratuite et démentie par les faits.

Elle suppose, en troisième lieu, que les auteurs d'un crime sont toujours mus par l'impression du

plaisir qu'ils en attendent. Cela est vrai en général ;
il serait cependant difficile de justifier dans ce système la punition des actes commis par imprudence
et par négligence.

Il y a plus : si l'on veut pénétrer au fond de la
théorie, on y trouvera la négation d'un fait de conscience, du fait de la liberté humaine. En effet, ceux
qui ont voulu se rendre un compte exact de leurs
idées n'ont pas hésité à reconnaître cette conséquence
de leur système. Ils soutiennent du moins que, lors
même que ce fait de conscience serait réel, le loi pénale ne doit pas le prendre en considération. L'observation est juste. La liberté humaine étant admise,
elle dérangerait le système. Car il faudrait admettre
que la machine pénale pourrait être arrêtée par une
force étrangère, et ne pas produire les effets qu'on
s'en promet.

Il est plus commode et plus simple de ne voir dans
l'homme qu'un être susceptible de sensations, et qui
se détermine nécessairement par la force relative du
plaisir ou de la peine. C'est un animal placé constamment entre l'attrait du plaisir et la peur d'un
coup de bâton. La loi pénale est légitime, parce que,
profitant de la sensibilité humaine, elle ne fait que
paralyser par la peur du châtiment les impulsions du
plaisir qui seraient nuisibles à la société.

On retombe ainsi dans les erreurs du matérialisme.
On détruit le principe de l'imputabilité morale des
actions humaines. Pour justifier la loi, on fait de
chaque jugement un acte purement matériel, sans
ombre de moralité.

La loi n'est qu'un poids jeté dans la balance de la sensation. La volonté de l'homme penchera nécessairement du côté où le poids sera le plus fort.

Les conséquences de cette doctrine sautent aux yeux. On peut s'étonner qu'avec un pareil système, on parle à la fois de l'efficacité de la sanction pénale et de la justice des punitions. Car on punit un acte nécessaire.

Tous ceux qui ont soumis les faits criminels à une observation attentive, n'ignorent pas qu'un certain nombre de crimes, surtout des plus atroces et des plus effrayants, sont, au moment de leur explosion, l'effet d'une véritable monomanie. Ils sont le résultat d'une de ces idées funestes et bizarres qui peut tout à coup traverser l'esprit de toute personne. L'homme moral et ferme la repousse avec horreur ; elle n'est pour lui qu'une pensée momentanée et fugitive ; elle ne lui laisse que l'étonnement de l'avoir vue passer rapidement devant lui. L'homme faible et immoral ne la repousse pas, sans avoir auparavant jeté sur elle un regard furtif. Elle revient : il la regarde en face plus longtemps ; bientôt il ne la repousse plus que par crainte ; plus tard, il la caresse ; enfin elle le maîtrise. C'est alors que commence cette fièvre du crime, cette poursuite ardente, précipitée, irréfléchie, qui étonne, qui effraie, qui confond la raison humaine. Le crime est commis ; le coupable est arrêté ; son défenseur dit que cet infortuné n'est qu'un fou. Il l'était en effet. Il se trouvait livré au crime comme un esclave enchaîné à une bête féroce. Mais cet étouffement partiel de la raison de l'homme lui est impu-

table, parce qu'il est le résultat de sa vie entière,
d'une vie toute de liberté et de responsabilité morale.
Nous n'avons donc pas été scandalisé ni surpris de
voir la justice humaine frapper de son glaive des
parricides et des assassins évidemment monomanes.
Leur punition ne nous a pas seulement semblé utile,
elle nous a paru encore plus juste qu'utile. Considérée sous le rapport politique, elle a pour objet
plutôt de donner satisfaction à la conscience publique
et de prévenir le crime en général, que de prévenir
les actes du même genre.

Mais les faits de monomanie nous paraissent encore
plus embarrassants pour le système que nous venons
d'examiner. Comment punir un homme qui a cédé
à des impulsions que la loi pénale n'a aucun moyen
de contre-balancer? De quoi veut-on le punir? de ce
qu'il n'a pas résisté aux premières apparitions sédui-
santes de la pensée criminelle? Mais, s'il n'y à pas
chez lui liberté, et si la loi n'a rien opposé à ces
premières impressions, encore une fois, pourquoi
le punir?

Avant d'en finir avec le système de la contrainte
morale, signalons quelques-unes des conséquences
qui en découlent.

Si un délit, peu grave en lui-même, est cependant
de nature à offrir, par le plaisir qu'il promet, un attrait séduisant à un grand nombre de personnes, la
sanction pénale sera exorbitante, les jugements très-
sévères. Chez un peuple vif, spirituel, un peu malin,
la chanson injurieuse, le libelle, seront punis de
peines excessives. On pourra par cette théorie justi-

fier les lois qui ont appliqué à ces délits la peine des galères, et jusqu'à la peine capitale.

La culpabilité devrait se mesurer d'après ce système, principalement par la somme des plaisirs que le coupable aura su tirer de son crime. Qu'un mendiant, par un vol adroit, ait acquis une brillante fortune, et joui pendant plusieurs années de tous les plaisirs que peut offrir la richesse, il faudra lui appliquer pour le moins la peine des parricides. Y a-t-il, en effet, un exemple plus dangereux, une séduction plus forte pour la classe si nombreuse des hommes maltraités de la fortune ! Il faudra donc opposer à la plus forte des séductions, la plus puissante des impressions pénales.

D'où il résulte en même temps que ce n'est pas au moyen des lois, mais essentiellement par les jugements, qu'on pourra atteindre le but qu'on se propose. Si un crime qui vient d'être commis est propre, par ses circonstances, à produire sur le public une impression dangereuse plus forte que celle prévue par le législateur, il faut nécessairement augmenter l'énergie de l'impression salutaire, c'est-à-dire de la peine ; autrement la punition serait un mal en pure perte.

Ainsi, d'un côté, l'on soutient que la promulgation des lois pénales est une des bases essentielles du système ; de l'autre, il paraît manifeste qu'afin que l'application du principe fût efficace, il faudrait en déterminer l'action selon la contingence des cas individuels.

Cependant une des gloires du système est de re-

pousser toute idée d'expiation, toute ressemblance
de la justice humaine avec la justice morale, qui précisément ne suit et ne connaît que les faits individuels.

Il y a longtemps qu'on a lancé l'anathème philosophique, souvent accompagné de sarcasmes, contre
ceux qui osaient encore prononcer le mot d'expiation.
Toutefois étaient-ils si coupables ou si ridicules?

D'abord ceux qui rejettent d'une manière absolue
toute idée d'expiation, devraient, pour être conséquents, bannir de leurs écrits l'expression de justice,
car il n'y a et il ne peut y avoir qu'une justice. On
peut la nier; on ne saurait en reconnaître deux, dont
l'une serait juste, et l'autre nécessairement injuste.
Or, la justice, dans sa partie pénale, n'est que le mal
rétribué pour le mal, avec moralité et mesure; en
un mot, l'expiation. Donc partout où l'idée d'expiation n'entre pour rien, il ne peut être question de
justice. L'emploi de ce mot n'est permis qu'à ceux
qui regardent la justice sociale comme une émanation et un accomplissement partiel, sous certaines
conditions, de la justice morale. La vérité et la méthode exigent également qu'on mette les mots d'accord avec les idées. Au lieu de nous parler de justice
pénale, on devrait nous parler de *psychologie politique.*

Il restera, en second lieu, à expliquer comment
il se peut que l'expiation n'étant que la rétribution
du mal pour le mal, cette idée soit étrangère à un
système, quel que soit son nom, qui de même rétribue le mal pour le mal. Aurait-on par hasard découvert le secret de rendre le criminel insensible et

le public sensible aux souffrances pénales infligées par la loi?

Nous n'entrevoyons qu'une seule réponse à cette difficulté : c'est de soutenir qu'on inflige une peine, sans s'embarrasser de savoir si le patient mérite réellement de la subir; que, dans tous les cas, on l'inflige sans la moindre intention morale, et surtout sans examiner si le mal infligé dépasse ou non la mesure du mal mérité. C'est ainsi qu'on n'appelle pas justice l'action de la vengeance. En un mot, on peut dire : il n'est pas question d'expiation chez nous, parce qu'il n'est pas question de justice. Nul des partisans de la défense indirecte n'oserait appliquer les conséquences d'un tel principe.

Les doctrines qui écartent toute idée d'expiation pèchent en ce qu'elles ne reconnaissent point au droit de punir, surtout quant à la mesure de la peine, des limites qu'on ne peut franchir sous aucun prétexte. Elles lui assignent des bornes arbitraires, fixées par le but qu'on se propose d'atteindre, moyennant la menace de la loi, ou l'exécution du jugement, ou l'une et l'autre à la fois.

Le vice de ces théories dérive d'une analyse imparfaite. L'action de la justice sociale est complexe : elle se compose de quatre faits divers. Le commandement (nous désignons par ce mot le dispositif de la loi, qu'elle ordonne ou qu'elle prohibe), et la sanction pénale; c'est la loi : le jugement et son exécution; c'est l'application de la loi. Ces quatre faits sont les éléments intégrants, constitutifs d'un seul et même acte, la justice. L'exécution est juste si le ju-

gement est juste; le jugement ne peut être intrinsèquement juste, si la sanction pénale ne l'est pas;
la sanction pénale est une iniquité, si le commandement n'est pas conforme à la justice.   •

 Mais la justice du commandement étant donnée,
toute sanction pénale est-elle juste? N'y a-t-il pas
une mesure au delà de laquelle il n'y a plus de justice?
Si la mesure de la peine dépasse la mesure du délit,
pour l'excès du moins, la peine est illégitime.

Le pouvoir social a sans doute une latitude politique dans l'application de la justice aux exigences
de l'État. Mais dans quel sens? Peut-il dépasser les
bornes de la justice? Il infligerait donc un mal ou
une portion de mal sans cause morale. Il ne peut donc
ni prohiber ce que la justice ne prohibe pas, ni
exagérer la sanction pénale, ni déclarer que les innocents sont coupables, ou que les coupables sont plus
coupables qu'ils ne le sont réellement; ni mettre
contre eux à exécution une peine plus forte que celle
qu'ils ont méritée, et à laquelle ils ont été condamnés.

Cependant, c'est ce qu'il fait lorsqu'en s'emparant
d'un des quatre éléments dont la justice se compose,
en le détachant des trois autres, il le transforme en
un moyen dans un but particulier. Dès qu'un élément est dénaturé, la justice disparaît.

Aussi, peu importe que ce ne soit pas le jugement
ni l'exécution, ni le dispositif de la loi, mais la sanction pénale que le pouvoir prend comme moyen.

Ce moyen ainsi employé peut-il, par la nature
même du but qu'on se propose, dépasser les limites
de la justice? L'emploi est illégitime, le principe est

illégitime, lors même qu'en fait on n'abuserait pas du moyen.

Dira-t-on que l'emploi du moyen ne peut jamais excéder, par la nature même des choses, les bornes de la justice? Pour oser l'affirmer, il faudrait prouver que le moindre délit mérite moralement la plus sévère des peines possibles, ou bien il faut reconnaître un autre principe qui arrêtera le pouvoir, lorsque le but qu'il s'est proposé l'entraînerait trop loin : ce qui serait reconnaître que le but n'est pas de nature à justifier de soi-même le moyen, qu'il faut remonter à un principe supérieur, admettre une autre doctrine.

En un mot, il faut décomposer et recomposer. L'analyse nous donne les quatre éléments de la justice sociale; mais la synthèse doit nous rendre le tout dans sa propre nature, sans altération, sans changement; et ce tout est la justice.

Quel est donc le pouvoir discrétionnaire de l'autorité sociale ? C'est le pouvoir, non de dépasser, mais de ne pas atteindre les dernières bornes de la justice morale; le pouvoir de faire moins, de n'exercer la justice que partiellement. Ce pouvoir, comme nous le verrons mieux ensuite, peut s'exercer également sur chacun des quatre éléments dont elle se compose.

« La sanction pénale n'aura donc pas de but? » Prise isolément elle n'a pour but que l'accomplissement total ou partiel de la justice. Elle ne saurait en avoir un autre, propre, spécial, indépendant, pas plus que le jugement ou tel autre élément de la justice. C'est la justice elle-même, c'est l'acte complexe qui a un but propre et spécial. Nous développerons cette idée dans le chapitre dernier du présent livre.

Ainsi le système de la défense indirecte, pour échapper à ces doctrines pratiquement encore plus funestes, nous en convenons, qui donnaient à la justice humaine toute l'étendue de la justice morale, a reculé jusqu'au point de ne plus apercevoir que le côté politique de la justice humaine.

Dès lors la pensée politique a dominé seule dans les doctrines pénales. Le délit, la peine, leur nature, leur gravité, leur mesure, tout lui a été soumis sans partage. L'école a développé ces préceptes, les législateurs les ont sanctionnés.

Cette tendance à ne plus apercevoir que le côté politique de la justice, et à tout sacrifier à cette seule considération, ne date pas d'hier.

Elle date du premier essai de réforme en matière pénale. C'est au fond le système de Beccaria. Les écrivains postérieurs ont développé la pensée fondamentale de l'écrivain milanais ; mais Beccaria, par un système trop étroit et exclusif, réagissait contre la latitude effrénée qu'avait prise la justice sociale. Son livre, quoique revêtu de formes générales, avait le caractère et l'à-propos d'un ouvrage de circonstance. Il fallait y voir une attaque plus qu'une doctrine ; il fallait s'en servir comme d'une arme pour détruire, non comme d'une base pour édifier. C'est là le tort des écrivains postérieurs.

CHAPITRE X.

La doctrine qui attribue, dans l'état qu'on appelle
de nature, le droit de punir, dans le sens propre du
mot, à tout individu, a été soutenue par les hommes
les plus éminents.

Celui, disent-ils, qui a commis un crime a violé la
loi naturelle ; il est responsable de ce fait ; et le droit
de rendre cette responsabilité effective dans ce monde,
le droit de le punir appartient à tout homme.

Car tous doivent obéissance à la loi naturelle ; tous
ont été constitués gardiens de cette loi ; aurait-elle
autrement reçu de son auteur une sanction suffisante ? Ne serait-elle pas une loi caduque, imparfaite,
une moquerie ?

Qu'est le droit de punir exercé par la société civile ? Évidemment le même droit individuel dont les
membres du corps politique ont fait au pouvoir social une cession expresse ou tacite.

La société exerce collectivement la magistrature
dont chaque individu est revêtu dans l'état extra social.

Il faut avouer d'abord que les auteurs de cette théorie reconnaissent le premier des principes fondamentaux du droit de punir; le démérite du délinquant est à leurs yeux la première condition de la pénalité. Quant au second principe, ils le repoussent sous une forme; ils l'admettent sous une autre. Ils ne comprennent pas ceux qui exigent, pour la légitimité de la punition, une magistrature constituée proprement dite; mais c'est cependant une sorte de magistrature qu'ils attribuent à tout individu dans l'état de nature.

On reconnaît dans ce système les idées de cette école si répandue qui se plaisait à regarder l'état qu'elle appelait naturel, comme un fait de l'humanité, général et même rationnel, ou du moins comme un état possible, et conforme, jusqu'à un certain point, à la nature de l'homme.

Après avoir peu à peu revêtu l'homme isolé de toutes les facultés, de tous les droits imaginables, ils lui faisaient choisir l'état social comme une sorte d'arrangement utile et commode, comme un moyen d'embellir la vie humaine.

Heureusement l'erreur de ne regarder l'état social que comme une affaire de choix et de préférence se décrédite tous les jours davantage.

L'état social est une nécessité morale de la nature humaine. L'homme est social, comme il est libre, intelligent, sensitif. Le considérer abstraction faite de sa sociabilité, ce n'est plus considérer l'homme tel qu'il existe, c'est dénaturer complétement l'objet qu'on veut examiner.

Les besoins, les tendances, les facultés physiques et morales de l'homme et la nécessité où il est du secours d'autrui pour les développer, pour sortir de la vie animale, pour atteindre le but auquel l'espèce humaine est sans doute destinée, puisqu'elle en a le désir et les moyens, tout révèle la sociabilité naturelle de l'homme ; elle résulte de ses qualités comme de ses imperfections. Au surplus, la sociabilité et la société sont des faits si universels et si constants qu'il est impossible de les expliquer par le moyen d'une détermination spontanée, d'un choix tout à fait volontaire.

La supposition de l'état de nature, supposition dont on partait pour expliquer ensuite la société, son organisation, ses devoirs et ses droits, n'était qu'une méthode arbitraire, semblable à celle introduite en métaphysique, par Condillac, au moyen de sa statue. Le succès n'a pas été heureux, ni chez le métaphysicien, ni chez les publicistes. Le premier, après avoir dépouillé l'homme réel de la plus importante partie de son être, et ne lui avoir laissé que la capacité de sentir, arrivait nécessairement, qu'il s'en doutât ou non, au matérialisme : il ne pouvait pas, à l'aide de la sensation seule, rendre à l'homme ce qu'il lui avait arbitrairement enlevé. Il fondait le matérialisme par une hypothèse ; car, ainsi qu'on l'a remarqué, ce n'était pas procéder analytiquement, par l'observation, que de débuter en supposant que l'homme tout entier s'expliquait par les sensations qu'il recevait au moyen de ses organes et de l'action des objets extérieurs [1].

¹ La méthode aurait été rationnelle, c'est-à-dire une véritable décompo-

De même, les publicistes qui nous ont donné la
doctrine de l'état de nature ont fondé un système sur
une hypothèse. Ils ont arbitrairement posé en principe que la société tout entière devait s'expliquer
par l'hypothèse de l'homme isolé. Ils lui ont enlevé
la sociabilité naturelle, comme le matérialiste lui enlève les faits de conscience, et par là la conscience
elle-même. Une fois la sociabilité naturelle et obligatoire enlevée à l'homme, il n'y avait aucun moyen
logique de la lui rendre. La société n'était nécessairement que le résultat d'une convention, une affaire
de choix, et tous ses pouvoirs ne pouvaient lui appartenir que par une cession plus ou moins étendue des
droits individuels.

Ainsi que le métaphysicien, ces publicistes ayant
en quelque sorte créé un homme hypothétique, ils
élevaient une science dont toute application à l'homme
réel devenait impossible. Les éléments de l'être moral
se modifient tellement les uns les autres, que dès
qu'on en sépare un d'une manière absolue, il ne reste
plus rien de conforme à la réalité. On croit encore
parler du même être, et on parle d'un être tout dif-

___

sition et recomposition, s'il eût été certain d'abord, par une analyse précédente, qu'il n'y avait rien dans l'homme qui ne fût directement ou indirectement sensation. Mais comme c'était précisément là la question de fait à
examiner, le procédé de Condillac ne mérite pas plus le nom de méthode que
ne le mériterait le procédé d'un homme, qui ayant démonté une montre
pour l'examiner et la reconstruire ensuite, commencerait par croire que le
ressort n'est qu'une illusion optique de quelques observateurs, et le jetterait
par la fenêtre. Mais la montre n'irait pas sans le ressort, tandis que la statue de Condillac, dirait-on, une fois ranimée par la sensation, explique
tout, c'est encore une hypothèse, ou du moins un point de fait dont tout le
monde ne convient pas.   (*Note de l'auteur.*)

férent : toutes les conséquences se ressentent du vice de la supposition. Si un grand nombre de personnes ont fini par se dégoûter des doctrines de droit naturel, et par en repousser jusqu'au langage, c'est à l'étrange abus qu'on en avait fait qu'il faut surtout l'attribuer.

Il y a des rapports nécessaires entre les individus moraux comme entre les êtres matériels : ceux-ci sont soumis aux lois de l'ordre physique, les premiers à celles de l'ordre moral ; mais pour étudier les rapports moraux de l'homme, il ne faut pas se créer un homme de fantaisie. Au lieu d'examiner ce qui est, on suppose alors ce qui n'est pas.

Le chimiste décompose l'eau ; mais il ne s'avise pas de donner la théorie de ce fluide, de son volume, de sa pesanteur, de sa force, de sa résistance, en faisant abstraction de l'un des éléments qui le composent ; ce ne serait plus de l'eau qu'il parlerait.

De même l'homme est un être doué de sensibilité, d'intelligence, de liberté et de sociabilité. Toutes ses facultés, ses droits, ses devoirs sont plus ou moins modifiés par cette dernière qualité. Pourquoi donc nous parler des rapports de l'homme extra social, si l'on entend parler de l'homme réel ? C'est nous parler de la nature des poissons comme vivant hors de la mer. Ne voyez-vous pas que toute leur organisation est subordonnée au but de leur existence au sein des eaux ? Quel serait l'homme, s'il n'était pas destiné à la société ? Qui le sait ?

Les systèmes trop simples ne sont que des jeux d'imagination ou de vains efforts de logique, lorsque, pour obtenir une plus grande simplicité, on mutile les faits.

C'est ce qui est arrivé aux auteurs du système que nous combattons, lorsqu'ils ont voulu traiter du droit de punir.

Leur première supposition d'un état qui n'est pas l'état de société, une fois admise, il en résultait une nouvelle erreur, consistant à soutenir que les droits du corps social n'étaient que la somme d'une partie des droits préexistants chez chaque individu. Donc, en concluaient-ils, le droit de punir aussi appartient à chaque homme.

Mais le droit de punir suppose nécessairement supériorité morale, droit de juger, autorité d'une part, infériorité de droit, dépendance, devoir de soumission de l'autre : cela existe-t-il dans l'état extra social?

On taxe cet argument de pédanterie ; on dit que nous ne sommes frappés de cette absence d'autorité judiciaire que parce que nous ne savons pas élever notre pensée au-dessus de nos habitudes, que parce que nous sommes accoutumés à voir les peines infligées par des juges *ad hoc*.

On se trompe ; nous consentons à n'examiner la question qu'en elle-même, rationnellement ; l'erreur que nous attaquons n'en sera que plus manifeste.

La justice pénale en soi, dans sa généralité, n'est que l'appréciation du mal commis envers son semblable par l'homme, être libre et responsable, et la rétribution de la somme de souffrance méritée par l'auteur de ce mal. Elle est donc un droit *sui generis*, un pouvoir qui suppose une autorité ; elle est une portion de la justice universelle, bien distincte, comme nous l'avons démontré, du droit de défense, ainsi qu'elle l'est du devoir de repentance, d'amendement, de réparation, que la loi morale impose à qui a failli.

C'est donc le droit d'un tiers, d'un tiers ayant autorité de juge du fait d'autrui, pour l'apprécier et pour en punir l'auteur, selon la mesure du délit.

Il implique contradiction de ne pas reconnaître dans ce tiers un supérieur, un pouvoir placé au-dessus de celui qui doit être jugé.

Jusqu'ici, nous sommes d'accord avec les auteurs du système que nous examinons. Ce pouvoir, disent-ils, a été accordé à tous les hommes : la supériorité consiste en ce que le coupable, par le fait de son délit, a perdu vis-à-vis de ses semblables son égalité de droits, et s'est placé vis-à-vis de tous en état d'infériorité morale. Un homme qui en attaque un autre peut être légitimement tué par celui-ci. Il a donc perdu son droit à l'existence. Est-ce à dire que si l'agresseur parvient à égorger la victime, il recouvre son droit? La consommation du crime peut-elle le réintégrer dans sa condition morale? Il demeure donc sans droit; et en conséquence tout homme peut lui arracher la vie et le punir de son crime.

Il y a là des suppositions gratuites et une grande confusion d'idées. Un criminel perd ses droits d'homme vis-à-vis de chacun de ses semblables; supposition gratuite. L'agresseur peut être tué légitimement, d'accord; mais seulement par la personne attaquée, ou par celles qui viendraient à son secours

pendant l'attaque, et si la nécessité l'exige. Il y a évidemment confusion du droit de défense avec le droit
de punir.

On pourrait faire encore plus d'une réponse; bornons-nous à une seule.

Pour qu'un pouvoir soit légitime, il faut qu'il
réunisse les conditions indispensables à l'exercice rationnel de sa mission.

Quelles sont les conditions indispensables à l'exercice de la justice humaine? L'autorité, les moyens
et le besoin. Or, aucune de ces conditions ne se vérifie dans l'homme extra social. D'où vient son autorité? Quels sont ses moyens? Mais surtout, où est
la borne au delà de laquelle n'ira pas sa justice?

La justice pénale a ses bornes : le maintien de l'ordre social, c'est là son lot, sa durée et tout son droit.
Mais cela suppose la société. Dans l'état extra social, où
est la limite? Qui l'a assignée, qui pourrait l'assigner?
L'hypothèse avancée par ceux que nous combattons
ne contient rien qui réponde à cette difficulté.

On a même oublié de nous dire ce qu'on entendait
par état de nature. Est-ce l'état d'un certain nombre
d'hommes rapprochés sans organisation politique?
ou est-ce un état d'isolement, où il n'y aurait que
des rencontres fortuites entre homme et homme?

La première hypothèse serait par trop absurde, en
la donnant comme le type de notre état naturel. Dès
que dix hommes sont réunis, il y a un chef, un gouvernement : peu importe le pouvoir et la forme. Le
plus habile commande, les autres obéissent. Ce fait
est général parce qu'il est conforme à la nature hu-

maine. Dans l'état d'isolement nulle justice humaine
n'est nécessaire. D'ailleurs, toute peine proprement
dite serait inutile, car elle n'aurait aucun des caractères qui la rendent efficace, entre autres l'*exemplarité*.

L'exercice légitime de la justice suppose la connaissance de la vérité, du droit et du fait. Pour cela
l'homme a besoin de règles, de recherches, de garanties, de mesure. Malgré ces moyens, la justice
sociale est toujours bien imparfaite. Que serait-elle,
exercée par tout individu quelconque? par des individus dont la raison, par l'absence de tout développement social, ne serait qu'un germe étouffé? Que
seraient toutes ces justices individuelles, variables,
opposées, qui s'entre-choqueraient nécessairement les
unes les autres? Ce ne serait qu'un état inévitable de
guerre, de désordre, de violences, qu'on prétendrait
légitimer par le nom sacré de justice.

L'autorité n'est que la raison. Où serait donc l'autorité de ces êtres dont la raison, par leur nature, ne
peut éclore que sous l'influence bienfaisante de la
société? Où est le parfum de la fleur que les rayons du
soleil n'ont pas encore animée?

La raison reconnaît-elle un pouvoir légitime là où
il n'existe ni le besoin, ni les moyens de l'exercer?

Qu'on ne dise pas qu'en décrivant les désordres de
la justice extra sociale, nous parlons du fait, tandis
qu'eux ne parlent que du droit. C'est là, en effet, la
seule réponse possible, la seule qu'on ait faite. Mais
c'est le droit qui manque, lorsque, s'il existait, il
serait de nature à produire nécessairement un fait

exorbitant et contraire à l'ordre moral. Or, cette prétendue justice ne serait nécessairement, par la nature
de l'homme et des choses, que désordre ; donc elle
n'est point autorisée par la raison, par la loi naturelle.

Il est facile d'augmenter le catalogue des droits
naturels, soit par des créations de pure imagination,
soit par des inférences logiques. Mais aux yeux de
la raison, deux conditions sont nécessaires pour cela :
l'aveu de la conscience du genre humain, et la ra-
tionalité intrinsèque du droit.

Si la conscience ne l'avoue pas, si, loin de l'a-
vouer, la raison y découvre un contraste choquant
avec les principes fondamentaux du vrai et du juste,
ce qui est appelé un droit naturel n'est qu'un rêve ;
et la logique, en partant de principes faux et incomplets, n'a enfanté que des erreurs.

Il y a plus, si les individus dans l'état de nature sont
les gardiens de la loi naturelle, investis en cette qualité du droit de punir, c'est donc la justice morale
qu'ils étaient chargés d'administrer ; car la loi naturelle embrasse la justice tout entière. Ils ont dû en
conséquence céder à la société leur droit tout entier
ou en conserver la partie non cédée ; pourraient-ils
renoncer à un devoir ? La société aurait donc le droit
d'étendre son action pénale dans tout le domaine de
la justice morale, ou, ce qui est encore plus absurde,
les individus auraient le droit de compléter la justice
de la société par des actes individuels, et les tribunaux auraient tort de punir ceux qui infligent un mal
à autrui, lorsqu'ils prouveraient qu'ils l'ont infligé à

l'auteur d'une action immorale qui n'a pas été comprise dans le catalogue des délits légaux.

Il est temps de se résumer : comme nous le verrons
mieux par la suite, la justice humaine, sans pouvoir
jamais atteindre, même de loin, la perfection de la
justice absolue, doit cependant s'efforcer de s'en
approcher.

C'est là une condition de sa légitimité. Sans cela,
elle est un fait, non un droit. Or, ce rapprochement,
cette imitation, toute grossière qu'elle est, ne peut
s'obtenir qu'au sein même de la société, qu'au moyen
de la formation d'une intelligence, d'une volonté et
d'une force que j'appellerai artificielles, dans ce sens
que, tout en étant composées d'intelligences, de volontés et de forces individuelles, elles représentent
une intelligence, une volonté et une force, généralе-
ment parlant, plus éclairée, plus droite et plus redoutable que celle de tout individu. La justice est chose
à la fois trop pesante et trop délicate pour les mains
d'un homme. Ainsi que tout autre pouvoir, elle ne
saurait être le droit du premier venu, car l'autorité de
la raison est seule légitime, et ce n'est qu'aux intelligences où elle se trouve développée, qu'appartient le
droit de l'appliquer. S'il est permis de parler de la
sorte, je dirai que la justice ne peut appartenir qu'à
un être moral extrait de tout ce que les hommes individuels ont de meilleur. Nous retrouverons ailleurs
cette idée fondamentale.

Dans ce cas, dit-on, la loi naturelle serait dépourvue
de toute sanction immédiate dans l'état extra social.
Si on parle d'une manière générale, je réponds que

je l'ignore, et que je ne m'en occupe point, comme
j'ignore et ne m'occupe point de savoir ce que serait
un monde physique, coordonné sans force d'attrac-
tion. Quant au monde physique que je connais,
j'imagine qu'il ne serait, sans cette force, qu'un chaos.
De même, si on parle des hommes tels qu'ils sont, il
semble évident que l'ordre moral serait sans protection hors de l'état social. Non-seulement il y manquerait de sanction légale, mais la sanction morale elle-
même y serait extrêmement faible. L'homme n'y
connaîtrait point toute la vérité qui peut lui être
révélée dans ce monde; il ne serait pas à même de
sentir tous les motifs qui doivent l'engager à bien faire.
« Il est un degré d'abrutissement qui ôte la vie à
» l'âme, et la voie intérieure ne sait point se faire en-
» tendre à celui qui ne songe qu'à se nourrir. »
(ROUSSEAU.)

La question est de savoir si, pour obvier théoriquement à ce qui peut paraître une imperfection, on
doit attribuer à l'homme individuel des droits qui
dépassent ses facultés et ses moyens; ou si, au contraire, on ne doit pas se borner à en conclure que
l'homme est de sa nature destiné à l'état social, et
que la société n'est point le résultat d'une convention
arbitraire, mais une nécessité morale de l'espèce humaine. Au lieu de prétendre corriger en quelque
sorte l'œuvre du Créateur par nos hypothèses, bornons-nous à admirer l'économie de son ouvrage.

En dernière analyse, toute la question rentre donc
dans la question de la société. Si la société est un
devoir pour l'homme, le droit de punir existe, mais

par cela même il n'appartient qu'au pouvoir conservateur de la société. L'individu ne saurait se l'arroger,
ni dans l'état de société, car ce n'est pas en lui que
réside la supériorité morale qui doit l'exercer, ni dans
l'état hypothétique extra social, car il n'y a pas là
un ordre politique pour la conservation duquel la
justice humaine soit un devoir. Quant à la morale
absolue, ce n'est pas à l'individu que Dieu en a confié
la garde en ce monde.

CHAPITRE XI.

Cette théorie que nous réfutons s'est présentée
sous plusieurs formes. En effet, l'idée d'une convention expresse ou tacite peüt s'appliquer à plusieurs
systèmes de droit social, et en devenir le complément
en ce qui concerne le droit de punir.

Dans le système de l'intérêt, la pénalité peut dériver
de la convention, comme dans certaines associations
on établit une amende à payer par ceux qui ne se
conforment point à leurs statuts.

Dans le système de la défense, la convention con-
sisterait dans la cession faite au corps politique d'une
partie de droit individuel ; les individus ne s'en étant
réservé l'exercice direct que dans le cas où la société
ne peut pas les défendre elle-même.

Également, dans le système que nous venons
d'examiner, on peut voir une convention, un pacte
social dans la cession du droit individuel de justice.

Il serait plus que superflu de rentrer dans l'exa-

men de ces divers systèmes, pour les considérer sous
ce point de vue spécial.

Une observation générale s'applique à toutes les
théories de la pénalité qui ont pour principe ou
pour complément l'idée d'une convention ; c'est
qu'elles supposent toutes que la société elle-même
n'est que le résultat du choix de l'homme, d'un pacte.

Or, si le contrat social, si le pacte général n'est
qu'un rêve [1], que deviennent les conventions spéciales qui devraient s'y rattacher et en faire partie ?

Cette simple observation suffit pour écarter tous
les systèmes de pénalité fondés sur un pacte.

En vain un célèbre écrivain a soutenu [que ce n'est
pas le droit de chaque individu sur les autres, mais
bien le droit de chaque individu sur lui-même, que
la société exerce, en vertu d'une cession expresse ou
tacite. Oublions pour un instant l'objection capitale,
commune à tous les systèmes conventionnels. Il
n'est pas moins évident que l'auteur, entraîné par le
désir d'attaquer de toutes manières la peine de
mort, a perdu de vue la question. Non-seulement il
n'a pas vu que si un homme ne peut pas céder le
droit de se faire tuer d'un seul coup, il ne peut non
plus céder celui de se faire tuer lentement, ou réduire en une sorte d'esclavage, par l'emprisonnement à vie, mais il a oublié la nature du droit de

[1] Il est superflu de remarquer que ce n'est pas des pactes ou déclarations
politiques que nous entendons parler ici. Qu'une nation cherche des garanties,
qu'un gouvernement lui en donne par une charte, par un serment, par un
traité ou par tel autre acte, il n'y a rien là qui ne soit légitime et réel.
Mais dans ces occasions on ne stipule pas sur l'existence de la société,
mais sur les formes du gouvernement, sur l'organisation politique de l'État.

punir. Qu'est-ce que le droit de se punir soi-même?
Car, puisqu'on veut parler de cession, la chose cédée ne peut être autre que celle que le cédant possède. Qu'on dise que le pécheur a le devoir de se
repentir et de s'amender, c'est parler un langage
intelligible; mais dire qu'il a le droit de se punir,
c'est confondre le pouvoir de se faire du mal avec le
droit de punir.

Enfin, un grand génie n'a vu dans le droit pénal
qu'une convention aléatoire, un jeu de hasard. Le
danger de subir une punition est l'enjeu de chaque
membre de la société. Ce jeu, dit-il, est licite,
comme il est permis, en cas d'incendie, de se jeter
par la fenêtre.

Le droit de punir est ainsi dépouillé de nouveau
de toute espèce de moralité. L'homme condamné
par la justice n'est qu'un joueur malheureux, ou
bien un infortuné qui a fait naufrage dans la tempête
sociale. On ne peut donc que le plaindre, et si son
naufrage n'est pas consommé, on a le devoir de
tout tenter pour le sauver. Ce système n'est que celui de l'intérêt présenté sous une autre forme. Cependant, chose singulière! l'auteur n'appartenait
point à l'école d'Helvétius.

Au reste, ses idées sur le droit de vie et de mort
étaient bien vagues, et trop au-dessous de son génie.
En peu de lignes, il a représenté ce droit, tantôt
comme une *alea*, tantôt comme un droit de guerre,
tantôt comme l'effet d'une convention, dans laquelle
cependant aucun des contractants n'a songé à disposer de sa vie, n'a prémédité de se faire pendre.

CHAPITRE XII.

DROIT DE PUNIR, SON ORIGINE [1].

Un homme est accusé d'un crime, et traduit en justice. On administre franchement, loyalement les preuves de sa culpabilité, elles sont frappantes ; le crime est constaté, et son auteur condamné à une punition équitable. Ce jugement satisfait toutes les consciences ; il en obtient l'assentiment ; il l'obtient et il l'a obtenu en tout temps, en tout lieu.

Le jugement est légitime, la condamnation est juste. Voilà deux points sur lesquels le genre humain est d'accord. Il ne demande pas de titres au pouvoir social qui punit ; il les reconnaît implicitement, il en sent la réalité et la légitimité.

Qu'on analyse ce fait encore plus à fond. Le coupable n'est point un voleur, un faussaire ; c'est l'au-

---

[1] Dans l'intérêt du lecteur, nous lui conseillons de lire le premier article du numéro 5 (septembre 1828) de la *Revue française*. M. le duc de Broglie a enfin placé les questions de la peine de mort et du droit de punir sous leur véritable point de vue. Dans cet écrit, comme dans tous ceux qu'il a publiés, on aperçoit un esprit créateur et hautement philosophique, qui s'allie sans peine à la prudence d'un homme d'État et au savoir d'un juris-consulte. (*Note de l'auteur.*)

teur d'un crime rare, extraordinaire, que personne
ou presque personne ne redoute ; c'est un parricide.
Croyons-nous que les pères, en apprenant son for-
fait, rentrent en tremblant dans leur domicile, et
que, la crainte et les soupçons dans l'âme, ils vont
repousser les embrassements de leurs enfants? Non;
ils ont une bien autre protection, une bien autre garantie que la loi, les tribunaux et la force publique.

Cependant le coupable est condamné au supplice
des parricides ; à une peine plus grave que celle du
voleur et du faussaire. Et la conscience humaine,
pénétrée d'une horreur sacrée, donne son assentiment ; elle le donne, elle l'a donné en tout temps,
en tout lieu.

Que les écoles qui font dériver la justice humaine
d'un principe matériel, expliquent ce fait si elles le
peuvent.

En attendant, essayons de notre côté de l'expliquer, en remontant à la source véritable du droit de
punir. Au point ou nous sommes de notre travail,
nous n'avons plus, ce nous semble, qu'à résumer et
coordonner les vérités que nous avons, pour ainsi
dire, rencontrées sur notre route, en examinant divers systèmes. La démonstration d'un grand nombre
de ces vérités nous paraît déjà faite.

Il est un ordre moral, préexistant à toutes choses,
éternel, immuable : cette proposition est une vérité
primitive, écrite dans la conscience du genre humain, et que la réflexion développe.

L'ordre moral comprend tout ce qui est bien en soi.

Quand rien n'existerait que Dieu seul, il y aurait

encore un ordre moral ; il ne serait pas moins vrai .
que la reconnaissance envers son bienfaiteur est un
devoir ; et l'ingratitude n'en serait pas moins un vice.

Mais il existe une création. Dans cette création, le
monde matériel a ses lois ; la matière n'est pas livrée à l'empire du hasard, et ne présente point l'aspect du chaos. L'ensemble de ce que nous appelons
les lois de la nature constitue l'ordre physique.

En serait-il autrement du monde moral ? Les êtres
moraux ont aussi leurs lois. Doués d'intelligence, ils
doivent connaître le vrai ; doués de moralité, ils doivent se conformer au bien. C'est dire qu'ils sont
placés sous les lois de l'ordre moral, autant du
moins que le comportent les bornes de leur nature.
Il n'est pas au pouvoir des êtres matériels de violer
leurs lois naturelles. Chez eux règne la nécessité.
Les êtres moraux, au contraire, peuvent enfreindre
les lois de l'ordre ; car il y a chez eux liberté.

Aussi on ne saurait attribuer mérite ou démérite,
justice ou injustice à l'être purement physique :
ces mots au contraire s'appliquent naturellement
aux êtres intelligents et libres.

Ils sont innocents lorsqu'ils observent les lois de
l'ordre ; coupables, s'ils s'en écartent.

Innocents, ils recueillent les fruits de la justice ;
coupables, ils doivent être responsables de leurs
égarements, dans la proportion de leur nature.

Une fois les lois de l'ordre et la responsabilité des
êtres moraux admises, on ne peut se refuser à admettre une *justice*.

Une justice qui applique les lois de l'ordre moral

aux actes et aux intentions des êtres responsables, qui distribue la récompense et la peine, dans l'exacte proportion du bien et du mal moral opéré par ces êtres ; c'est la justice morale, la justice absolue.

Aussi l'homme conçoit-il l'idée de justice, comme il conçoit l'idée du bien et du mal, l'idée du devoir et celle du droit. Ce sont des idées qui se complètent l'une l'autre, et demeurent inséparables dans son esprit.

Elles s'y développent, lorsque la réflexion s'en empare et en fait le sujet de son travail.

Mais la responsabilité suppose la possibilité de connaître la loi. Or, comment l'homme peut-il apprendre la loi morale ?

L'ordre physique était susceptible d'une révélation matérielle ; il a été déployé devant nos yeux, et on nous a dit : Regardez. On nous a en même temps fourni les moyens de regarder, les sens et la raison.

Les principes de l'ordre moral nous sont révélés par notre intelligence, par la raison en tant qu'elle s'applique aux vérités de l'ordre moral, et par notre sensibilité en tant que mise en jeu par les faits moraux. Notre raison a le devoir d'accepter ces indications primitives, spontanées de notre sensibilité morale ; elle a le droit de les soumettre à son examen pour les purifier, les coordonner, les étendre. Du concours de ces deux facultés naît la conscience, chargée de nous avertir par ses cris, de nous stimuler par ses inquiétudes, de nous récompenser par sa paix, de nous punir par ses déchirements.

La vérité manifestée par les sens organiques n'est

pas ce qu'un homme quelconque a cru voir ou toucher une fois ; mais ce que croit voir, ouïr et toucher tout homme non malade, placé en des circonstances semblables et dans le plein exercice de sa raison.

Il en est de même des vérités révélées par la lumière intérieure.

Les sens corporels rapportent, la raison examine, rectifie, approfondit et développe. Il en est de même relativement au sens intime.

Il y a des matérialistes qui nient la conscience, comme il y a des idéalistes qui ne voient qu'illusion dans le témoignage des sens organiques.

Il importe cependant de remarquer que ceux qui nous refusent la possession légitime des vérités morales, ont aussi besoin d'un sentiment naturel et commun, appréciateur de l'utilité matérielle. Seulement ils bornent les applications du sentiment de l'évidence à l'estimation du plaisir et de la douleur.

C'est que pour eux le but de l'homme n'est point, avant tout, le vrai et le bien, mais uniquement le bien-être. L'homme est libre, ou, pour parler plus exactement, il a une volonté, dans ce sens qu'à l'aide de ses sensations et de son discernement, il peut éviter la douleur et choisir la jouissance, mais il n'a point de moralité qui le rende responsable toutes les fois qu'il n'a pas voulu préférer le bien et le vrai, même au plaisir. En un mot, en examinant l'homme, ils ne regardent que l'être sensitif, que la partie matérielle et terrestre; ils en font une espèce de brute, douée d'un grand discernement.

Dans le système moral, au contraire, on aperçoit

l'homme placé dans une sphère plus élevée. On ne
supprime point le rôle de l'homme sensitif, mais on
le subordonne à celui de l'être moral, c'est qu'on
tient compte à la fois des faits sensibles et des faits
moraux de la nature humaine.

Au reste, nous ne faisons ici qu'indiquer ; nous
n'avons nullement la prétention de ramener, par
quelques lignes, aux idées de devoir et de justice
morale ceux qui ont déjà fait route en partant de
principes autres que ceux que nous venons de rappeler ; nous ne pouvons pas donner un traité de métaphysique et de morale comme prolégomènes à un
chapitre de droit pénal. Il fallait seulement fixer
notre point de départ, signaler le rapport intime qui
existe entre les sciences morales et les sciences politiques, montrer que trois routes sont ouvertes au publiciste, et que s'il veut procéder rationnellement et
savoir où il ira, c'est d'avance qu'il doit faire son
choix, sous peine de tomber, sans s'en douter, dans
le domaine exclusif du spiritualisme ou du matérialisme.

Partons donc de ce principe qu'il existe un ordre moral, obligatoire pour tous les êtres libres et
intelligents qui ont pu s'en procurer la connaissance.

Ces êtres moraux pourraient être de nature à ce
que chacun d'eux eût individuellement tous les
moyens nécessaires de connaître les lois de l'ordre,
de s'y conformer, et d'atteindre sa destination morale; ils pourraient être de nature à ce qu'ils ne dus-
sent point avoir de rapport entre eux, ou bien à ce

que leur commerce mutuel, quoique dépourvu de toute contrainte, ne pût jamais arrêter leur marche vers le but auquel ils seraient destinés. Dans ce cas, il n'y aurait point d'ordre intermédiaire entre celui de la création individuelle et l'ordre moral.

Maintenant examinons de plus près les faits de ce monde. Les êtres libres et intelligents y existent en effet. La loi morale et la justice y trouvent donc des êtres responsables : la première peut y trouver des infracteurs ; la seconde, des objets de juste punition.

Cependant qu'est l'homme? Un être faible, que la nature n'a point armé, exposé à plus de dangers que la brute, et qui, abandonné à ses propres forces individuelles, resterait au-dessous de celle-ci ;

Un être intelligent, mais qui, cependant, peut demeurer dans un état d'animalité presque complète, dans une ignorance presque absolue de la loi morale ;

Un être libre, mais qui peut être tellement subjugué par les besoins physiques et par les nécessités immédiates de la vie animale, que sa liberté demeure étouffée, que sa volonté n'ait point d'autre exercice que celui de fuir les souffrances les plus aiguës ;

Un être moral, mais dont la responsabilité, par les causes ci-dessus, peut être extrêmement faible, et les efforts de perfectionnement tout à fait nuls.

Cependant, ce même être peut devenir habile et puissant comme Franklin, sublime comme Newton, sage comme Socrate.

Par quel moyen! Par le principe de la coexistence paisible avec ses semblables, et par celui du secours mutuel ; par la société.

Ainsi, l'homme est-il, en cinquième lieu, un être sociable de sa nature ? La réponse doit être affirmative, à moins qu'on ne suppose que des êtres moraux et perfectibles ont été voués d'une manière invincible au désordre.

Est-il nécessaire, après cela, d'énumérer tous les faits de la nature humaine qui prouvent la sociabilité de l'homme ? Faut-il rappeler que l'homme ne recherche pas la femme seulement pour en obtenir une possession passagère et oublieuse ? Que la formation de la famille, premier élément de la société civile, est un fait constant et universel ? Que la faculté, disons mieux, la nécessité du langage, est aussi une des preuves les plus frappantes de la fraternité naturelle de l'espèce humaine ? Rappellerons-nous la nécessité d'un travail commun pour suffire aux besoins les plus urgents de la vie, ne fût-ce qu'au moyen de la pêche ou de la chasse ? Parlerons-nous du sentiment de l'évidence appliqué par tous les hommes précisément aux objets d'un intérêt commun ? De ce sentiment vif, universel, unanime sur une foule de points, même sur des points que le raisonnement a ensuite voulu contester ? On appellera ces croyances communes des préjugés, des erreurs ; ne disputons pas sur les mots ; les croyances existent ; elles sont universelles et nullement communiquées d'homme à homme ; c'est un lien visible de sociabilité.

Qu'il y ait des peuplades dont l'état social est extrêmement imparfait ; qu'il y en ait qui paraissent résister à tout essai de civilisation, peu importe à la

question. Combien d'hommes n'y a-t-il pas dont
l'intelligence n'est point développée, dont la moralité est plus que douteuse! Est-ce à dire que le
principe de l'intelligence et celui de la moralité ne
sont pas dans l'homme, et que l'homme n'a pas
l'obligation de les cultiver? Quelques centaines de
traînards prouvent-ils quelque chose contre la discipline et la bravoure d'une armée?

Toutes les individualités ne suivent pas les mêmes
formes de développement. Il y a de nombreuses variétés sur le théâtre du monde. Elles nous frappent
d'autant plus que nous mesurons le temps d'après
notre échelle personnelle. Mais on rejetterait une
règle sur le fondement de quelques exceptions, qui
ne sont peut-être que de trompeuses apparences, si
on concluait de ces variétés que la sociabilité n'est
pas une loi de la nature humaine, et que la vie sociale n'est pas un devoir pour l'homme.

Tel est l'homme. Le sentiment intime lui révèle
les bases principales de l'ordre moral, et le porte à
s'y conformer. La raison lui sert de flambeau pour
reconnaître les parties les plus cachées du vrai et du
bien et les résultats de la justice et de l'injustice. Le
libre arbitre le détermine; il est la source de sa
responsabilité morale, du mérite et du démérite.

Mais ces ressorts demeureraient presque inactifs
sans un autre élément de la nature humaine, la sociabilité.

La société a été donnée à l'homme comme moyen
de secours, comme moyen de connaissance, comme
moyen de développement. Le développement social

est l'accomplissement de sa destinée dans ce monde,
un moyen pour sa destinée future.

Ainsi l'existence sociale n'est pas seulement un
droit de l'homme; elle est un devoir.

Ce point nous paraît essentiel; c'est un principe
fondamental de la doctrine que nous professons, et
qui la distingue d'un grand nombre de théories.

Ne pas consolider, ne pas améliorer le système
social, autant qu'il est possible, c'est manquer à une
loi morale de la nature humaine.

Mais, par cela même, la société, pour être légitime,
doit être pour tous un moyen de connaissance et de
développement.

Or, pour atteindre ce but, il ne suffit pas d'une
réunion quelconque d'hommes sans lien et sans règles.

Aussi la société civile, l'État, ne résulte pas du
simple fait de l'agrégation d'un certain nombre
d'hommes dans un espace donné. La société est un
fait complexe; elle est le produit de trois éléments
constitutifs : d'une réunion d'hommes qui en forme
la base, d'un ordre qui en fixe les lois, d'un pouvoir
qui la protège. Nous reviendrons sur ce dernier élément : attachons-nous d'abord à développer les deux
premiers.

L'agrégation d'un certain nombre de familles,
opérée d'une manière permanente, est le fait fondamental de la société. C'est aussi le fait primitif. Nulle
convention proprement dite ne le précède; les circonstances en déterminent les formes; l'étendue, et
le lieu qui lui sert de théâtre. Les idées de possession
exclusive, de lieu de naissance, de patrie, se dévelop-

pent et viennent cimenter l'union; peu à peu ces
idées prennent un développement ultérieur, et enfin
l'idée abstraite de l'être moral et celle du droit public en sortent dans toute leur pureté.

C'est ainsi que le second élément de la société se
développe. Le principe moral, l'ordre, s'empare peu
à peu du fait matériel de l'association, par cela seul
qu'il y a coexistence dans un espace donné d'un
certain nombre d'êtres intelligents et sociables, qu'il
y a entre eux des rapports, qu'il y a eu concours dans
un but commun d'un grand nombre de forces matérielles et morales. La raison ne saurait rester longtemps en présence du fait de l'agrégation, sans en
découvrir les lois, sans les révéler et les prescrire;
en un mot, sans proclamer l'ordre social.

Mais en quoi consiste précisément l'ordre social?
Quelles sont les lois générales qu'il impose à l'association?

Ceci demande à être expliqué, car la notion de
l'ordre social est une de ces idées complexes dont on
a souvent abusé en la laissant dans le vague, en lui
donnant une extension indéterminée qui se prête à
tout et sert à tout justifier. On a plus d'une fois fait
de la tyrannie, on en fait encore, au nom de l'ordre
social.

La tyrannie populaire s'étant emparée des mots
de salut public, de bien du peuple, etc., d'autres
tyrannies les ont rayés de leurs protocoles, et c'est
l'expression d'ordre social qui a eu l'honneur de les
y remplacer. L'ordre social, comme jadis le salut
public, a été considéré comme quelque chose en soi,

comme un être à part, tout à fait indépendant des
membres de la société qu'on a vexés, opprimés, tourmentés, pour le bien de l'ordre social qui devait les
protéger. L'ordre social est devenu une idole, et on
sait à qui profitent les sacrifices souvent sanglants que
les prêtres exigent.

L'ordre en toute chose n'est que la raison. L'ordre
social est la raison appliquée, coactivement s'il le
faut, à la coexistence et au libre développement des
égalités humaines.

On peut, nous l'avons déjà dit, considérer chaque
homme comme un centre d'activité physique et morale,
ayant sa sphère à lui. Chaque homme, en effet, est doué
des mêmes facultés; il a en lui le principe des mêmes
droits et des mêmes devoirs ; il a une carrière à parcourir, un but à atteindre, et sa responsabilité personnelle.
Chaque homme a le devoir d'agir en conséquence, et
le droit, premièrement de ne pas en être empêché,
secondement d'être aidé, s'il se peut.

Ne pas se nuire dans la poursuite du vrai et du
bien, ni dans celle de l'agréable et du bien-être, tel est
le premier devoir des hommes entre eux; s'aider dans
l'une et dans l'autre, tel est le second devoir.

A ces conditions le développement de l'espèce humaine est possible. En mettant au jour ces deux
conditions, ce sont les conditions de sa propre existence ou du moins de son activité que la raison humaine révèle. Sans elles, l'intelligence et la moralité
de l'homme ne seraient que des germes étouffés sous
le poids de la vie animale, de l'homme matériel.
Aussi la raison ne saurait se développer sans conce-

voir en même temps les conditions de son propre développement, le rapport d'égalité entre homme et
homme et la protection immédiate de ce rapport, en
d'autres termes, l'ordre et la conservation de l'ordre,
le droit et la justice qui le soutient, réalisés dans ce
monde par l'État.

Ces trois idées, droit d'égalité ou de liberté (les
deux mots bien considérés expriment la même idée)
entre homme et homme, justice qui le protége, État
où elle se réalise, sont trois idées qui en tout temps
et en tout lieu se sont développées avec la raison, et
ont dominé l'humanité dès qu'elle a pu se connaître.
De là cet accord unanime et pratique des hommes,
êtres intelligents mais libres, dans les notions fondamentales de société, de gouvernement, de justice
sociale et immédiate.

L'État, c'est-à-dire l'association humaine et l'ordre, aux yeux de la raison, a la même légitimité que
la tutelle pour les mineurs. La tutelle ne confère au
mineur aucun droit particulier : elle l'aide à maintenir en fait son égalité de droit vis-à-vis des citoyens
plus avisés et plus forts que lui. La société est la tutelle des faibles contre la force et la ruse. Ce sont
des moyens de maintenir le droit à qui il appartient;
mais moyens nécessaires, légitimes, dont la notion
se développe dans l'homme avec l'idée même du
droit et en est inséparable.

Maintenant, quelles sont les lois de l'ordre social?

Une fois l'existence de l'association étant donnée,
il résulte de ce fait trois classes de rapports :

Les rapports de l'union avec ceux qui n'en font
pas partie ;

Les rapports de l'union considérée dans son ensemble, comme corps moral, avec les individus qui
la composent ;

Les rapports de ces individus entre eux.

Quelque nombreux que tous ces rapports paraissent au premier abord, ils se classent cependant sous
trois chefs, ils dérivent de trois manières d'être : secours, hostilité, indifférence. Une quatrième manière
d'être n'est pas concevable. Or, quel est le droit qui
résulte de ces trois espèces de rapports ?

Quant aux étrangers, s'ils viennent au secours de
l'union, ils ont droit à la reconnaissance et à la réci-
procité.

S'ils repoussent les demandes de secours, les propositions d'alliance, d'amitié, leur indifférence peut
être immorale, mais ne donne pas le droit de déployer la force contre eux.

S'ils menacent l'union, plus encore s'ils l'attaquent ou lui nuisent, elle a le droit, dans les bornes de la nécessité, de rendre le mal pour le mal.

Quelle espèce de mal ? Le mal qui résultera pour
eux de la défense et de la réparation. Il ne saurait
être question ici du mal de la peine. La société offensée est en état d'égalité vis-à-vis de l'offenseur ;
elle n'a pas sur lui supériorité de juge ; elle n'a pas
les moyens de bien juger ; enfin la défense lui
suffit.

Quant aux membres de l'union, la société, en
tant que corps moral, ne vit que des services qu'ils

lui rendent. Mais la société est pour eux un devoir;
donc ces services sont une dette. La société a droit
de les exiger. Elle peut récompenser les services
extraordinaires; elle a droit, dans les bornes du besoin, de contraindre par tout moyen légitime en soi,
les citoyens à lui rendre les services nécessaires. Celui qui les refuse est coupable.

Si en outre il attente à l'existence du corps social,
s'il veut lui enlever les moyens d'exister d'une manière paisible et régulière, enfin s'il déploie la force
contre l'ordre public, il viole le même devoir à un
plus haut degré. Le crime est plus grave. La société,
dans les limites du devoir qui lui commande de se
conserver, a le droit de rendre le mal pour le mal.

Quelle espèce de mal? Nous retrouverons bientôt
cette question.

Quant aux membres de l'association entre eux, si
tous les associés écoutaient la voix du devoir, si nul
d'entre eux ne s'élançait hors de sa propre sphère
d'activité pour empiéter sur celle d'autrui, soit pour
empêcher le développement moral de ses semblables,
soit pour porter atteinte à leur bien-être, tout serait
pour le mieux.

Mais si le contraire avait lieu, si les passions, la
violence, agitaient les individus, et qu'entre eux la
force prît la place du droit, l'intérêt celle du devoir,
le désordre régnerait dans la société, l'association ne
produirait point ses effets, et sans être attaquée directement, elle ne tarderait cependant pas à être
dissoute. Une autre loi de l'ordre social est donc la
garantie de la libre action de chaque individualité,

dans la sphère de son droit, la protection de l'égalité.

Ces garanties une fois obtenues, l'ordre social
existe, il produit ses effets, et à la rigueur rien de
plus n'est nécessaire au développement moral et matériel de l'humanité.

Il est vrai que ce développement peut être accé-
léré. ¦ Si, non contents de coexister pacifiquement
et de profiter des avantages qui résultent du simple
fait du rapprochement paisible d'un grand nombre
d'êtres intelligents et actifs, les associés s'entr'aident
de tous leurs moyens, si les forts s'empressent d'être
utiles aux faibles, si les intelligences supérieures se
plaisent à porter la lumière dans les esprits peu éclairés, si le temps est mis à profit, si l'énergie redouble,
si le mouvement est sans cesse augmenté, l'ordre
social n'existe pas seulement; il est de plus en plus
perfectionné, et le dévéloppement matériel et moral
de l'espèce humaine prend tout l'essor que peuvent
lui donner les forces bornées de notre nature.

On sent toutefois, en rapprochant le devoir de
ne pas se nuire du devoir de s'entr'aider, que le premier est plus positif et plus impérieux que le second;
celui qui porte atteinte au premier, met la force individuelle à la place du droit, et traite ses semblables
comme des instruments de ses plaisirs; ne pas remplir le second devoir, n'est qu'une omission; on
n'aide pas, mais on n'empêche point; on n'use pas
de sa puissance pour le bien de ses semblables, mais
on n'abuse pas de sa propre force pour leur nuire;
on n'attente pas à l'égalité, à la liberté d'autrui,

seulement on ne fait point de la sienne un usage rationnel et louable.

Le droit de défense est une mesure de l'importance
relative de ces devoirs. Qu'un homme attaque un
autre homme, qu'il le prive de sa liberté, qu'il essaye
de lui ravir son bien ; que dit la raison ? Elle reconnaît dans l'homme offensé le droit de se défendre,
d'employer la force contre la force, de nuire à l'a-
gresseur, si cela est nécessaire. Mais elle ne reconnaît
pas aux individus le droit d'exiger forcément un
service, comme elle ne reconnaît pas à une nation
celui d'en contraindre une autre à lui ouvrir ses
ports ou à s'allier avec elle, quelque louable en elle-
même, quelque utile que puisse être cette alliance
aux deux pays.

Ainsi la société doit garantir l'accomplissement
du premier devoir, par l'emploi du commandement,
même de la force, en opposant, s'il le faut, le mal
au mal ; l'accomplissement du second devoir est
abandonné à la raison individuelle, et n'est soumis
qu'à l'empire de la morale.

Telles sont les lois générales que le devoir impose
à la société. L'ordre social considéré dans son action
matérielle, consiste donc essentiellement dans les
moyens de prêter force au droit :

1° De la société contre les étrangers qui l'attaquent, qui la menacent, ou qui lui nuisent directement ;

2° De la société contre les membres de l'union
qui lui refusent un service légitime ou qui lui nuisent directement ;

3° Enfin, des membres de l'union contre les individus qui empiètent sur leurs droits.

Arrêtons-nous un instant. Il existe une loi morale et une justice morale; elles sont unes, éternelles, immuables.

Partout où elles trouvent des êtres intelligents et libres, elles doivent trouver leur application, leur accomplissement pratique.

Des êtres intelligents, libres, responsables, il y en a dans ce monde : il y a l'homme.

Mais l'homme est un être sociable, la sociabilité est aussi une loi de sa nature; la société est pour lui un devoir moral, et l'ordre est nécessaire au but de la société.

L'homme qui essaie d'arrêter ou de troubler l'ordre social, est donc injuste essentiellement envers ses semblables.

Il existe donc pour l'homme une catégorie de devoirs, une source de responsabilité, particulières à sa nature, dans ce sens qu'elles seraient pratiquement étrangères à l'être intelligent et libre qui serait destiné à une existence isolée.

Je dis pratiquement, car en principe, elles découlent de ces préceptes éternels : ne pas nuire à autrui; user des moyens de sa nature légitimement et conformément à leur but. Maintenant la loi, la justice, l'homme et l'ordre social, tels que nous les avons décrits, étant donnés, qu'arriverait-il, si la justice absolue déployait immédiatement et complétement toute son action, tous ses effets dans ce monde ?

Tout serait bien, dans ce sens que les hommes et

la société trouveraient, dans une justice infaillible et immédiate, la protection qui leur est nécessaire pour exister et se développer, en conformité de leur nature.

Le désordre pourrait toujours se reproduire, les hommes étant libres, mais il serait arrêté en temps utile.

Cette intervention produirait des effets divers :

Elle accomplirait l'expiation ;

Elle réparerait complétement, immédiatement, après chaque violation d'un devoir, les atteintes portées à l'ordre moral ;

Elle pourrait opérer la réconciliation interne du coupable avec lui-même et avec la loi morale.

En outre,

Elle contribuerait puissamment à l'amendement du coupable ;

Elle servirait d'instructions pour tous les autres.

Enfin, elle préviendrait, en grande partie, le retour de faits semblables.

Les premiers effets appartiennent plus spécialement à l'ordre moral, les seconds à l'ordre social.

Elle ne serait désavouée de personne : car l'homme coupable serait l'objet d'une juste punition, et nul ne pourrait révoquer en doute la supériorité du juge.

Or, ici se présentent deux faits irrécusables.

Premièrement, la justice absolue ne développe pas toute son action directement dans ce monde. Le remords, la réaction de l'offensé, l'aversion et le blâme de ses semblables, sont ici-bas, pour l'homme coupable (la justice sociale à part), les manifestations les plus frappantes de la justice.

Secondement, l'ordre social n'existerait pas à
l'aide de ces seuls moyens de justice immédiate.
C'est là une vérité admise dans tous les systèmes.

Mais parce que la justice absolue ne se manifeste
pas complétement dans ce monde, d'une manière
directe, la nature morale des choses est-elle changée?
Le développement de l'humanité, la société, et l'ordre social, qui en sont les moyens, cessent-ils d'être
des devoirs? Le mal ne mérite-t-il pas toujours
d'être rétribué par le mal?

Plaçons-nous au centre de la société.

L'homme, avons-nous dit, a le devoir envers ses
semblables, de conserver l'ordre social et de concourir à son perfectionnement.

Qu'un homme attaque ou trouble cet ordre, qu'il
viole cette catégorie de devoirs pratiques spéciaux à
l'humanité, il a violé les lois morales, il a offensé ses
semblables, il a été injuste envers eux.

Qu'il soit puni; si réellement il a été coupable,
s'il a été puni avec mesure, sa punition demeure intrinsèquement légitime. En elle-même, abstraitement, elle est juste, d'où qu'elle vienne.

En effet, écoutons cet homme; que pourra-t-il
dire? Je ne l'ai pas méritée; je ne dois pas être un
objet de punition? Non, il a fait le mal; il y a justice
absolue à l'en punir.

Seulement, il pourra dire : Ce n'est point par vous,
ce n'est point maintenant, ce n'est point de cette
manière que je dois être puni. La justice demande
un supérieur, un juge de mes actions qui s'interpose
à bon droit entre vous et moi.

S'il oppose cette fin de non-recevoir à un individu
quelconque, au premier venu, il a raison. Il n'y a
pas supériorité ; ils ne peuvent pas produire leurs
titres, justifier leur mission.

En est-il de même du pouvoir social? Ce pouvoir
est un fait. Si ce fait est légitime, ce pouvoir a ses
devoirs, ses droits, sa supériorité, sa mission.

Si cette mission existe, comprend-elle l'exercice
de la justice pénale?

Si elle le comprend, l'embrasse-t-elle dans toute
l'étendue de la justice absolue?

Examinons.

La société résulte premièrement de l'union qui la
constitue, et de l'ordre social qui la maintient.

Mais l'ordre social peut-il se maintenir tout seul?
L'ordre social a ses lois : nous les avons iudiquées.
Il exige, entre autres, que si l'union est attaquée,
elle soit défendue : que si les individualités passionnées ou égoïstes font irruption sur le droit d'autrui,
elles trouvent l'obstacle d'une force légitime venant
au secours de ce droit.

La raison nous révèle ces lois; la conscience les
avoue : elles sont obligatoires.

Cependant, si l'ignorant les méconnaissait, si le
méchant les foulait aux pieds, l'existence matérielle
et pratique de l'ordre social cesserait, avec lui la société, et avec la société le développement de l'humanité.

Il faut donc une intelligence qui commande, une
force qui réprime; il faut un pouvoir conservateur
de l'ordre : c'est le pouvoir social. Il est rationnel et

légitime comme l'ordre social, comme l'association elle-même. Il est le troisième élément de la société.

C'est de la raison que lui viennent sa légitimité et son autorité. Aussi perd-il sa légitimité, est-il réduit à un fait matériel, lorsqu'il n'est plus l'expression de la raison appliquée à l'ordre social, le droit résultant des rapports sociaux, soutenu, s'il le faut, par la force.

Révéler le droit, l'imposer, en un mot commander, suppose la connaissance de ce droit.

User de la force, infliger un mal dans les bornes du droit, suppose moralité, justice.

Donc le pouvoir appartient aux intelligences éclairées, aux volontés pures et droites.

Nier la légitimité de ce pouvoir, lui contester ses droits, braver son autorité, c'est renier la raison.

Aussi le contraire des propositions que nous venons d'énoncer, c'est l'absurde.

C'est dire : Le pouvoir n'est que la déraison, il reçoit ses titres de la force ou de la folie, il appartient à l'ignorance et au vice.

Reprenons : le pouvoir social a besoin de moyens pour atteindre son but; et comme ce pouvoir est légitime, il a droit à ces moyens.

Mais ces moyens aussi doivent avoir leur légitimité. Ils doivent être conformes à la loi morale, et proportionnés au besoin. S'ils le dépassent, ils ne sont que des abus.

Il s'agit de maintenir l'existence paisible et régulière de la société envers et contre tous. Pour cela il faut, avant tout, la garantir contre les attaques de l'extérieur, et lui donner dans l'intérieur une assiette, une force et des moyens matériels de développement et d'action. De là le droit de paix et de guerre, le droit à l'impôt, à la conscription et autres. Ces matières n'appartiennent pas à notre sujet ; passons outre.

Restent les atteintes que peuvent porter à l'ordre social, directement ou indirectement, les individus.

Quels sont les moyens légitimes de protection ?

Tout moyen nécessaire, utile, pourvu qu'il soit en même temps avoué par la justice.

L'instruction se présente d'abord.

Nous ne voulons pas affirmer qu'en tout temps, en tout lieu, quelles que soient les circonstances et la forme du gouvernement, le pouvoir social doive se charger de l'instruction publique, et la diriger. C'est là une question de droit politique qui, à notre avis, ne peut pas être tranchée d'une manière absolue. Mais tout gouvernement a le devoir positif de ne point arrêter, de favoriser, autant qu'il est en lui, la propagation des lumières.

Mais l'instruction spéciale sur la qualité et la gravité des délits sociaux lui appartient. C'est le commandement, l'expression positive de la loi. Cette expression doit être, pour certains cas, plus claire et plus détaillée que pour d'autres. Le mal moral et surtout le mal politique d'un fait criminel sont souvent cachés, du moins en partie, à l'œil du vulgaire. C'est au législateur à les placer dans leur véritable jour, par la loi d'abord, et même par des moyens plus populaires encore, lorsqu'il y a motif de craindre des méfaits dont l'immoralité et le danger ne seraent pas estimés à leur véritable taux dans l'opinion commune.

Maintenant l'instruction, le commandement suffisent-ils au maintien de l'ordre social? Personne ne le pense. Le pouvoir doit recourir à des moyens matériels.

La police préventive en est un. Mais on supposerait ce qui est encore en question, si on attribuait à la police préventive, considérée isolément, l'efficacité qu'elle peut avoir lorsqu'elle est suivie de la justice pénale. Dans la supposition que la découverte d'une tentative criminelle n'entraînât d'autre conséquence fâcheuse pour le coupable que l'interruption du délit, l'action salutaire de la police se réduirait à peu de chose. Elle ne pourrait qu'empêcher la consommation de quelques crimes, par une intervention immédiate, ou en prenant la défense proprement dite d'un individu attaqué. Dans cet état de choses, pour la rendre efficace, il faudrait lui donner une étendue effrayante. Il faudrait une société civile pour en garder une autre. Et qui surveillerait les gardiens?

La police, quelque décrié que soit ce nom, est sans doute légitime, lorsqu'elle est employée à prévenir les malheurs et les délits. Une grande reconnaissance sera due à celui qui découvrira le secret de lui enlever deux taches qui malheureusement paraissent inhérentes à sa nature, l'immoralité de ses moyens, et sa manie d'envahir la société tout entière. La police, même honnête, est précisément celui des pouvoirs sociaux qui a le plus de tendance à considérer l'ordre social comme quelque chose en soi, en faisant toujours abstraction des hommes, excepté quand il s'agit de leur donner des entraves.

Quoi qu'il en soit, il est évident que l'instruction et la police préventive ne suffisent point au maintien de l'ordre social.

Au surplus, peut-on se dissimuler que l'usage de ces moyens est impossible, à moins que l'ordre ne soit déjà suffisamment assuré? Dans une société livrée sans frein au débordement des passions, aux excès de la force individuelle, l'instruction, la police, toute institution désarmée est impossible ou demeure sans effet. L'histoire le prouve. Ces moyens ne sont que secondaires, auxiliaires. C'est avec le temps, par les progrès de la société, par le perfectionnement graduel de l'ordre public qu'ils peuvent acquérir une grande efficacité, devenir peut-être des moyens principaux : peut-être aussi, qui oserait mettre des bornes à l'avenir? les seuls nécessaires.

En attendant, comment l'ordre social sera-t-il maintenu ?

Aura-t-on recours aux récompenses?

A quoi bon nous arrêter à parler des récompenses? Il a été plus d'une fois démontré que la récompense est un moyen insuffisant au maintien de l'ordre social. Peut-être n'a-t-on pas assez fait remarquer combien un système de récompenses matérielles et immédiates, accordées pour l'accomplissement des devoirs les plus stricts et les plus sacrés, lors même qu'il serait possible à pratiquer, serait dangereux par sa tendance, et bientôt pernicieux par ses effets.

Il faut donc sortir des voies de la douceur. Le

pouvoir social ne prêterait pas une force suffisante au droit; il manquerait au devoir qui lui est imposé, s'il ne faisait pas entendre au crime un langage sévère.

Il le menacera. De quoi? des dangers de la *défense* qu'il peut lui opposer? La menace sera légitime, mais inutile. Elle sera, en outre, insuffisante, si le pouvoir n'entend pas aller au delà du sens de ses paroles, et dépasser les bornes du droit de défense. Nous l'avons démontré.

Il lui faut donc menacer le crime d'un mal autre que la simple réaction défensive, mais d'un mal également légitime.

La *réparation* en est une seconde espèce. En effet, dans plusieurs cas, le mal de la réparation imposée au coupable suffit au but de la société. Dans ces cas, la loi positive n'accorde à la partie lésée qu'une action civile. Toutes les législations offrent des exemples de ce moyen, que le pouvoir social emploie pour la protection des droits individuels. On peut citer la lésion dans le contrat de vente et autres espèces de dommages.

Mais la réparation est-elle toujours possible? Suffit-elle au maintien de l'ordre social? Le pouvoir aurait-il rempli sa mission, s'il se bornait à ces moyens de donner aide et assistance au droit? Personne n'oserait l'affirmer.

Il lui faut donc faire davantage.

Si les moyens préventifs d'instruction et de police,

Si les moyens de récompense,

Si le mal infligé par la défense,

Si le mal de la réparation, sont insuffisants ou

inutiles, quel autre moyen légitime reste-t-il au pouvoir social?

Un seul, le mal de la *peine*.

Ou il faut renoncer à toute idée de droit et de justice, et mettre franchement à leur place le fait et la force, ou il faut admettre cette conclusion.

Car il n'y a que trois espèces de mal, de souffrance, qu'on puisse infliger avec justice à un homme contre son consentement, lorsqu'il est en état d'avoir une volonté : le mal de la défense, celui de la réparation et celui de la peine proprement dite, de la punition.

Mais la punition n'est point un mal infligé pour le plaisir et l'intérêt d'un individu ou d'un nombre quelconque d'individus ; elle n'est point un mal infligé uniquement dans le but de faire une expérience ou de produire une certaine impression sur les spectateurs ; elle n'est point un mal infligé uniquement dans le but d'obtenir par ce moyen un plus grand bien.

Il est possible que la peine produise ces effets, ou quelques-uns de ces effets, en tout ou en partie.

Il est licite de prévoir et de tirer parti des effets que le fait de la peine peut produire.

Il est permis, en faisant la menace de la peine ou en l'infligeant, de procurer ces effets en tant qu'on ne dénature point la peine elle-même, qu'on ne lui ôte pas son caractère et sa légitimité.

Enfin, si l'on n'a droit d'infliger la peine qu'autant qu'elle produirait quelques-uns de ces effets, il est non-seulement permis, mais juste de n'en faire la menace et l'application que dans le cas où ces effets pourraient se réaliser.

Mais la peine en elle-même n'est que la rétribution, faite par un juge légitime, avec pondération et mesure, du mal pour le mal.

Si ces caractères ne se rencontrent pas simultanément dans l'acte, il y aura menace ou application d'un mal ; mais il ne peut être question de peine.

Il y aura menace ou application d'un mal, mais nullement d'un mal légitime.

Si au contraire ces caractères se retrouvent dans l'acte, lors même qu'il a pour résultat la souffrance d'un être libre et moral, l'acte est légitime.

La loi pénale est donc justifiée ;

Car nous avons un pouvoir légitime, le pouvoir social,

Employant dans un but légitime le maintien de l'ordre social,

Un moyen légitime, la menace de rétribuer avec mesure le mal pour le mal.

Mais le moyen serait illusoire, si, le cas échéant, elle n'était pas mise à exécution. Le droit de faire la menace renferme donc celui de la faire exécuter. C'est le même droit sous deux formes diverses.

Or, quel est ce pouvoir légitime qui menace de rétribuer le mal pour le mal, et qui met à exécution sa menace ?

C'est le droit d'administrer la justice.

Mais quelle justice ? Ce sont les erreurs des écoles et les faux systèmes qui nous font poser cette singulière question.

La justice est une. Qu'on lui donne des noms divers, des épithètes différentes, selon les cas divers auxquels elle s'applique ; peu importe, tant que ces noms ne sont que des mots. S'ils expriment des diversités substantielles, ils représentent alors des erreurs fondamentales.

Est-ce donc la justice morale dans toute son étendue, que le pouvoir social a le droit d'exercer? C'est la justice morale, mais exercée dans un but restreint et déterminé , la garantie des éléments constitutifs de l'ordre social ; c'est la justice morale, mais exercée concurremment avec les autres moyens de garantie et en tant que ces moyens seuls sont insuffisants ; c'est la justice morale, mais confiée à des êtres imparfaits et faillibles.

Le plaisir et la douleur sont, dans certaines limites, à la disposition du pouvoir social ; il a le devoir de les employer : mais, selon le principe fondamental de la justice morale, le plaisir comme rémunération, la douleur comme punition.

L'exercice de la justice punitive par le pouvoir social, dans les bornes de sa mission, est donc légitime.

Qu'on nous ramène maintenant l'homme que nous avions mis en scène ; il ne pouvait pas objecter contre la justice intrinsèque, abstraite, de la punition, puisque, dans l'hypothèse, il était criminel, et que la peine était équitable. Il demandait seulement un supérieur, un juge légitime.

Opposera-t-il encore cette fin de non-recevoir au pouvoir social? Il ne le pourra qu'en niant d'une manière absolue la légitimité de ce pouvoir ; car s'il est légitime, rationnel en soi, l'exercice de la justice pénale, dans les bornes qui lui son prescrites, lui est acquis de plein droit. On ne peut le lui refuser, pas plus qu'on ne lui refuse le droit de lever un impôt, la source des deux droits est la même ; la matière est différente ; le principe est identique. Ainsi le supérieur existe ; le juge est trouvé. Pour le récuser, il faut nier le pouvoir social ; par là, l'ordre social ; par là, la société ; enfin, il faut renier la nature de l'homme et l'ordre moral.

Ou il y a un vice à nous inconnu dans la série de ces raisonnements, ou nous pouvons conclure que le droit de punir est tout aussi légitime que l'ordre social et le pouvoir social. Il est, comme eux, une loi morale imposée à l'espèce humaine.

Ainsi, tout s'explique par une chaîne de devoirs qui dérivent rationnellement les uns des autres : le devoir de l'ordre moral, celui de l'ordre social, celui du pouvoir social, enfin celui de la justice humaine. Le premier est le but, les autres sont des moyens.

La justice humaine est donc une loi naturelle, un élément du système moral dans ce monde, comme la gravitation est une loi du système physique, destinée à retenir les corps dans l'orbitre qui leur est tracée.

Instruction et justice, et dans la justice est comprise une partie essentielle de l'instruction ; c'est là le système social tout entier, tout le devoir et tout le droit des pouvoirs de la société. Toutes les autres parties du système social, quelque brillantes qu'elles paraissent, ne sont que des moyens pour arriver à ce résultat et le conserver. Tout pouvoir qui remplit ces conditions est légitime, car il est conforme à la raison et à l'ordre moral. Tout pouvoir qui fait profession de ne pas les remplir n'existe que de fait, quelle que soit son ancienneté.

Dans ce sens, Hume a raison de dire : « Nous devons regarder le vaste appareil de notre gouvernement comme n'ayant en définitive d'autre objet ou d'autre but que la distribution de la justice, en d'autres termes, le *maintien des douze juges*. Le roi et le parlement, les flottes et les armées, les officiers publics, les ambassadeurs, les ministres, les conseillers de la couronne, tout est subordonné à cette partie de l'administration. » Cette idée a aussi été exprimée en peu de mots par Massillon, lorsque, dans le panégyrique de saint Louis, il appelle le trône un tribunal de justice.

Il est bien clair que la justice sociale, dont l'exercice est donné au gouvernement, embrasse toutes les diverses ramifications du droit ; et si nous avons insisté principalement sur la justice pénale, c'est surtout parce qu'elle est ici l'objet spécial de nos recherches.

La justice répare ; elle punit. Elle répare par les condamnations civiles ; elle punit par les condamnations criminelles.

Mais qu'elle soit civile ou pénale, administrative ou commerciale, elle tire toujours sa légitimité du même principe ; toutes ces formes de la justice reviennent toujours à l'obligation de prêter assistance au droit pour le maintien de l'ordre social.

C'est en vertu du même principe que la justice légale, sous une forme ou sous une autre, nomme un
tuteur, détermine les conditions d'un testament, condamne le mandataire négligent au paiement des dommages et intérêts, et l'assassin à la peine de mort.

C'est en vertu du même principe qu'il lui est également défendu d'enlever un écu à celui qui ne le
doit pas, et de condamner un innocent à un jour de
prison, dût cet écu, dût ce jour de prison produire
les impressions *psychologiques* les plus salutaires,
être utile à une nation, faire un plaisir immense au
genre humain tout entier.

Le bien-être, l'utilité, résultent de la justice ; ils
n'en sont ni la justification ni la cause première.

La justice imposée aux sociétés comme un devoir,
comme une loi morale, protége même les intérêts
matériels ; elle les protége, non à titre d'intérêts,
mais à titre de droit ; lorsqu'ils ne sont que des intérêts, elle n'hésite pas à les fouler aux pieds, s'ils
osent vouloir l'arrêter dans sa marche. Émanation
de l'ordre moral, c'est à l'ordre moral qu'elle tend ;
c'est pour leur rappeler les principes de l'ordre moral qu'elle se manifeste aux hommes, et pour leur
fournir les moyens de s'élever eux-mêmes à la source
céleste d'où elle émane.

Mais si telle est l'origine de la justice sociale, si on
doit voir en elle, je dirai presque une délégation
partielle de la justice éternelle, peut-on croire qu'elle
puisse être exercée par un pouvoir humain sans
conditions et sans règles ?

Nous venons de reconnaître l'origine de la justice

humaine, et par là nous avons pu apercevoir déjà ses bornes, ses conditions et son but. Méditons cependant de nouveau ce sujet si important : dussions-nous être accusés de représenter les mêmes idées sous d'autres formes, la crainte de ce reproche ne saurait nous arrêter, lorsqu'il s'agit de mettre dans tout leur jour les véritables caractères de la justice pénale.

Sa nature en dévoilera les conditions, son but en signalera les bornes. Cette importante recherche, qui nous rapproche beaucoup du positif de la justice pénale, formera le sujet du chapitre suivant, par lequel nous achèverons de poser les principes du système, les bases de l'édifice tout entier. En recherchant l'origine du droit de punir, nous avons dû parler souvent de la justice humaine en général ; nous pouvons maintenant nous renfermer plus rigoureusement dans le champ de la justice criminelle.

CHAPITRE XIII.

La justice humaine est un élément de l'ordre social ; la justice absolue, un élément de l'ordre moral.

Le but de la justice absolue consiste dans son propre accomplissement ; elle est parce qu'elle est.

Le but de la justice humaine est extérieur et borné.

C'est encore la justice absolue, mais la justice absolue, appliquée seulement aux violations de nos devoirs envers les tiers, en tant que ces violations troublent d'une manière sensible l'ordre social. En s'appliquant aux faits sociaux, elle ne doit pas se proposer un but qui peut l'emporter hors des limites de cette justice absolue dont elle émane.

Prévenir les délits, dit-on, c'est un droit du gouvernement. C'est mieux qu'un droit, c'est un devoir.

Mais les devoirs, faut-il les accomplir par un moyen quelconque ou par un moyen légitime ? Le père a le devoir de nourrir ses enfants ; pourra-t-il les nourrir au moyen du vol, lors même qu'il pourrait ainsi les nourrir mieux que par son travail ?

Le citoyen a le devoir d'obéir à la loi ; doit-il obéir

à une loi inique, à une loi qui lui ordonnerait de prostituer son enfant?

Le gouvernement a le devoir de prévenir les délits; a-t-il droit, pour cela, à toutes sortes de moyens? Il pourra donc, s'il a assez de chaînes et de gardiens, faire des listes de suspects et les envoyer aux travaux publics; ils pourra retenir dans ses galères tous les condamnés qui ont subi leur peine, et qui n'offrent point des garanties complètes de leur regénération; que ne pourra-t-il pas? Qu'on interroge les fastes de la tyrannie.

La répression des délits par la peine n'est donc légitime qu'à la condition que la peine s'appliquera aux coupables, et aux coupables seulement.

Mais quelle peine? Dès qu'on dépasse d'un atome le mal mérité, il n'y a plus justice : on retombe dans le système de l'intérêt.

C'est donc, et tout au plus, la peine méritée.

Mais d'où vient directement le droit d'infliger cette peine?

Provient-il du mal qu'on veut prévenir, ou du mal commis par le coupable?

Si la cause primitive et directe est dans le mal qu'on veut prévenir, il faut en conclure qu'à la rigueur la peine peut être infligée indifféremment à l'innocent et au coupable.

De même, où se trouve la mesure de la peine méritée? dans le mal à prévenir ou dans la nature et la gravité du délit commis? Si elle est dans le mal à prévenir, il n'est plus question de justice : la justice n'a d'autre mesure que la nature et la gravité du délit.

La gravité du délit peut, à la vérité, s'accroître par la gravité du mal politique résultant du mauvais exemple, du danger social, de l'alarme qu'il cause; mais cette aggravation, quoique résultant du mal politique, est une aggravation morale. C'est une aggravation aux yeux de la justice absolue comme aux yeux de la justice humaine. L'aggravation dérive de la violation plus manifeste d'un devoir envers l'ordre social.

En résumé, la justice, si elle mérite réellement ce nom, ne doit punir que des coupables, dans la mesure, tout au plus, de leur délit, délit qui est la cause primitive et directe de l'action pénale.

Mais le besoin de prévenir les délits, considéré en soi isolément, comme but principal et direct de la justice sociale, conduit ou peut conduire à des résultats directement opposés; prévenir les délits n'est donc pas l'expression rigoureuse du but de la justice pénale.

Son *but* essentiel et direct est le rétablissement de l'ordre social lésé ou troublé dans l'un de ses éléments par un délit;

Et cela, par les *effets* réparateurs et préventifs qui résultent de l'exécution immédiate de la loi morale.

Un délit est-il commis; il y a eu violation d'un devoir, l'ordre moral doit être rétabli. Il y a justice absolue à punir.

Ce même délit trouble-t-il l'ordre social;

Il y a délit moral et politique à la fois; il y a violation de l'ordre moral, et de l'ordre social, qui a aussi sa légitimité. L'ordre social *peut* être rétabli ou par la réparation, ou par la peine, ou par l'une et par l'autre à la fois.

L'atteinte portée à l'ordre social par ce délit est-elle de cette nature que, si elle demeurait impunie, l'ordre social serait troublé d'une manière sensible? La justice pénale *doit* agir, si elle a les moyens de le faire, sans cesser d'être elle-même, et si son action peut effectivement être utile au maintien de l'ordre social.

Tout acte produit des effets divers, des effets éventuels et des effets plus ou moins liés à la nature même de cet acte.

Les effets naturels de la justice pénale sont l'instruction, l'intimidation, l'amendement.

La justice pénale doit agir, en cas de délit, lorsque les effets naturels de cette justice peuvent se développer au profit de l'ordre social.

Elle ne frappe pas dans le but direct de produire, à tout prix, l'un ou l'autre de ces effets.

Mais elle ne frappe que lors et en tant que ces effets, tels et dans la mesure que les produit son action légitime, peuvent contribuer à la conservation de l'ordre social, injustement troublé par le délit.

Ainsi la justice pénale n'agit que lorsqu'il y a violation d'un devoir ;

Elle n'agit qu'au profit de l'ordre social ;

Elle n'agit que par ses effets naturels et dans la mesure légitime de ses effets.

Quand la justice pénale est exercée sous les conditions que nous venons d'indiquer, le but que nous lui avons assigné est atteint. Car l'ordre social y est

conservé ; les crimes le troublent momentanément,
partiellement, mais le jeu de l'ensemble y est maintenu. C'est par là que, telle que nous la demandons, la justice sociale diffère de cette justice arbitraire à laquelle on marque un but qu'elle ne saurait
jamais atteindre.

Il y a plus : la justice humaine est confiée à des
êtres imparfaits; la justice morale est un attribut de
l'être infini.

De ces prémisses dérivent les caractères qui distinguent la justice pénale qu'exerce la société de la justice morale.

De là les bornes de la première.

Ces bornes sont posées et par le but restreint de la
justice sociale, et par l'imperfection de ses moyens
de connaissance et d'action.

Mais, encore une fois, les différences qui distinguent la justice sociale de la justice absolue n'empêchent pas qu'elles ne dérivent l'une et l'autre de la
même source, et qu'elles n'aient un caractère essentiel qui leur est commun.

Ce caractère est la juste dispensation du bien et du
mal, une dispensation conforme à la loi morale, une
dispensation qui, dans aucun cas, ne rétribue le bien
pour le mal, le mal pour le bien.

En d'autres termes, ce caractère consiste dans la
vérité morale, du moins intentionnelle de la part de
celui qui exerce la justice.

Vérité relativement à la nature de l'acte à punir ;
vérité relativement à l'auteur de cet acte ; vérité relativement à la mesure de la punition.

Ce qui constitue trois conditions essentielles de la justice pénale, soit absolue, soit sociale.

Qu'une de ces conditions soit volontairement négligée, et il n'y a plus de justice, il n'y a plus de droit ; il ne reste qu'un fait, un acte de violence.

Mais ces conditions existant, la justice absolue ne trouve pas de bornes dans tout le champ de la morale. Il n'en est pas de même de la justice pénale ; elle a ses limites même dans l'ordre moral. Non-seulement elle ne peut pas dépasser le cercle de la justice absolue, mais elle n'a pas le droit d'agir dans toute l'étendue de ce même cercle.

La justice sociale s'arrête là où il y a absence de besoin et de moyens.

Elle est donc renfermée, pour ainsi dire, en trois cercles concentriques :

Celui de la justice intrinsèque de la punition ; il est formé par les trois conditions, par les trois vérités que nous avons énumérées ;

Celui du maintien de l'ordre social ; c'est le but essentiel de la justice humaine ;

Celui des moyens propres à atteindre utilement ce but par l'action pénale.

Ces deux derniers cercles représentent les bornes particulières de la justice sociale.

En punissant le meurtre, elle agit de son plein droit :

1° Parce que le meurtre est un délit moral ;

2° Parce que l'impunité du meurtre ramènerait l'empire de la force individuelle, et bouleverserait ainsi l'ordre public ;

3° Parce que le meurtre étant un fait matériel, et qui laisse des traces de son existence, la société a les moyens de le reconnaître et de le punir, de manière à satisfaire la justice et l'opinion publique.

En punissant l'usure, elle dépasse son droit ;

Parce qu'il n'est pas vrai que ce que nous appelons l'usure soit un acte immoral de sa nature, quoique, dans certaines circonstances, le prêteur puisse commettre une injustice, comme le peut le vendeur de toute autre marchandise que l'argent.

En punissant le duel, elle irait au delà de son droit, au moins dans certains pays, à certaines époques de la civilisation ;

Parce que ces punitions n'y sont pas utiles au maintien de l'ordre social.

Enfin, en voulant punir certaines infractions des lois de la chasteté et de la pudeur, elle dépasserait son droit ;

Parce qu'elle n'a pas les moyens de vérifier ces faits et qu'en essayant ces preuves, elle produirait plus de mal par le scandale que la menace de la peine ne produirait d'avantages.

De là se déduisent toutes les règles auxquelles la justice pénale est tenue de se conformer. Le développement des conséquences qui découlent de ces principes constitue la science du Droit pénal.

Ainsi, et cette remarque est essentielle, rien d'arbitraire ne saurait exister dans l'organisation et l'exercice de la justice sociale.

L'établissement, par·la législation, des saines règles relatives à l'administration de la justice, n'est donc qu'un acte de devoir; l'oubli de ces règles est une faute, c'est même un crime.

Essayer dans ce moment l'exposition de ces règles, le développement de toutes les conséquences de nos principes, ce serait vouloir renfermer dans ce chapitre tout notre travail.

Nous devons nous borner à signaler les principales conséquences de nos prémisses, uniquement dans le but de donner d'avance un aperçu général de l'étendue de ces conséquences, et de la généralité de ces principes.

I. Condition de toute justice, et par conséquent de la justice sociale : justice intrinsèque de la punition.

Elle résulte de trois données : vérité relativement à la nature de l'acte à punir ; vérité relativement à l'auteur de cet acte; vérité relativement à la mesure de la peine.

Les principales conséquences de ce principe relativement à chacun des quatre éléments de la justice, sont :

Quant au commandement;

1° Que la première question à poser est de savoir si l'acte à punir est immoral.

2° Que, dans ce premier examen, dans cette recherche élémentaire, le législateur ne saurait avoir un autre *criterium* que le moraliste.

3° Qu'un acte immoral en soi étant donné, le législateur ne doit point essayer de le dénaturer, soit en exagérant, soit en affaiblissant la notion de son immoralité. Seulement il est vrai que l'immoralité de l'acte peut dépendre en tout ou en partie de ses rapports avec l'ordre social.

4° Que la moralité de l'acte et celle de l'agent
étant choses distinctes, au point que l'une peut être
appréciée par formules générales, tandis que l'autre
ne peut l'être que par l'examen de chaque fait particulier, le législateur qui prétend décider les divers
cas d'imputabilité dans la loi, par des règles inflexibles, manque à la loi morale.

5° Qu'un fait immoral, dès qu'il se révèle par une
manifestation extérieure et sensible, étant le résultat
de plusieurs actes dont le premier est la pensée criminelle, le dernier l'accomplissement du but que le
criminel se propose, et l'immoralité n'étant pas la
même à chaque période du fait principal, le législateur doit essayer de le suivre dans ses phases, afin
de proportionner l'action pénale à leur importance
respective.

6° Que plusieurs agents pouvant concourir au
même acte sans que le fait de chacun soit également
immoral en soi, le législateur doit faire effort pour
distinguer les diverses espèces de participation au
crime.

Quant à la sanction pénale;

1° Que la punition devant être un fait moral, un
acte de justice, le choix et surtout la mesure des peines ne peuvent être chose capricieuse ni entièrement
arbitraire.

2° Que la peine devant se proportionner et à la
moralité de l'acte, et à celle de l'agent, et la seconde
ne pouvant être appréciée que par le juge, le législateur ne doit pas toujours fixer une règle de punition
invariable.

Quant au jugement;

1° Que les faits extérieurs et matériels n'étant pas toujours une manifestation évidente des intentions criminelles de leur auteur, on ne peut pas toujours conclure de la qualité du fait à l'immoralité de l'agent, qu'on doit par conséquent prendre en considération tous les autres faits personnels qui peuvent affaiblir ou faire disparaître la culpabilité de l'auteur de l'acte matériel.

2° Que le jugement n'étant que l'application de la loi à un fait particulier, ne peut avoir d'autre but que l'exécution de la loi, et qu'en tant que fait isolé et indépendant, il est étranger même aux considérations générales d'ordre public. Il ne peut jamais être un moyen.

Quant à l'exécution;

Qu'elle ne peut, sous aucun prétexte, dépasser la mesure du mal prescrite dans le jugement.

II. La première condition qui limite la justice humaine dans son exercice, c'est l'utilité de son action pour la conservation de l'ordre social.

Les principales conséquences de ce second principe sont :

Quant au commandement;

1° Que le second point à examiner dans l'ordre de la justice sociale, est de savoir si un acte immoral étant reconnu, la société a besoin que cet acte devienne un sujet de punition humaine et immédiate.

2° Que, comme il faut pour cela une juste appréciation du mal politique que l'acte immoral et son impunité feraient à l'ordre social, le législateur doit

se rendre compte des causes productives du désordre social et de leur efficacité; en un mot, analyser le
mal social et le reconnaître dans ses divers éléments.

3° Que dans cette sphère d'idées, dans l'ordre des
utilités et des inconvénients politiques, le fait de la
punition et les jugements humains pouvant aussi être
un mal et devenir une source de désordre, le législateur doit tenir compte de cette considération dans
l'appréciation des avantages de l'action pénale.

4° Que dans l'ordre des utilités et des inconvénients, les résultats étant de leur nature variables
d'après les lieux, les temps et les circonstances, le
législateur est, par cela seul, tenu de publier ses intentions, relativement à la justice sociale, par la
promulgation de la loi.

5° Que, comme les diverses espèces de délits ne
produisent pas chacune un mal de la même nature
et de la même intensité, le législateur ne saurait
procéder par des généralités embrassant toutes les
familles des délits, mais doit, au contraire, les distinguer les uns des autres d'après leurs qualités intrinsèques et leurs effets particuliers, en évitant avec
soin de comprendre dans une classe de délits ceux qui
de leur nature appartiennent à une classe différente,
et méritent par conséquent une punition différente.

Quant à la sanction pénale;

1° Que l'effet complexe de la sanction pénale
se composant de trois effets distincts, le législateur
doit examiner l'importance relative de ces effets et
placer en première ligne, dans les bornes de la latitude que la loi morale laisse à la politique, l'effet le

plus important pour l'ordre social; et cela par le *choix* des peines.

2° Que, pour la *mesure* de la peine, le législateur, après avoir reconnu quelle est la peine méritée par le délit considéré en soi, est libre, dans son appréciation politique, de diminuer cette peine à son gré.

Quant au jugement;

Que cette appréciation, faite d'une manière générale, pouvant toujours être reconnue fausse dans certains cas spéciaux, où la poursuite serait, par exception, dangereuse ou nuisible pour la société, le législateur doit laisser les moyens de rectifier, dans ces cas, la décision générale; en d'autres termes, laisser la faculté de ne pas poursuivre, pour que la justice, destinée au maintien de l'ordre social, n'en devienne pas une cause de bouleversement.

Quant à l'exécution;

Que, par le même principe, il a le devoir de se réserver le droit de grâce.

III. Autre limite de la justice humaine dans l'imperfection de ses moyens.

C'est-à-dire que, et dans l'ordre moral et dans celui des utilités, le législateur doit s'abstenir toutes les fois que, par la nature bornée et faible de l'homme, il ne peut avoir la certitude morale d'une appréciation suffisamment exacte et conforme aux principes de la justice.

C'est dire qu'il a le devoir d'entourer la justice sociale de toutes les garanties propres, soit à prévenir les erreurs même involontaires, soit à réparer les erreurs qu'on n'aurait pas évitées.

Doù il résulte :

Quant au commandement ;

Que dans l'appréciation et le choix des délits légaux, il ne doit pas même embrasser tout le champ de l'utilité sociale, considérée abstraitement; il doit la considérer dans ses rapports avec la sûreté et l'efficacité des moyens de connaissance donnés à l'homme.

Quant à la sanction pénale ;

Que la même restriction s'applique aux peines; car il y a des peines que, par leur nature, l'homme ne saurait ni apprécier au juste ni mesurer.

Quant au jugement ;

1° Que les hommes n'étant pas tous doués du même degré d'intelligence, ni des mêmes qualités morales, le législateur est tenu d'extraire, pour ainsi dire, du corps social ce qu'il offre, en fait d'intelligences et de volontés, de plus apte à la droite administration de la justice, pour en composer en quelque sorte une intelligence et une volonté supérieures à celle du commun des hommes.

2° Que, dans ce choix, il doit se diriger d'après la considération des qualités spéciales requises pour une sage administration de la justice.

3° Qu'à cet effet, il doit d'abord examiner quelles sont, dans l'administration de la justice, les spécialités auxquelles l'intelligence et la volonté de l'homme doivent s'appliquer.

4° Que ces spécialités étant la constatation d'un fait et la déclaration d'un droit, la première question est de savoir si les intelligences et les volontés propres à l'une de ces spécialités, sont également propres à l'autre.

5° Qu'une fois ces capacités morales et intellectuelles trouvées, il est temps de les distribuer et de les coordonner de manière à ce que chacune puisse donner le résultat qu'elle est destinée à produire.

6° Que les erreurs de l'inelligence humaine étant trop souvent l'effet d'un examen superficiel et précipité, la justice est tenue de ne prononcer ses décisions qu'après une discussion pleine, libre, complète.

7° Que la volonté de l'homme étant sujette à s'égarer, toutes les fois qu'elle n'est plus entourée de toutes les forces morales qui la retiennent dans le droit chemin, le législateur est tenu de l'entourer de toutes ces forces, dont l'opinion publique, éclairée par la publicité, est sans doute une des principales.

Quant à l'exécution :

1° Que, malgré ces précautions, l'erreur, soit volontaire, soit involontaire, étant toujours possible, le législateur a le devoir de ne point négliger les moyens de la réparer.

2° Que de là il résulte de nouveau l'obligation d'ouvrir des voies de recours et des voies de grâce : ces deux moyens étant le complément de l'organisation de la justice humaine.

Telles sont les principales conditions de la justice pénale. Ce ne sont pas là des concessions gracieuses, des points de pure convenance : ce sont des devoirs. Le législateur qui les néglige est infidèle aux conditions de la justice sociale.

LIVRE SECOND

DU DÉLIT.

CHAPITRE I.

DU DÉLIT EN GÉNÉRAL.

Le mot de *délit*, ainsi que trop d'autres mots employés dans la science du Droit, a été pris dans des acceptions diverses.

Dans le langage technique le plus généralement reçu, on entend par délit tout acte frappé d'une sanction pénale.

Cependant le législateur français en a borné la signification aux actes criminels dont la peine ne dépasse pas une certaine mesure ; il a réservé pour les actes les plus graves le mot de *crime*.

L'école de Bentham appelle délit tout acte défendu par la loi ; une femme contracte un engagement sans l'autorisation de son mari, elle commet un délit.

D'autres portant leurs vues plus loin, mais sans tracer les distinctions nécessaires, ont pris pour base du système criminel une définition qui n'était au fond que la définition du *péché*.

On trouve aussi des définitions dont les caractères

distinctifs ne sont tirés que des formes de la procédure.

Il est certain que si l'on veut se borner au sens
pratique, le délit n'est que l'infraction de la loi pénale. Cette définition est claire, si l'on sait ce qu'est
une *loi* et une *peine* proprement dites ; elle est aussi
suffisante, comme guide pour les jurisconsultes praticiens, et pour tout homme, comme règle ordinaire
de conduite légale.

Mais cette définition est insuffisante pour la
théorie.

La théorie réclame une définition tirée de la nature des choses, une définition vraie en tout temps
et en tout lieu. Elle nous paraît découler naturellement des principes du droit de punir et de l'ensemble
des doctrines que nous avons exposées au Ier livre.
Peut-être sera-t-il utile de les rappeler en peu de
mots.

La première condition du droit de punir est la
réalité morale de l'acte punissable, du délit en soi.

Mais quels sont les caractères auxquels on peut reconnaître le délit?

La lutte des intérêts matériels et des principes
moraux, de l'utilité et du devoir, du matérialisme et
du spiritualisme, se représente ici avec une nouvelle
force, et sous un point de vue encore plus important.

Qu'est-ce que le délit? Le champion de beaucoup
le plus redoutable du système de l'intérêt n'a pas
hésité à répondre en ces termes : « La vertu n'est un
bien qu'à cause des plaisirs qui en dérivent : le vice
n'est un mal qu'à cause des peines qui en sont la

suite. Le bien moral n'est *bien* que par sa tendance
à produire des biens physiques; le mal moral n'est
mal que par sa tendance à produire des maux physiques; mais quand je dis physiques, j'entends les
peines et les plaisirs de l'âme, aussi bien que les plaisirs et les peines des sens... Il y a donc deux choses
à observer : le mal du délit et le mal de la loi ; car
toute loi est un mal... Je me suppose étranger à toutes
nos dénominations de vice ou de vertu... Je vais ouvrir deux comptes : je passe au profit tous les plaisirs; je passe en perte toutes les peines. Je pèserai
fidèlement les intérêts de toutes les parties... Ai-je à
examiner un acte attentatoire à la sûreté de l'individu,
je compare tout le plaisir, ou, en d'autres termes, tout
le profit qui revient de cet acte à son auteur, avec
tout le mal, ou toute la perte qui en résulte pour la
partie lésée... » Ainsi le délit n'est pour lui qu'un
acte prohibé, par l'unique raison qu'il produit plus
de peine pour le patient que de plaisir pour son auteur. Heureusement que l'acte attentatoire à la sûreté
d'un individu présente ces caractères, qu'il offre un
passif dans le bilan; autrement il serait un acte indifférent, même vertueux.

Pour nous, nos comptes sont établis sur d'autres
principes.

D'abord le plaisir du délinquant n'y entre que
comme mesure de la tentation au délit; il ne doit en
conséquence être pris en considération que pour déterminer, dans les bornes de la justice morale, le degré auquel il convient d'élever la sanction pénale, pour réprimer cette tentation et satisfaire ainsi aux exigences

de l'ordre social. Nous trouverions ou trop révoltant ou trop plaisant celui qui, après avoir attenté à la vie ou à l'honneur d'un individu, voudrait nous prouver que cela lui a fait, à lui, auteur de l'acte, tant de bien, tellement de plaisir, qu'en vérité on ne peut pas le comparer à ce que d'autres ont souffert, et qu'en conséquence son acte n'est point criminel. La preuve, il est vrai, serait difficile à fournir; mais il suffit, pour juger le système, qu'il ait le droit de la proposer.

Les souffrances et l'alarme produites par le fait imputé, nous aussi, nous les mettons en ligne de compte, soit à cause de l'influence qu'elles peuvent avoir sur l'appréciation de la moralité de l'acte, soit pour mesurer la gravité politique du délit. Le pouvoir civil peut ne pas frapper d'une sanction pénale un acte immoral, si d'ailleurs il est prouvé que l'ordre public est fort peu intéressé à le réprimer par la loi positive, s'il est prouvé que c'est un délit très-rare et qui n'excite guère d'alarme.

Pour nous, l'élément essentiel du délit est la violation d'un devoir. Quelles que soient les souffrances, point de délit lorsque aucun devoir, n'a été violé; mais s'il y a eu infraction d'un devoir, quel qu'ait été le plaisir, il y a nécessairement délit, en prenant ici le mot dans le sens général d'acte reprochable, le délit moral. C'est là le caractère fondamental, le *genus*, comme dit l'école, de la chose à définir; reste à trouver l'espèce, pour compléter ainsi la définition du délit social.

L'ordre moral comprend l'ensemble de nos devoirs : nos devoirs envers Dieu, envers nous-même, envers nos semblables.

Toute violation d'un devoir, tout acte reprochable doit-il être du ressort de la justice humaine?

La justice humaine est légitime, en tant que devoir imposé pour la conservation de l'ordre social. Or les violations de nos devoirs envers nos semblables sont les seules qui puissent blesser d'une manière sensible l'ordre social dans l'un de ses éléments. Ces éléments sont la protection des droits de la société, corps moral, et celle des droits individuels. Le délit est donc la violation d'un devoir au préjudice de la société ou des individus.

Toutefois cette définition est encore trop étendue. Protecteur du libre développement de l'humanité, l'ordre social ne réclame positivement que l'accomplissement des devoirs corrélatifs à des droits dont la protection justifie l'emploi de la contrainte et de la force, des devoirs exigibles.

Le délit légal est donc la violation d'un devoir exigible, au préjudice de la société ou des individus.

Il y a plus : les exigences de l'ordre social n'étant pas toujours les mêmes, et l'action de la justice humaine ne produisant pas toujours les mêmes effets, elle ne s'applique pas utilement, en tout temps et en tout lieu, à toute violation intentionnelle d'un devoir exigible.

Elle s'appliquerait sans utilité, et en conséquence sans droit, aux infractions des devoirs exigibles dont l'accomplissement peut être suffisamment garanti par d'autres moyens que la sanction pénale.

De même, l'utilité abstraite de l'ordre social n'est pas la seule borne de la justice humaine. Il y a aussi celle que lui imposent les imperfections de notre nature, qui en nombre de cas environneraient la justice pénale de dangers trop graves et d'inconvénients trop redoutables.

Le pouvoir social ne peut donc regarder comme délit que la violation d'un devoir envers la société ou les individus, exigible en soi et utile au maintien de l'ordre politique, d'un devoir dont l'accomplissement ne peut être assuré que par la sanction pénale, et dont l'infraction peut être appréciée par la justice humaine.

Telle est la définition du délit légal ; elle résulte de la théorie du droit de punir ; elle en est le résumé.

Ajoutons cependant quelques observations, propres, ce nous semble, à expliquer plus clairement encore la nature du délit légal et à servir d'introduction à l'examen de deux théories importantes, la théorie de la moralité de l'acte et celle de la moralité de l'agent.

Nous avons appelé le délit *la violation d'un devoir exigible*.

On a longuement discuté pour savoir si le délit ne devait pas être défini *la lésion d'un droit*. La question, en apparence du moins, est une question de mots. S'il y a devoir exigible dans l'offenseur, ce devoir doit correspondre à un droit positif existant quelque part ici-bas. Les devoirs envers Dieu et envers soi-même ne sont pas du ressort de la justice

humaine. Les deux définitions peuvent donc se prendre indifféremment l'une pour l'autre.

Mais telle n'est pas la pensée de tous ceux qui défendent la seconde définition. A leurs yeux, tuer un
homme avec son consentement n'est pas un meurtre,
pas plus que n'est un vol l'acte de prendre quelque
chose avec le consentement du propriétaire; outrager
un homme frappé d'un jugement infamant n'est pas
un délit; un particulier qui tue un homme condamné à mort peut être réprimé par voie de police,
mais il ne commet pas un homicide. Pourquoi?
Parce que celui qui consent à être tué a renoncé à
son droit d'exister; parce que ce droit, l'homme condamné à mort ne le possède plus; parce qu'un infâme n'a plus de droit au respect.

Tel est leur principe; telles sont les conséquences
qu'ils en ont tirées. Il est inutile d'en faire ressortir
la bizarrerie; inutile de remarquer jusqu'à quel point
on pourrait les étendre; enfin nous ne concevons pas
sur quel fondement on peut, dans leur système, punir
par voie de police l'homme qui égorge de son autorité
privée un condamné à mort.

Nous ferons seulement remarquer que les auteurs
de cette doctrine abusent évidemment du mot droit.
L'homme condamné à mort n'a point perdu son
droit à l'existence d'une manière absolue, vis-à-vis
de qui que ce soit; seulement la justice humaine a
déclaré qu'en punition du crime par lui commis, le
pouvoir social peut, si la nécessité l'exige, et selon le
mode déterminé par la loi, lui ôter la vie.

Ce n'est que par l'analyse de la notion complexe de

l'ordre social que toute équivoque peut disparaître.
On reconnaît alors deux espèces bien distinctes de
devoirs exigibles, de droits positifs : les droits des
individus et ceux de la société, en tant qu'être moral,
dont le pouvoir politique doit représenter la raison,
protéger les intérêts, accomplir les devoirs.

Un homme outrage publiquement, d'une manière
grave, les droits de la chasteté et de la pudeur, sans
cependant exercer sur personne ni séduction ni violence. Est-ce à dire que la loi ne pourra pas avec justice regarder cet acte comme un délit? Poussons la
supposition plus loin : parmi les spectateurs du fait
illicite, pas un n'a été blessé dans ses sentiments moraux ; une grande partie de la nation applaudit à ces
excès, l'autre partie demeure dans une parfaite indifférence. La justice sociale est-elle absolument sans
droit ? L'acte est immoral en soi ; il est de nature à ce
que la justice humaine puisse l'apprécier et le punir
avec équité ; il ne reste qu'une condition à vérifier ;
l'action pénale est-elle utile? Supposons qu'elle le
soit. Une nation sans mœurs publiques n'a plus de
vie politique ni morale. L'ordre y est profondément
vicié. L'action de la justice ne suffira pas, il est vrai,
pour rétablir la moralité publique. Mais elle empê-
chera peut-être que le mal n'augmente ; elle fera du
moins respecter les lois de la décence ; elle prouvera
que le pouvoir social n'est point complice de la dé-
pravation générale.

Mais supposons en outre que les gouvernements et
les juges soient aussi dépravés que le public. Cependant, par politique et par un reste de pudeur natio-

nale, les uns font la loi, les autres l'appliquent. Que
peut-on objecter?

Que le coupable n'a blessé les droits de personne,
ni ceux d'un individu assignable, ni ceux d'un individu quelconque?

Il a commis un acte qui tend à vicier plus profondément l'ordre social qu'il avait le devoir de respecter,
et que le pouvoir a le droit de protéger.

Si on cherche le droit lésé, on le trouve dans les
droits du corps politique.

« Mais, par la supposition, aucun membre de la société n'attache de prix à ce droit, nul ne voit dans le
devoir de respecter la morale publique un devoir
exigible; et nous avons nous-même fait remarquer
que l'ordre social n'est pas quelque chose de tellement abstrait qu'on puisse agir en son nom sans tenir
compte des personnes. »

Sans doute nuire aux membres de la société, les
persécuter, les accabler de vexations, sous prétexte
de protéger l'ordre social, n'est que tyrannie.

Mais en punissant l'auteur d'un outrage public à la
pudeur, d'un acte nuisible au développement social
de l'homme, où est l'injustice? où est le mal? Ce
n'est pas pour une abstraction qu'on le punit; ce
n'est pas sous un vain prétexte; c'est pour l'utilité
réelle de tous les membres de la société, qu'ils s'en
doutent ou non; et c'est un acte immoral, un délit
en soi qu'on punit.

Le droit de faire respecter la morale publique existe
dans la société, dans le corps politique, lors même que
chaque individu, pris isolément, n'en sent plus l'im-

portance. Des enfants mal élevés, des aliénés, des
malades en état de léthargie ont-ils perdu tout droit
à être respectés, parce qu'ils méconnaissent ce droit,
parce qu'ils se réjouissent peut-être des outrages
qu'ils souffrent? Leurs gardiens, leurs représentants,
leurs tuteurs commettent-ils une injustice si, à leur
insu, et malgré eux, ils exercent le droit qu'ils ont
de les protéger [1]?

On trouve donc le droit lésé par le délit, même en
se plaçant dans la plus étrange des suppositions.

Toutefois l'expression de *violation d'un devoir* est,
ce nous semble, plus directement vraie, plus propre
à donner une idée exacte du délit et à prévenir les
erreurs.

Le résultat du délit, l'action *objective* est la lésion
d'un droit ; mais l'acte considéré en soi et dans la
personne du délinquant, l'acte pris à sa naissance,
avant même qu'il sorte de la pensée de son auteur,
l'élément *subjectif* du délit, est *la violation d'un devoir*. C'est là ce qui constitue la moralité de l'acte,
qu'il ne faut pas confondre avec la moralité de l'agent.
Le mot de *devoir* se rapporte mieux à la première :
celui de *violation*, à la seconde.

Envers la société ou les individus.

La division des délits en délits publics et en délits

---

[1] Faut-il donc faire des lois pénales auxquelles l'opinion publique et les
mœurs ne prêteraient aucun appui? C'est là une autre question ; ce n'est
plus du droit qu'il s'agit, mais de la convenance politique. Jusqu'à quel
point le législateur doit-il céder aux préjugés communs, ou fermer les yeux
sur les égarements de l'opinion publique? Ce n'est pas ici que cette question
doit être examinée.

privés, résulte de la nature même des choses. Elle
n'est pas, comme tant d'autres divisions, une pure
méthode. Elles peut entraîner d'importantes conséquences relativement à l'organisation judiciaire et
aux formes de la procédure. Nous avons déjà fait remarquer que la notion du délit public se développe
spontanément chez tous les peuples avec celles de
corps social et d'ordre politique.

Utile au maintien de l'ordre politique.

C'est dire que le législateur ne doit qualifier délits
que les actes qui portent atteinte en même temps à
l'ordre moral et à l'ordre matériel; les actes qui
produisent à la fois un mal absolu et un mal relatif.

Nous appelons mal absolu celui qui dérive de toute
infraction d'un devoir, considérée en soi, abstraction faite de toute société civile, particulière, dé-
signée; mal relatif, toute atteinte de quelque gravité
à l'ordre matériel, non d'une société en général,
mais de telle ou telle société civile. Le mal absolu est
celui que l'acte produit où qu'il arrive; le mal relatif
est le résultat des rapports de l'acte avec les circonstances d'une société donnée. S'il n'existait que deux
hommes dans ce monde, sans aucun rapport entre
eux que le lien général de l'humanité, le meurtre n'en
serait pas moins un mal absolu. Dans l'état social le
crime de meurtre peut en outre produire un mal relatif, variable selon les circonstances.

Rigoureusement parlant, il n'y a point de mal absolu qui, dans une mesure quelconque, ne soit nuisible à l'ordre politique de toute société civile. De

même, dans toute atteinte intentionnelle à l'ordre social d'un État quelconque, il y a un mal absolu ; car le maintien de l'ordre social est un devoir.

Toutefois, la distinction que nous venons de poser est, ce nous semble, rationnelle et utile.

Quoique tout acte illicite en soi, lorsqu'il est commis au sein d'une société civile, produise à la fois une certaine quantité de mal absolu et de mal relatif, quoique tout acte nuisible à l'ordre matériel d'un État soit un mal moral lorsqu'il est caractérisé par l'intention de l'agent, toujours est-il que le pouvoir ne doit punir le mal absolu que lorsqu'il est suivi d'un mal relatif, sensible, dont la répression soit utile au but de la société.

Or, vérifier ces conditions, c'est apprécier le mal relatif indépendamment du mal absolu.

La distinction fixe devant les yeux les deux éléments essentiels du délit légal.

Le mal absolu et le mal relatif peuvent se combiner de diverses manières : l'un peut être grave, l'autre minime. Entre ces deux termes extrêmes se trouve un grand nombre de combinaisons variées.

De ces diverses combinaisons dérivent les problèmes les plus difficiles à résoudre par la loi pénale.

Nous disons *un devoir dont l'accomplissement ne peut être assuré que par la sanction pénale.*

Cette limitation place hors du domaine de la législation pénale trois ordres de faits répréhensibles :

Ceux qui sont suffisamment prévenus par la sanction naturelle et par la sanction religieuse ;

Ceux que le pouvoir social peut prévenir par des

moyens de gouvernement moins sévères et moins dangereux que la justice pénale;

Ceux pour lesquels la justice civile offre une réparation suffisante.

Nous disons enfin *un devoir dont l'infraction peut être appréciée par la justice humaine.*

Nos moyens de connaissance sont toujours imparfaits, souvent trompeurs;

Nos moyens d'action, toujours bornés, souvent d'un effet contraire au but.

Ces imperfections peuvent influer sur la loi et même sur l'exécution des jugements. Le pouvoir social peut se tromper au détriment de la justice; il peut se tromper relativement aux effets politiques qu'il attend de l'action pénale. Aussi lorsqu'il ne peut pas se rendre un compte exact de la nature morale d'une action humaine et de ses effets sur l'ordre social, le devoir lui commande de s'abstenir et de multiplier ses observations et ses recherches avant de la placer dans le catalogue des délits. L'homme ne doit pas être matière à expériences; ce n'est pas en fait de justice pénale qu'on peut se permettre de procéder par tâtonnements. Si cette dernière condition du délit social eût toujours été présente à l'esprit des législateurs, un grand nombre de lois ne se trouveraient pas dans les annales du Droit criminel; on n'y trouverait pas, entre autres, certaines lois sur le duel.

Le délit légal se distingue donc du délit moral, en ce que la question de savoir si un acte immoral doit ou non être placé dans le catalogue des délits prévus par la loi positive, dépend des besoins de la société et

des avantages qu'elle peut espérer, des inconvénients
qu'elle peut craindre de l'application de la justice pénale à l'acte dont il s'agit.

Nous aussi, nous revenons donc au système du
besoin et de l'utilité : nous considérons l'utilité
comme *motif*, et comme *mesure restrictive*, et par
utilité nous entendons les exigences de l'ordre social, en tant qu'il est moyen, premièrement de *bien*,
et secondement, de *bien-être*.

Mais des esprits superficiels pourraient seuls ne
trouver entre le système que nous développons et
celui que nous avons réfuté, d'autre différence que
celle des termes.

Nous ne disons pas : Le droit de punir n'est que
l'intérêt, et il peut aller aussi loin que l'intérêt
l'exige ; nous disons : Le droit de punir dérive de
l'ordre moral, il ne peut jamais dépasser la loi morale ; mais cette loi elle-même, il ne doit pas toujours
la suivre jusqu'au bout ; il doit s'arrêter là où l'intérêt
général ne demande rien. Ainsi l'utilité n'est pour
nous ni la source du droit, ni une mesure absolue ;
elle n'est qu'une mesure restrictive. Elle peut nous
faire rester en deçà, jamais nous pousser au delà de
la loi morale. Elle peut nous faire poser des règles
subsidiaires et plus resserrées que celles de la loi morale ; mais elle ne peut jamais nous en faire établir de
contraires à la nature de la justice absolue, dont la
justice humaine n'est qu'une dérivation.

Si un décret établissant des prisons d'État et fondé
sur des motifs d'intérêt général nous est présenté,
qu'on le remarque bien, nous ne nous donnons pas

seulement la peine d'examiner ses motifs ; car nous
savons qu'il est contre la nature de la justice qu'il y
ait une peine là où il n'y a point de crime constaté.
Les magistrats de Zurich essayeraient en vain de nous
prouver que leurs punitions prononcées sans lois pénales, sont cependant conformes à l'intérêt général ;
convaincus plus que personne de l'intégrité et de la
bonne foi de ces magistrats, nous ne pouvons toutefois
que les plaindre, car nous savons qu'ils agissent contre
la nature de la justice humaine ; ils agissent sans droit.

Par le principe de l'utilité, dira-t-on, on arrive
exactement aux mêmes résultats ; ce n'est donc
qu'une question de mots. Il importe de s'expliquer.
Lorsqu'on vous présente le décret sur les prisons
d'État, pensez-vous qu'il soit possible de vous donner des motifs propres à justifier un acte par lequel
on inflige des souffrances à des hommes dont on n'a
point reconnu, selon les formes de la justice, la culpabilité, à des hommes qui, aux yeux de la loi du
moins, sont innocents? Ou bien regardez-vous ce
décret comme un acte inique en soi, que rien ne
peut légitimer? Dans ce cas, il est possible que la
question ne roule que sur les mots. Mais si vous
pensez que ce décret pourrait être justifié par des
circonstances extraordinaires, qu'il peut être digne
de blâme ou d'approbation, selon la force des circonstances qui en ont déterminé la promulgation ;
si vous pesez, si vous examinez ces circonstances, ce
n'est plus une question de mots. Dès lors vous n'ad-
mettez point une justice absolue, un devoir immuable ; peu importe que vous admettiez, en fait, l'im-

possibilité de justifier un semblable décret par des motifs plausibles ; nous ne partons pas moins de principes opposés et inconciliables.

L'utilité générale, bornée au rôle que nous lui assignons, guide le législateur dans l'*application* du droit pénal. C'est ainsi qu'il doit établir la balance des avantages et des inconvénients, non pour décider si un acte est immoral, non pour établir si on a, *in abstracto*, le droit de punir ; mais pour reconnaître si, en l'exerçant, on ne troublerait pas l'ordre social au lieu de le maintenir, si on ne ferait pas plus de mal que de bien.

L'homme ne saurait altérer les lois de l'ordre moral. Il peut disposer des faits matériels, non de la nature des choses ; il peut dire : Si tu commets tel acte, tu subiras telle peine ; cette défense, même injuste, peut imposer, dans certaines limites, une obligation spéciale de respect et de soumission ; mais ce qui est innocent et moral ne devient pas tout à coup chose criminelle parce que l'homme a parlé.

Le sentiment intime est ici plus fort que tous les raisonnements. Que les lois espagnoles défendent aux hommes de prier Dieu à leur manière ; qu'on punisse le père qui n'a pas le courage de fermer l'entrée de la maison paternelle au fils qui, conscrit réfractaire, implore une place au foyer domestique et du pain ; que l'échafaud attende l'ami, le parent qui n'a point trahi par des révélations meurtrières la confiance et l'honneur ; le sentiment intime des hommes honnêtes et désintéressés ne s'embarrasse pas de vains sophismes, il repousse également les grandes phrases des apôtres du despotisme, et les tours ingénieux des défenseurs des intérêts matériels ; il s'indigne et il s'indignera toujours, et partout où les hommes ne seront pas aveuglés par le fanatisme, ou tombés dans la plus vile corruption.

En reprenant la définition du délit, on voit qu'il s'agit premièrement d'un acte criminel.

Sous ce nom, on doit comprendre les omissions ainsi que les faits positifs. Celui qui, dans un moment donné, fait autre chose que ce que le devoir lui ordonne, agit contre ce devoir.

Un fait n'est criminel qu'autant qu'il produit un mal. C'est là la moralité de l'action en soi.

L'auteur d'un fait n'est punissable qu'autant que ce fait peut lui être *imputé* avec justice. C'est en cela que consiste la moralité de l'agent.

Un fait peut être *préparé,* plus ou moins avancé dans son *exécution*, enfin *consommé.*

Le même fait, le même acte peut être l'œuvre d'un *seul* individu, ou de *plusieurs.* Les uns peuvent avoir contribué à l'acte plus ou moins directement, plus ou moins efficacement que les autres.

On ne peut connaître à fond la théorie du délit qu'en développant ces divers points de doctrine. Nous devons traiter en détail,

Du mal du délit,

De l'imputabilité,

Des actes préparatoires,

Des actes d'exécution,

De la participation de plusieurs personnes au même délit.

CHAPITRE II.

DU MAL PRODUIT PAR LE DÉLIT.

Le mot *mal*, pris dans sa généralité, exprime un désordre quelconque, toute suspension ou interruption, soit de l'ordre moral, soit de l'ordre matériel. Le plaisir contraire au devoir est un mal; les blessures portées par le meurtrier sont un mal ; mais la perte de la santé, même par accident, est aussi appelée du nom de mal, tout comme les fureurs d'un maniaque, les ravages de la grêle, le débordement d'une rivière.

D'où vient le mal? quelle est sa source? son origine première? Haute et mystérieuse question que nous pouvons nous abstenir d'aborder.

L'existence du mal est un fait. C'est ce fait, ses diverses qualités et ses conséquences relativement au droit pénal, que nous devons maintenant étudier et analyser.

Comme nous reconnaissons un ordre moral et un ordre matériel, nous reconnaissons aussi un mal moral et un mal matériel. Le vice et la disette en sont des exemples.

L'assassinat, la trahison, une guerre injuste, sont
à la fois un mal moral et un mal matériel. S'il était
possible de comparer exactement ce qui est matériel
à ce qui ne l'est pas, on pourrait presque affirmer
que dans les faits précédents le mal moral et le mal
physique sont d'un poids égal.

La fièvre jaune, qui désole un royaume parce
qu'un directeur de lazaret, par pure négligence ou
par impéritie, a omis les précautions requises dans
son ministère, est un mal matériel immense ; tandis que l'atteinte portée à l'ordre moral n'est pas
grave.

Au contraire, l'homme qui refuse un léger service
au bienfaiteur qui, au péril de ses jours, lui a sauvé
la vie ou l'honneur, le fils qui donne un soufflet à
son père, produisent peu de mal matériel ; ils n'en
commettent pas moins une atrocité morale.

Il y a donc un mal moral, un mal matériel, un mal
mixte, qui se compose, dans des proportions diverses,
de mal moral et de mal matériel.

Le législateur appelé à déterminer les caractères
du délit légal, doit-il tenir compte de chaque espèce
de mal?

Il résulte des théories que nous avons exposées
qu'il ne doit point se déterminer d'après le mal purement matériel ; en d'autres termes, qu'il ne peut
y avoir délit, quelque grand que soit d'ailleurs le
mal physique, lorsque ce mal n'est pas une violation
de la loi morale.

La mort du chef de l'État peut sans doute avoir
de terribles conséquences. Cependant, si le fait n'est

que le résultat d'un pur accident, d'un malheur, lors
même qu'il serait le fait d'un homme, il ne peut y
avoir délit; il n'y a pas eu de mal moral. *Walter
Tirrel*, ayant tué par hasard le roi Guillaume Rufus,
ne fut point accusé de trahison.

Restent le mal moral et le mal mixte.

Dès qu'il y a mal moral ou mal mixte, il y a délit.

Mais pour que la punition soit légitime, en tant
qu'infligée par la justice humaine, il faut : 1° que le
pouvoir social ait en effet les moyens d'appliquer la
peine avec justice; 2° qu'il puisse en retirer pour le
maintien de l'ordre public les avantages qu'il s'en
promet. Avec ces deux conditions indispensables
toujours présentes à l'esprit, examinons l'appréciation
que le législateur a droit de faire, en vue de la pénalité, soit du mal moral, soit du mal mixte.

CHAPITRE III.

Le mal purement moral est la violation d'un devoir, en tant qu'elle ne trouble pas d'une manière sensible l'ordre matériel, au détriment soit de l'infracteur lui-même de la loi morale, soit d'un autre individu, soit d'un corps collectif, tel, par exemple, que la société civile.

Règle générale : la justice humaine n'a pas le droit de punir le mal purement moral.

D'abord elle n'a pas de mission pour punir dans l'homme les infractions de ses devoirs *envers Dieu et envers lui-même*. La force sociale n'est légitime que comme protection de l'égalité de droit entre homme et homme, et comme protection de l'ordre politique au sein duquel l'humanité se meut et se développe. Nous avons démontré cette proposition au chap. XII du liv. I.

Quant aux devoirs *envers autrui*, elle ne doit, par le même principe, exiger impérativement que l'accomplissement de ceux qui sont corrélatifs à des droits dont la protection pourrait légitimer l'emploi de la force.

Reste donc à considérer si la violation d'un devoir

exigible, lorsqu'elle ne sort pas des limites du mal purement moral, tombe sous l'empire de cette loi.

C'est demander, en d'autres termes, si la pensée, si la résolution criminelle peut devenir l'objet de la justice humaine. Car la violation d'un devoir exigible ne demeure renfermée dans les bornes du mal purement moral, qu'autant que le projet criminel, n'ayant été suivi d'aucun acte matériel, n'a encore produit ni souffrance directe, ni alarme, ni danger.

Or, il est évident qu'en thèse générale rien ne pourrait encore légitimer l'emploi de la force contre un trouble quelconque apporté à l'ordre matériel. Les individus et la société n'ont pas encore été entravés dans l'exercice de leurs droits, dans le libre développement de leur activité légitime. La défense ne serait pas fondée pour réagir contre le mal purement moral : la justice sociale ne peut pas davantage le frapper de punition.

La solution de la question de droit ne saurait donc être douteuse. Mais on peut, nous le reconnaissons, élever une question de fait.

On peut demander si les actes qu'on regarde ordinairement comme n'étant entachés que de mal moral, ne produisent pas en même temps un véritable mal matériel.

On peut faire l'hypothèse suivante. Un soldat placé en sentinelle à un poste avancé, ayant reçu d'un officier une punition qui lui paraît injuste, forme la résolution de le tuer lorsque pendant la nuit l'officier ira faire sa ronde. Sa détermination est ferme, inébranlable; il attend avec impatience l'arrivée de sa

victime. Il n'y a là aucun acte extérieur fait dans le
but de préparer ou de consommer l'exécution du projet criminel. Si le soldat est à son poste, c'est qu'il
y a été placé. S'il a une arme, c'est que tel est son
devoir. L'officier s'achemine en effet vers le soldat;
il en est à cent pas. Dans l'hypothèse, à chaque pas
qu'il fait il avance vers la mort. Il n'y a pas de danger plus imminent et plus grave. Celui devant lequel
on a déjà placé une boisson empoisonnée n'est pas
dans une position plus dangereuse. Enfin l'officier
est à trente pas du soldat, et la résolution de celui-ci
n'est nullement affaiblie. Supposez la justice humaine
se plaçant tout à coup entre deux; supposez-la pleinement instruite de la résolution criminelle du soldat;
supposez qu'elle ait les moyens de faire connaître et
apprécier du public les preuves de cette résolution,
de cet acte interne, direz-vous qu'elle n'a pas le droit
de punir? Dans ce cas, vous direz aussi qu'elle n'a
pas le droit de punir celui qui a déjà présenté à son
ennemi la coupe empoisonnée.

Il est évident que ce n'est là qu'une question de
fait. Outre le mal moral de la pensée criminelle, y
a-t-il déjà dans quelques cas un mal matériel sensible, une atteinte positive à la sûreté individuelle, un
danger suffisant pour légitimer l'action de la justice
humaine?

Nous examinerons cette question en traitant des
actes internes et des *actes préparatoires*.

En attendant, bornons-nous à conclure que le mal
purement moral n'est point du ressort de la justice
humaine.

CHAPITRE IV.

Le mal, en prenant un corps par des faits exté-rieurs, peut causer un dommage matériel soit à son propre auteur, soit à autrui.

Il tourne au préjudice de son auteur par la débau-che, par le suicide, par la mutilation, etc.

La justice humaine doit-elle essayer de punir ces désordres?

Nous ne le pensons pas.

1° Il n'y a pas eu infraction d'un devoir exigible.

2° On ne pourrait assigner qu'une seule cause lé-gitime de punition, l'incapacité volontaire où se pla-cerait l'auteur du fait immoral, de rendre à la société ou aux individus les services auxquels ils ont droit.

Mais on ne pourrait pas poursuivre cette violation de devoir comme refus d'un service dû à la société, quand il n'y a pas eu intention directe de se sous-traire à cette obligation.

Dans le cas contraire, quand la mutilation, par exemple, a pour but de se soustraire à un service public, on punit directement l'intention. Le conscrit qui se coupe les doigts est puni, non parce qu'il s'est coupé les doigts, mais parce qu'il a voulu malicieusement se soustraire au service militaire.

3° L'ordre social est fort peu intéressé à réprimer des désordres qui sont déjà puissamment réprimés par l'intérêt personnel. La peine serait trop souvent sans effet, soit par l'impossibilité de frapper le coupable, soit par la facilité de cacher le délit.

4° Par ce même motif, l'action de la justice serait vexatoire ; elle s'arrogerait bientôt le droit de poursuivre pour des actes qui n'ont ni témoins ni complices.

Reste donc le mal mixte se développant au détriment d'autrui.

CHAPITRE V.

Le mal mixte agissant au détriment du corps social ou des individus est le véritable sujet de la justice humaine.

Il existe un fait qui blesse les droits d'autrui, qui constate un danger, qui excite l'alarme. Est-il nécessaire de prouver que son impunité troublerait profondément l'ordre social qu'on a le devoir de conserver?

Cependant la violation d'un devoir exigible, au préjudice d'autrui, ne produit en certains cas qu'un très-léger mal matériel. En d'autres cas, le mal du délit, quoique assez grave en soi, ne surpasse pas les inconvénients de la poursuite criminelle. Il ne suffit donc pas pour l'exercice légitime du droit de punir, de reconnaître d'une manière générale l'existence du mal mixte : il ne suffit pas de savoir que l'acte répréhensible produit un mal quelconque, soit absolu, soit relatif : il faut apprécier à sa juste mesure le mal

du délit. On doit l'apprécier d'abord pour reconnaître
la dernière limite de la justice morale, les bornes que
la justice humaine ne peut jamais dépasser; on doit
l'apprécier pour reconnaître si l'ordre social exige en
effet l'emploi de la sanction pénale et jusqu'à quel degré il est nécessaire d'élever la peine, dans les limites
de la justice.

CHAPITRE VI.

Soumettons à l'analyse un fait particulier, le meurtre.

Y a-t-il dans le meurtre un mal moral ? La conscience seule a droit de répondre à cette question.

En cas de meurtre, la réponse n'est pas douteuse ; le mal moral existe.

Y a-t-il un mal matériel, sensible, au préjudice d'autrui ? La réponse est également affirmative et certaine.

Il y a donc mal absolu dans le meurtre. Où qu'il arrive, en tout temps, en tout lieu, il y a mal moral et mal matériel. On pourrait, s'il était possible de réduire en chiffres les appréciations morales, représenter le meurtre, envisagé d'une manière abstraite, par un nombre quelconque.

Cette quantité numérique peut être modifiée par un état social donné. Qu'on se représente une société où l'ordre et la paix publique viennent à peine d'être affermis, et une société assise dès longtemps sur des bases inébranlables, un pays civilisé où le travail domine, où l'instruction est générale : dans le premier pays le meurtre est indubitablement un crime moins grave que dans le second.

Imaginons un autre cas : un homme s'arme d'un

poignard ; si ce fait n'est accompagné d'aucune mauvaise intention, s'il n'est pas un acte préparatoire du
meurtre, il n'y a point de mal absolu, ni moral ni
matériel. Mais des fêtes publiques vont se donner, de
nombreux rassemblements auront lieu ; l'expérience
a prouvé que chez un tel peuple, la foule, la joie
bruyante, la danse, l'ivresse, sont des occasions de
rixes, de provocations, de désordres qui prennent un
caractère de gravité si les individus trouvent sous
leurs mains des armes meurtrières. Le port d'armes
est défendu, légitimement défendu, en tant qu'acte
menaçant pour la sûreté publique. Il y a mal moral
dans l'acte de l'homme qui s'est armé d'un poignard,
parce que le devoir commande de ne pas compro-
mettre l'ordre social. Il y a mal matériel, parce qu'en
effet, dans les circonstances données, le port de l'arme
défendue a été un danger plus ou moins imminent
pour l'ordre public, une atteinte au droit de sûreté.
Mais si le meurtre est un acte criminel en tout temps
et en tout lieu, le port de l'arme ne prend le caractère
de criminalité que dans certaines circonstances. Si le
mal social du meurtre peut varier dans certaines limites, le mal social du port d'armes peut varier dans
des limites bien plus étendues, même disparaître entièrement.

Il est plus difficile de trouver un exemple d'un
acte produisant un mal absolu, moral et matériel à la
fois, qui ne soit pas en même temps la cause d'un
mal relatif, appréciable.

Toutefois, qu'on se représente une nation de mœurs
régulières, où les délits résultant du commerce illicite

des deux sexes sont fort rares et hautement réprouvés par l'opinion publique. Une femme commet sur elle-même l'acte d'avortement procuré : il y a mal absolu, moral et matériel au détriment de son enfant. Le mal relatif ou social est minime, presque insensible : minime au point que la prudence politique n'hésiterait pas à fermer les yeux sur ce fait.

Tels sont les résultats d'une première analyse.

Dans tout acte produisant un mal mixte, il y a trois éléments à examiner :

1° Le mal moral, considéré en soi, abstraitement ; on peut le regarder comme constant, invariable, du moins *objectivement*. Un meurtre ne sera jamais ni plus ni moins que la violation de la loi morale qui nous prescrit de respecter la vie d'autrui.

2° Le mal matériel, considéré de la même manière ; on peut sous un point de vue le regarder aussi comme invariable. Le meurtre en soi ne sera jamais autre chose que la destruction du bien de l'existence. Ce bien peut, à la vérité, recevoir des appréciations diverses ; mais il ne saurait changer de nature.

Le mal social, considéré abstraitement, fait partie des deux premiers éléments, car l'ordre social est un bien appréciable.

3° Le mal social, considéré en fait, dans ses applications à diverses sociétés civiles, où à la même société civile, dans diverses phases de la civilisation, ce mal est variable ; c'est le mal que nous avons appelé relatif.

Essayons maintenant d'établir quelques règles d'évaluation.

CHAPITRE VII.

Le degré du mal moral est en proportion de la nature du devoir violé.

Quel rang occupent entre eux chacun de ces devoirs exigibles? Quelle place occupe un projet arrêté de meurtre parmi les diverses espèces de résolutions criminelles dont l'homme peut se rendre coupable? il ne s'agit ici que d'un rapport. Le projet du meurtre a parmi les projets criminels le rang que le devoir qu'il blesse a parmi les devoirs moraux.

Qui nous révèle ce rapport? La conscience, c'est-à-dire la sensibilité morale et la raison.

Le meurtre? La conscience humaine n'hésite point. Elle le place au premier rang parmi les actes immoraux. En saisissant cette manifestation spontanée de notre sensibilité morale, la raison l'approuve et la justifie. Elle nous apprend que l'existence n'est point un bien acquis et transmissible par l'homme; elle n'est point un droit placé à côté de la personne, elle est (pour nous servir de l'expression d'un Allemand qui s'est élevé avec force contre le schisme absolu qu'on a voulu établir entre la morale et la politique), elle est dans son essence même l'être moral. Accordée à l'homme pour que, dans sa carrière terrestre, il accomplisse une destinée morale et qu'il se prépare à une existence future, celui qui ose couper le fil de la vie humaine, de l'existence matérielle, trouble, pour ainsi dire, l'œuvre de la Providence, et dit à l'homme : C'est en vain que tes jours étaient comptés; pour satisfaire une passion, je te précipite avant le terme au sein de l'éternité.

De même, c'est la conscience qui place le régicide au premier rang parmi les meurtres. Le régicide viole plusieurs devoirs en même temps : c'est un meurtre complexe.

C'est donc la morale qui doit donner le catalogue de nos devoirs exigibles envers nos semblables et assigner à chacun le rang qui lui appartient : la morale, qui n'est que la réflexion appliquée aux révélations de la conscience humaine.

« Les moralistes sont si peu d'accord entre eux ! » Les sensualistes le sont-ils davantage dans l'appréciation du mal et du bien matériel ? Croit-on sérieusement avoir résolu le problème lorsqu'on établit quelques principes généraux sur l'estimation du mal immédiat, du danger, de l'alarme et autres circonstances semblables ? Ce serait là se payer de mots.

Tant qu'ils restent dans les généralités, tous les adeptes d'un système sont d'accord entre eux. Qu'on les force à des applications, l'harmonie disparaît.

Nous lisons dans un publiciste contemporain :

« Je vais parcourir les désirs les plus forts, ceux
dont la satisfaction est accompagnée des plus grands
plaisirs, et l'on verra que leur accomplissement,
lorsqu'il s'opère aux dépens de la sûreté, est beaucoup plus fécond en mal qu'en bien.

» Prenons d'abord l'inimitié. C'est la cause la plus
féconde des attentats contre l'honneur et la personne.
J'ai conçu, n'importe comment, de l'inimitié contre
vous. La passion m'égare : je vous insulte, je vous
humilie, je vous blesse. Le spectacle de votre peine
me fait éprouver au moins pour un temps un sentiment de plaisir. Mais pour ce temps même peut-on
croire que le plaisir que je goûte soit l'équivalent de
la peine que vous souffrez? Si même chaque atome
de votre peine pouvait se peindre dans mon esprit,
est-il probable que chaque atome de plaisir qui y
correspond me parût avoir la même intensité? et cependant ce ne sont que quelques atomes épars de
votre douleur qui viennent se présenter à mon imagination distraite et troublée : pour vous, aucun ne
peut être perdu ; pour moi, la plus grande partie se
dissipe toujours en pure perte. Mais ce plaisir tel qu'il
est ne tarde pas à laisser percer son impureté naturelle. L'humanité, principe que rien peut-être ne
peut étouffer dans les âmes les plus atroces, éveille
un remords secret dans la mienne. Des craintes de
toutes espèces, crainte de vengeance, soit de votre
part, soit de tout ce qui est en liaison avec vous,
crainte de la voix publique, craintes religieuses, s'il
me reste quelque étincelle de religion, toutes ces
craintes viennent troubler ma sécurité et corrompent

bientôt mon triomphe. La passion est fanée, le plaisir est détruit, le reproche intérieur lui succède.
Mais, de votre côté, la peine dure encore et peut avoir
une longue durée. Voilà pour des blessures légères
que le temps peut cicatriser. »

Nous ne demanderons pas ce que signifient, dans
le système de l'auteur, ces trois expressions, *impureté naturelle du plaisir ; humanité, principe que rien
ne peut étouffer, et qui éveille le remords ;* enfin, *craintes religieuses.*

Mais, de bonne foi, croirait-on, si l'on se place dans
son système, que son raisonnement soit juste ? que le
plaisir de la vengeance ne dépasse point les inconvénients résultant d'une blessure guérissable ? Au risque de passer pour moins bon que l'auteur, le doute,
nous devons pourtant l'avouer, existe chez nous. Un
homme qui ferait abstraction du devoir moral, dirait
à l'auteur : votre calcul n'est pas exact ; vous en
avez oublié un élément. Vous donnez comme motif
du délit, l'inimitié ; mais vous n'avez pas évalué la
force de mon inimitié. Ne savez-vous pas que la
cause en est profonde, raisonnable ? Connaissez-vous
l'amertume que ce sentiment répand sur ma vie tout
entière, les angoisses que je dévore, le supplice que
j'éprouve à l'aspect de mon ennemi, de mon ennemi
content, heureux, jouissant à son aise de tous les
plaisirs de la vie ? Les douleurs d'une blessure guérissable, la faible alarme qu'elle peut produire lorsqu'elle est le résultat d'une cause si spéciale, les craintes de vengeance et de blâme, peuvent-elles contenir
le torrent de plaisir que j'attends de la vengeance ?

Encore une fois, votre calcul est faux ; il ne fallait
pas seulement mettre en ligne de compte le plaisir
positif que je me procure, mais les souffrances aiguës
que je soulage. — Rectifiez votre bilan, et vous n'ose-
rez plus me faire un délit de la blessure que j'ai portée.

Soyons vrais : la balance de l'*utilitaire* peut tromper ;
la conscience humaine peut aussi s'égarer. Mais si
l'on pouvait argumenter des erreurs de l'homme pour
attaquer un principe, il ne resterait qu'un système
rationnel, le scepticisme.

Certes, le mal moral n'est pas toujours évident ; il
ne frappe pas toujours avec la même force l'esprit du
vulgaire. Cela est surtout vrai des actes dont l'immoralité résulte de la violation de nos devoirs envers la
société. Les rapports d'homme à homme sont plus
facilement saisis que ceux des individus avec le corps
social.

La nature et la gravité du mal moral ne sont pas
sans influence sur le mal matériel que le même acte
occasionne à la société. Une tentative de trahison a
peut-être produit un mal direct, matériel, inférieur
à celui qui résulte d'un vol, ou d'un acte de faux.
Elle mérite cependant une peine plus forte que celle
réservée à ces délits. Le danger, dira-t-on, et l'alarme
sont les causes qui déterminent le législateur à menacer d'une peine grave les tentatives de trahison. Mais
le danger et l'alarme augmentent précisément en
raison de l'importance du devoir que le coupable se
proposait de violer, et le droit de le punir d'une peine
grave ne dérive pas uniquement de la quantité matérielle du danger ; il résulte du danger combiné avec

la nature du mal moral. Un acte d'imprudence peut causer plus de danger matériel qu'une tentative de trahison ; mais le danger moral, si on pouvait s'exprimer de la sorte, n'est pas aussi grand. Le fait ne révèle pas l'existence dans la société d'hommes capables d'enfreindre les devoirs les plus sacrés. Quelque grands qu'aient été le danger et l'alarme produits par une imprudence, il y aurait injustice à la punir d'une peine grave. L'auteur d'une tentative de trahison doit subir cette peine, parce qu'elle est due à son crime, et que le pouvoir social n'excède point les limites du droit, lorsqu'il garantit la sûreté publique sans dépasser les limites de la justice morale.

L'augmentation du danger proprement dit, n'est pas le seul effet politique résultant de la gravité morale du crime. Elle peut exercer sur l'opinion publique une influence qui est indépendante du sentiment du danger et de l'alarme. Un crime d'une nature profondément immorale, s'il demeure impuni, ou s'il n'attire sur son auteur qu'une peine proportionnée au mal matériel, peut devenir une cause de corruption, exciter du scandale, inspirer du mépris et du dégoût pour la loi. Ici se représente la question du parricide, crime assurément peu dangereux et peu alarmant. On conçoit une législation qui n'en ferait pas mention. Il y aurait là une sorte de pudeur, de respect pour l'humanité dont l'opinion publique de tel ou tel peuple pourrait être satisfaite. Mais que serait une loi qui ne frapperait le parricide que d'une peine inférieure à celle infligée au meurtrier ? Qu'arriverait-il si, pendant que celui-ci monterait sur

l'échafaud, le coupable de parricide allait dans une
prison pour y passer dix ou douze ans? L'opinion publique serait en pleine révolte contre la loi ; et si l'opinion publique se réconciliait avec la loi, le mal social
n'en serait que plus grand. Il y aurait un bouleversement dans les notions communes de l'ordre moral.
Le législateur aurait contribué à obscurcir le sentiment du devoir. La loi serait un mensonge, dans ce
sens qu'elle ne serait point la véritable expression de
l'état de société.

Ce sont là des exigences dont l'appréciation est
difficile, délicate. Chez une nation fort éclairée, chez
un peuple qui aurait parfaitement compris le but direct de la justice, il serait possible que le parricide
pût être puni, sans inconvénient, moins sévèrement
que le meurtre. Aujourd'hui même, dans quelques
législations, des actes très-immoraux ne sont point
frappés d'une sanction pénale, ou ne sont que faiblement réprimés, vu l'exiguité du mal matériel
qu'ils produisent, sans que l'indulgence de la loi soit
une cause de corruption et de désordre. Mais si ces
effets ont lieu, le législateur a le droit d'être sévère.
Il obéit à une exigence sociale tout aussi légitime et
impérieuse que celle du danger matériel et immédiat.
Il exerce un pouvoir utile, nécessaire à l'ordre public, et il l'exerce avec droit, pourvu qu'il ne punisse
que la violation appréciable par les tribunaux, et que
dans la mesure de la peine il se renferme dans la limite de la justice morale. Si la peine de mort est légitime pour le meurtre, de quel droit le parricide re-
pousserait-il loin de sa tête le glaive de la loi? La peine

est méritée ; l'action de la justice sociale est utile à l'ordre public ; qu'importe que l'utilité dont il s'agit soit plutôt morale que matérielle ?

L'évaluation du mal moral, du devoir violé, est donc importante, non-seulement pour reconnaître s'il y a ou non un véritable délit, mais pour apprécier les influences diverses que le mal moral exerce sur la société, pour déterminer l'action du pouvoir politique et décider si et dans quelle mesure il doit appeler la justice pénale au secours du droit.

CHAPITRE VIII.

ÉVALUATION DU MAL MATÉRIEL ABSOLU.

Le mal matériel ou *objectif* se proportionne au bien, au droit, injustement enlevés ou compromis par le délit. Il est le résultat sensible du délit pour la personne lésée.

Il y a dans ce monde des personnes et des choses :

Des personnes physiques et des personnes morales ; en d'autres termes, des individus et des associations d'individus. La personne morale par excellence, c'est la société civile. Il est inutile, pour notre but, de nous arrêter à considérer les autres personnes morales, les corps collectifs secondaires.

Il y a des choses utiles à tout le monde, mais indestructibles, inépuisables, n'étant la propriété particulière de personne.

Il y a des choses qui sont sorties du domaine général de l'humanité pour entrer dans le domaine particulier d'une personne, soit physique, soit morale. Elles sont sa propriété.

Le mal matériel frappe toujours les personnes. Lorsqu'il s'applique aux choses, il n'est envisagé comme mal punissable qu'autant que ces choses sont le bien appréciable de quelqu'un.

Toute personne a son existence, son mode d'existence, et des objets quelconques en propriété, ne fût-ce que le morceau de pain donné comme aumône.

L'existence est une, il n'y a point de milieu entre être et ne pas être.

Le mode d'existence varie : la condition de tous les hommes n'est pas la même; l'un est citoyen, l'autre est simple habitant du pays; l'un est marié, l'autre célibataire; l'un est fils légitime, l'autre est bâtard; ainsi de suite.

L'état de propriétaire pourrait aussi être regardé comme un mode d'existence. Cependant, entre les véritables modifications de la personnalité même civile et le droit de propriété, il y a, ce nous semble, des différences essentielles.

La propriété est transmissible. L'homme peut, non-seulement la perdre, l'abandonner, la détruire, mais aussi la transmettre à une autre personne.

Il n'en est pas de même de la condition. On peut perdre la qualité de citoyen ; on ne peut pas en même temps faire citoyen celui qui ne l'est pas. On peut renoncer à ses droits comme fils, on ne peut pas se dépouiller de ses devoirs envers ses parents. On peut perdre son honneur; mais peut-on en enrichir celui qui en manque? En un mot, le mode d'exister est comme l'existence, strictement personnel. La manière d'être constitue avec l'être la véritable personnalité, tandis qu'un changement, une diminution de la propriété

peut ne porter aucune atteinte ni à l'existence, ni à
la manière d'exister d'une personne. Que le propriétaire de deux millions en perde un, il sera moins
riche, mais il ne cessera pas d'être lui-même. La propriété est plutôt un appendice qu'une partie inté-
grante de la personnalité.

Dans quelques pays, le montant des propriétés sert,
il est vrai, à la jouissance de certains droits politiques.
Mais dans ces pays mêmes la propriété est plutôt dé-
clarative qu'attributive des qualités politiques requises
pour l'exercice de ces droits. Elle est plutôt une
preuve conjecturale que la cause de ces qualités. On
n'est pas éligible parce qu'on possède une certaine
fortune, mais parce que la possession de cette fortune fait *présumer* qu'on a les qualités désirables
dans un éligible. Si les hommes probes, éclairés, indépendants, avaient une manière de marcher ou de
s'asseoir qui les distinguât nettement de ceux qui ne
le sont pas, les éligibles en France ne seraient pas
ceux qui paient 1,000 francs d'impôts, mais ceux qui
marcheraient ou s'assayeraient de cette manière.

Le délinquant qui attaque l'existence ou la manière
d'être d'un individu, sa personnalité, d'ordinaire, c'est
à cet individu qu'il en veut directement; c'est lui et
pas un autre qu'il veut offenser. Celui qui porte atteinte aux propriétés d'ordinaire, c'est plus particulièrement à la chose qu'il vise qu'à la personne du propriétaire. Le filou, ce n'est pas précisément ma montre
qu'il veut, mais une montre : il escamote la mienne
sans me connaître, et peu lui importe de savoir qui je
suis. Le faux monnayeur ne songe qu'au gain; il fa-

brique sa mauvaise monnaie à l'effigie du souverain, sans la moindre intention d'outrager la personne.

Ainsi il est conforme à la nature des choses de distinguer, avant tout, les délits en deux grandes classes : délits contre les personnes, délits contre les propriétés.

Mais les corps collectifs ont ainsi que les individus leur existence et leur mode d'existence, leur personnalité. Ils ont aussi leurs propriétés.

Il y a donc quatre classes de délits :

Délits contre la personnalité individuelle,

Délits contre la personnalité morale,

Délits contre les propriétés particulières,

Délits contre les propriétés appartenant aux corps moraux.

Cela une fois posé, il faut, pour apprécier le mal, reconnaître l'importance relative de ces biens. Or, personne ne contestera, 1° qu'en *thèse générale* les droits relatifs à la personnalité sont plus importants, plus précieux que le droit de propriété. Nul doute quant à l'existence. Mais il en est de même quant aux autres droits des personnes. Quel est l'homme raisonnable et moral qui ne sacrifierait pas sa fortune pour échapper à l'esclavage, pour ne pas perdre, ǀpar un faux ou autrement, sa qualité de fils légitime, pour sauver son honneur?

Sans doute il est facile d'imaginer deux atteintes, l'une à un droit personnel, l'autre au droit de propriété, l'une si légère, l'autre si grave, qu'il vaudrait mieux se soumettre à la première qu'à la seconde. Mais alors ce n'est plus la *nature* du bien en soi, mais

la *gravité* de l'attentat qu'on prend en considération.
Or, l'importance du droit et la gravité de l'atteinte
qu'on lui a portée, sont deux considérations distinctes.

2° De même, il nous paraît évident qu'en thèse générale l'importance des droits, soit personnels, soit
de propriété, est plus grande pour les personnes physiques que pour les personnes morales.

Et d'abord, la mort des personnes morales est un
fait, pour les unes presque impossible, pour les autres
possible, mais réparable. La dissolution complète de
la société civile par l'anarchie est plutôt une manière
figurée de parler que l'expression d'une réalité. C'est
la manière d'être plutôt que l'existence d'une société
qu'on peut détruire ou changer. Même la destruction
de sa personnalité politique moyennant la réunion
du pays à un autre État, est plutôt un changement
dans le mode d'existence qu'une perte réelle d'existence. Le meurtre d'un État, s'il est permis de s'exprimer de la sorte, n'est tenté que par celui qui conspire pour l'assujettir à un autre État. Quant aux autres
corps moraux, injustement dissous aujourd'hui, ils
peuvent renaître demain.

De même, le droit de propriété est plus important
pour les individus que pour les corps collectifs, soit
parce que les pertes de ceux-ci se répartissent sur un
grand nombre d'individus et sont moins sensibles à
chacun, soit parce que les corps moraux ont plus de
moyens qu'un individu pour défendre leur avoir et
pour reformer leur patrimoine.

Quant au mode d'existence, d'abord plusieurs des
droits personnels appartenant ou pouvant appartenir

à un individu, ne sauraient se concevoir dans un corps
moral. D'autres, tels que la réputation, sont d'une
faible importance parce que le mal se répartit comme
dans les délits contre les propriétés publiques, et que
les injures et les calomnies dirigées contre un corps
n'affectent que faiblement les individus qui le composent.

Au fait, certains délits qu'on classe parmi les délits
contre les corps collectifs, n'ont qu'une gravité réelle
que lorsque chacun de ces délits renferme, pour ainsi
dire, autant de délits contre les particuliers qu'il y a
d'individus dans le corps moral, ou qu'il y a d'individus dans ce corps qui sont frappés par ce délit. Ce
sont des délits dirigés contre les individus, contre
leur manière d'être en tant que membres d'un corps
moral. Aussi ces délits changent presque de nature
selon que le corps moral est composé d'un nombre
plus ou moins grand d'individus. Qu'un écrivain dise
que la nation française est un ramas de brigands et
de voleurs, c'est une injure qui fait hausser les épaules ; qui daignerait en poursuivre l'auteur? Quel est
le Français, doué de quelque bon sens, qui s'en sen-
tirait blessé ? Qu'on publie les mêmes injures contre
les sociétaires de la Banque de France, le délit prend
de l'importance. Mais si le même libelle est dirigé
contre une maison de commerce, contre une société
composée de trois personnes, le délit devient absolument individuel ; c'est dire, Pierre est un voleur,
Jacques est un voleur, Antoine est un voleur.

Empressons-nous toutefois de reconnaître qu'il y a
des délits contre le mode d'existence de la société ci-

vile, dont le mal pourrait dépasser celui qui dérive
d'un crime quelconque contre un individu.

L'homme qui conspire pour arracher à un peuple
libre ses institutions, ses garanties, sa liberté, toute
vie morale, qui veut en faire un troupeau d'esclaves
et paralyser tous ses efforts de perfectionnement et
de prospérité, celui-là commet sans doute un crime
qui n'a point d'égal dans la série trop nombreuse des
crimes possibles. Il est permis d'admirer le courage
avec lequel Strafford sut braver une mort ignomi-
nieuse ; il est juste de blâmer la violation commise à
son égard de toutes les formes de la justice : mais il
est plus juste encore de reconnaître que le soldat dont
le projet était d'asservir l'Angleterre au profit d'un
despote et à l'aide d'une armée irlandaise, était un
grand coupable. Si les violents caprices des Stuarts
eussent tenu lieu de lois aux Anglais, si la *Chambre
étoilée* eût remplacé en Angleterre le parlement et le
jury, si toute liberté de conscience eût disparu devant
l'inquisition anglicane, quel aurait été le sort de la
Grande-Bretagne et peut-être celui de l'Europe ? La
pensée se refuse à suivre cet attentat dans toutes ses
conséquences, à se représenter la patrie de Chatam et
de Fox livrée aux manœuvres ténébreuses et stupides
d'une *camarilla*, à effacer de l'histoire cette page
toute brillante de liberté et de bon sens national, la
glorieuse délivrance de 1688.

Toutefois, si le crime, par sa nature et relativement à son auteur, est excessif, il ne faut pas oublier,
d'un autre côté, que le mal dont cet attentat peut
être la cause est heureusement fort difficile à accom-

plir, une nation ayant des moyens puissants de défense contre de semblables attaques. Enfin, il est également vrai que là où ces attentats réussissent, le mal
matériel n'est pas tel qu'une âme généreuse peut le
concevoir. Car une nation qui se laisse dépouiller de
ses droits, n'y attache guère d'importance ; la liberté
politique n'est pour elle qu'une vaine apparence ; si
c'était une réalité, elle saurait la défendre.

Quoi qu'il en soit, quelques exceptions ne nous
semblent pas détruire cette thèse générale, que les
délits considérés sous le rapport du mal matériel, en
d'autres termes, sous le rapport de l'importance du
droit qu'ils blessent, peuvent se ranger dans les quatre
classes que nous avons énumérées.

Au surplus, nous nous empressons de le déclarer
une fois pour toutes, un arrangement systématique,
une classification n'est à nos yeux qu'une méthode ;
comme expression de la vérité, elle n'est jamais
qu'approximative et sujette à de nombreuses anomalies.

C'est par une étude scrupuleuse de chaque espèce
qu'on doit arriver à se former une idée exacte du
mal produit par chaque délit. Seulement comme un
fil est pourtant nécessaire pour se guider dans ce la-
byrinthe, nous avons adopté la division qui nous a
paru à la fois la plus simple, la plus conforme à la
nature des choses, et la plus propre à nous faire éviter les erreurs où sont tombés ceux qui nous ont
donné des classifications plus ambitieuses et tout à fait
artificielles.

En suivant les principes que nous venons de poser,

essayons maintenant une évaluation plus détaillée du mal matériel du délit.

Mais, encore une fois, ce n'est que du mal spécifique que nous parlons ici, et non de la gravité de ce mal dans les cas divers. Nous voulons en connaître la nature, nous ne voulons pas apprécier le degré auquel il peut s'élever ou descendre dans un fait particulier. De même nous ne tenons pas compte ici des délits complexes qui résultent,

Soit de la réunion éventuelle ou prévue de plusieurs délits simples,

Soit d'un délit accessoire qui s'ajoute au délit principal comme circonstance aggravante,

Soit de l'emploi d'un délit comme moyen pour l'exécution du délit principal.

A. Délits contre les personnes.

Bien détruit ou compromis.

I. Existence.
II. Mode d'exister :
    1. Intégrité et santé du corps et de l'esprit (*a*).
    2. Liberté.
  Par { empêchement,
      { contrainte (*b*).
    3. Condition :
      domestique,
      politique,
      civile (*c*).

III. Sûreté.

IV. Sécurité (*d*).

B. Délits contre la personnalité du corps social.

Bien enlevé ou compromis.

I. Existence (*e*).

II. Mode d'exister :

    1. Constitution politique.

    2. Ordre public.

    3. Services exigibles :

        militaires,

        civils,

        pécuniaires (*f*).

III. Sûreté.

IV. Sécurité (*g*).

C. Délits contre les propriétés particulières.

Bien enlevé ou compromis.

I. Fortune totale.

II. Portion de fortune, de manière à changer l'état
du propriétaire.

III. Faible portion (*h*).

D. Délits contre les propriétés publiques.

Bien enlevé ou compromis.

I. Biens publics, *entre autres* :

    monnaie,

    papier-monnaie,

    billets de banque (*i*).

II. Biens de l'État :

    1. D'un usage immédiatement nécessaire.

    2. D'un usage non immédiatement néces-
saire (*k*).

Expliquons ce tableau par quelques courtes observations.

(*a*) La santé de l'esprit. Nous avons en vue le délit
d'ivresse, la léthargie, malicieusement procurées par
quelque potion dont on ne pût pas prévoir les effets,
quand même la potion n'affecterait en rien la santé
corporelle, quand même ce délit ne serait pas un acte
préparatoire d'un délit plus grave.

(*b*) C'est distinguer entre l'esclavage et la séques-
tration ou tout autre empêchement mis à la liberté
personnelle, sans cependant astreindre la personne à
rendre des services, sans en faire un instrument au
profit de l'oppresseur.

(*c*) La condition domestique comprend tous les rapports de famille, l'état de mari, de femme, de père,
de mère, de fils, etc., les biens qu'il procure, les
droits qui en résultent.

La condition politique est l'ensemble des droits
appartenant à une personne en tant que citoyen actif
d'un État; le droit électoral, l'éligibilité, la pairie
héréditaire, la capacité de juré, etc.

La condition civile, c'est l'ensemble des biens
dont un homme peut être en possession comme

membre d'un État, lors même qu'il n'aurait ni famille ni droits politiques; sa réputation, son crédit,
sa capacité civile de témoin, de partie contrac-
tante, etc.

(*d*) Être en sûreté, c'est n'être menacé d'aucun
danger réel.

Jouir d'une pleine sécurité, c'est ne rien craindre.

Des chasseurs qui tirent trop près de ma maison,
mettent en danger les personnes de ma famille.

Celui qui écrit des lettres menaçantes, lors même
qu'il n'aurait eu que l'intention de faire une mauvaise plaisanterie, trouble la sécurité de celui qui a
pu raisonnablement croire que les menaces étaient
sérieuses.

(*e*) Les crimes contre l'existence de l'État se rédui-
sent au fond à trois principaux :

Livrer le pays à l'ennemi,

Le soumettre à une puissance étrangère,

Le réunir à un autre État.

Dans le premier cas, outre le mal de l'invasion, on
laisse à l'ennemi à décider si l'État conservera ou non
sa nationalité;

Dans le second, on veut la lui enlever pour en
faire un pays sujet, comme le canton de Vaud l'était
des Bernois, comme une grande partie de l'Italie l'est
de l'Autriche;

Dans le troisième, on fond la nationalité de l'État
dans la nationalité d'un autre État.

Ce sont les véritables crimes de haute trahison.

L'abandon fait à l'ennemi d'un poste, d'une forteresse, l'espionnage, la dissolution d'un corps d'armée, etc., sont les délits spéciaux, qui servent d'actes
préparatoires au délit principal, ou qui en sont le
moyen d'exécution, lorsqu'ils ont été commis dans
ce but ou avec prévision du résultat qu'ils peuvent
produire.

(*f*) Le mode d'exister pour l'État dépend premièrement de sa constitution politique. Quelle que soit
cette constitution considérée théorétiquement, tant
qu'elle n'est point changée par les voies légales, elle
est censée bonne ; elle est le droit du corps social,
le pouvoir la défend avec justice. envers et contre
tous. — Il faudra donc se résigner éternellement au
despotisme ? — Quand on nous aura prouvé que le
despotisme est un pouvoir légitime, qu'il est un droit
et non un pur fait, qu'à lui appartient de commander,
qu'on a le devoir de lui obéir, il sera temps de résoudre la question.

Le mode d'exister varie en second lieu selon la
nature des services que l'État exige de ses membres.
Ces services sont de trois espèces : militaires, civils,
pécuniaires. Lorsque ces services sont légalement im-
posés, ils sont le bien de l'État.

Sans constitution politique, la société n'est, pour
ainsi dire, qu'un corps informe; privée des services
que les citoyens lui doivent, elle serait un corps sans
force et sans énergie. Mais la constitution et les services militaires, civils, pécuniaires, ne suffisent pas à
l'existence régulière et paisible de l'État. Il faut en

même temps que le jeu de la machine politique ne rencontre pas d'obstacles sérieux ; il faut éviter tout dérangement et tout frottement sensible. En un mot, il faut que l'ordre public ne souffre pas de perturbations graves.

L'ordre public est troublé directement par les agents du pouvoir qui dépassent les limites de leurs attributions, qui abusent de l'autorité ou de la force qui leur est confiée, qui refusent de venir au secours du droit, et ne se conforment pas aux règles que la loi leur a tracées pour l'exercice de leurs fonctions.

Il est troublé directement par les particuliers qui usurpent des fonctions publiques, qui entravent l'autorité dans l'exercice de ses pouvoirs, qui résistent illégalement à la force publique, qui exigent du pouvoir quoi que ce soit par voies illégales, qui, hors le cas de nécessité légitime, emploient ou appellent la force particulière au secours du droit, qui, par des faits publics, actions, écrits ou paroles, portent atteinte aux mœurs ou travaillent à les corrompre.

Ces catégories comprennent, au fait, tous les délits contre l'ordre public. Les autres délits qu'on appelle ordinairement de ce nom, ne sont en réalité que des délits privés, aggravés par quelque circonstance particulière. Tels sont, par exemple, les outrages contre un magistrat ou contre un ministre du culte. Quelques-uns de ces délits rentrent dans les autres classes des délits publics, soit comme provocations, soit comme actes préparatoires ou tentatives.

En général on a trop étendu le catalogue des délits
publics.

(g) La société n'a pas moins qu'un particulier droit
à la sûreté et à la sécurité.

La vente illégale des poisons, les constructions
dangereuses, l'exercice illégal de la médecine, sont
des actes contraires à la sûreté publique. Le char-
latan que le peuple consulte avec confiance, porte
atteinte à la sûreté publique sans troubler. la sécurité. Celui qui fabriquerait de la fausse monnaie, sans
toutefois la mettre en circulation, ferait justement
le contraire.

(h) C'est là le véritable caractère qui distingue
entre eux les délits contre la propriété, lorsqu'on
veut les apprécier en raison du mal fait à la partie
lésée, du mal matériel et direct. S'ils ne considèrent que le délit simple, les propriétaires et le public
ne font pas d'autre appréciation : « Il a tout perdu. »
— « Cela le dérange bien, il sera obligé de vendre
sa maison de campagne, » etc. ; ou bien : « C'est
heureux que la perte soit tombée sur lui, elle lui est
assez indifférente. » Telles sont les trois expressions
qui caractérisent, dans l'opinion publique, les vols,
les banqueroutes, les incendies, sous le rapport du
mal matériel simple.

Le public et la personne lésée ne diffèrent, dans
l'appréciation du mal, que lorsque la chose détruite
ou volée était un objet d'affection particulière pour
son possesseur. Le principe est le même; mais le
public manque des données nécessaires pour en

faire l'application : il n'éprouve pas le même sentiment.

Nous ne disons pas que l'importance de la perte
éprouvée soit le seul mal matériel, produit par les
délits contre la propriété individuelle ; encore moins
qu'elle soit le seul élément dont le législateur doive
tenir compte.

Personne n'ignore que les délits contre la propriété ne peuvent se réaliser que sous deux formes
principales, l'usurpation et le dégât : enlever pour
s'approprier, enlever sans toutefois s'approprier la
chose perdue pour le propriétaire. Tout fait particulier bien analysé rentre dans l'une ou l'autre de ces
deux catégories.

L'usurpation et le dégât peuvent être commis par
la fraude ou par la force.

La fraude prend deux formes principales, celle du
vol et celle de l'escroquerie. Le voleur soustrait *in-
scio domino;* l'escroc se fait donner, il obtient par
ruse.

La force s'exerce sur les choses ou contre les personnes. L'effraction et le brigandage en sont des
exemples.

La fraude et la force peuvent être employées de
mille manières diverses, avec des nuances très-variées
de criminalité.

La criminalité de l'usurpation et du dégât des biens
d'autrui, peut aussi être modifiée par des circonstances tirées de l'objet et du lieu du délit, du temps
où il a été commis, de la personne qui en a été la
victime.

Cependant, toujours est-il que l'élément simple du mal matériel produit par le délit, est le rapport du bien usurpé ou détruit avec la position pécuniaire de la personne lésée. Il suffit pour s'en convaincre de se représenter un vol simple, ou bien une banqueroute. Il est évident que le délit qui ne laisse absolument rien à la personne lésée est, quant au mal matériel, quant au bien enlevé, un tout autre acte que le délit qui prive un millionnaire de quelques centaines d'écus.

Les autres circonstances que nous venons d'indiquer, peuvent être considérées sous deux points de vue : comme des faits qui ajoutent un délit à un autre délit, ou bien comme de simples aggravations d'un seul et même délit. Le vol commis à l'aide de violence sur la personne est évidemment un délit complexe. Le vol commis nuitamment est un délit accompagné d'une circonstance aggravante. Mais le plus souvent ce qu'on appelle une circonstance aggravante n'est au fond qu'un délit *sui generis*, employé comme moyen ou accessoire au délit principal. Le domestique qui dérobe les effets de son maître commet un vol, et de plus un abus de confiance. Dans un vol sur les grands chemins commis par une bande armée et avec violence, on retrouve le délit privé de vol, le délit privé de violence contre les personnes, et un délit public par le fait d'un attroupement avec armes infestant les grandes routes. Le délit principal, dans ce cas, est le délit de vol, en tant qu'il est le but de l'action criminelle.

Ces remarques peuvent paraître inutiles. Qu'im-

porte que le législateur présente les aggravations sous
forme de délits simples et connexes, ou sous forme
de circonstances aggravantes comprises dans la description du délit? Nous verrons ailleurs que le choix
de l'une ou de l'autre de ces formes de rédaction n'est
pas sans influence sur les jugements. Cependant nous
croyons qu'il ne faut pas attribuer à la forme des lois
plus d'importance qu'elle ne mérite : nous croyons
qu'il faut adopter tantôt une forme, tantôt une autre,
selon que l'une ou l'autre méthode s'adapte mieux au
sujet particulier et donne à l'expression législative
plus de précision et plus de clarté. Nous avons déjà
dit, et nous ne cesserons de répéter qu'une loi n'est
pas une dissertation, qu'un code n'est pas un traité
scientifique.

Quoi qu'il en soit, toujours est-il qu'une exacte
appréciation du délit ne peut être obtenue qu'en se
rendant un compte exact des éléments dont il se compose. A cet effet, les circonstances aggravantes doivent, comme tout autre délit, être étudiées dans leur
nature morale et dans leurs effets matériels. Il faut
pour chaque délit simple se demander quel est le devoir qu'il viole et quel est le principe dirigeant pour
en apprécier le mal matériel.

Or, pour le délit simple d'usurpation ou de dégât
du bien d'autrui, ce principe dirigeant nous paraît
être celui que nous avons indiqué. Il nous paraît que
la science ne saurait en assigner un autre.

Ce principe dirigeant, le législateur doit-il, peut-il
le suivre dans l'évaluation politique du délit? Est-il
possible d'en faire usage pour établir, toujours dans

les limites de la justice morale, l'échelle de la pénalité en cette matière? Doit-on se borner à le prendre
en considération pour la liquidation des dommages-
intérêts? Ces questions, nous ne devons pas les traiter en ce moment; elles ont trouvé leur place dans
notre *Analyse morale et politique des délits*, travail
que nous publierons peut-être plus tard, et par lequel
nous essayons de faire à chaque espèce de délits l'application des principes généraux que nous cherchons
à établir dans cet ouvrage. La science offre les résultats de ses analyses. La législation positive a ses nécessités, ses imperfections inévitables. Le législateur
ne peut réaliser complétement la théorie, pas plus
que le statuaire ne parvient à réaliser dans le marbre
l'exacte représentation de ses conceptions. Les résistances extérieures et pratiques sont un fait dont
l'homme ne saurait ne pas tenir compte.

(*i*) Nous distinguons les propriétés publiques en
biens publics et en propriétés de l'État.

Sous le premier chef nous comprenons : 1° les
choses que l'État soigne et défend pour l'usage immédiat du public; les routes, les canaux, les jardins
publics, etc; 2° les signes représentatifs de la richesse; la monnaie, le papier-monnaie, les billets de
banque et autres effets de ce genre. Ces effets sont, à
la vérité, la propriété particulière de ceux qui les
possèdent dans un moment donné. Mais par leur rapide circulation, par le besoin que tous ont de s'en
servir, et par la difficulté de conserver à leur passage
d'une main dans l'autre, les traces des premiers pos-

sesseurs, on peut les regarder comme composant en masse le patrimoine de tous les habitants du pays, comme un instrument et un bien commun en même temps à tous. Le faux monnayeur commet une escroquerie au préjudice direct de celui qui le premier lui livre des valeurs supérieures à la valeur intrinsèque de la fausse monnaie qu'il reçoit en échange. Mais les effets de ce délit peuvent s'étendre à un grand nombre d'autres personnes, inconnues à l'escroc et à l'insu de celui qui a été trompé le premier. Le mal peut facilement se répéter, se progager. C'est le public pris en masse que le faux monnayeur atteint plus encore que tel ou tel individu désigné. Il ne sait pas lui-même les effets particuliers que peut produire la circulation de la fausse monnaie. Son acte est complexe : il y a un délit privé et un délit public. Un délit privé au détriment de celui qui reçoit par erreur la fausse monnaie ; un délit public contre la sûreté et la sécurité de tous. Ce double caractère existe dans la plupart des crimes. Mais tandis que dans un vol avec effraction le mal privé surpasse le mal général, dans la fausse monnaie c'est le mal général qui domine et qui constitue le caractère principal. Il est donc rationnel de placer ce délit parmi les délits publics.

(k) Nous appelons biens de l'État les propriétés, les effets, les sommes que l'État possède et administre comme un particulier, pour le service de la chose publique ; les arsenaux, le matériel de la guerre, les approvisionnements, les caisses publiques, les forêts de l'État, etc.

Le mal matériel au préjudice de l'État est essentiellement divers selon que les choses volées ou détruites étaient ou non d'un usage immédiatement nécessaire. Une bande de voleurs qui, sans songer nullement au crime de haute trahison, enlève en temps de guerre un convoi destiné à l'approvisionnement d'une place frontière, compromet le salut de l'État bien plus que celui qui en temps de paix enlève deux ou trois millions du trésor public. C'est la distinction du mal irréparable et du mal qui peut être réparé.

Si l'on consultait l'opinion publique, si le sens commun était interrogé sur l'appréciation du mal du délit, on obtiendrait, nous le pensons, des réponses conformes aux bases que nous venons de poser.

A la vérité, ces réponses seraient le résultat complexe de deux sentiments, du sentiment moral et du sentiment du mal matériel.

On mettrait en première ligne les attentats contre la personne individuelle, et parce que ce sont les crimes dont le mal matériel est le plus redouté, que ce mal est souvent irréparable, et parce que le respect des personnes est le premier des devoirs exigibles dans l'ordre de nos conceptions morales. C'est le devoir le plus frappant, l'application la plus immédiate et la plus directe du grand principe de raison et de morale : Ne fais pas à autrui ce que tu ne voudrais pas qu'on te fît à toi-même.

La même observation s'applique aux trois autres catégories.

On peut cependant alléguer deux faits qui paraissent démentir notre observation. Le vol, dira-t-on, inspire quelquefois plus d'alarme que le meurtre. Un voleur se couvre toujours d'infamie, tandis qu'un meurtrier, et plus encore un coupable de crimes politiques, échappent très-souvent à cette peine morale.

Le premier fait est représenté d'une manière inexacte. Le vol est plus redouté que le meurtre, là où le délit de meurtre est très-rare, et celui de vol fréquent. Il est naturel qu'on redoute beaucoup ce qui arrive souvent, et fort peu ce qui n'arrive que très-rarement. Pour bien comparer, il faut supposer un pays où les vols et les meurtres sont communs, ou bien un pays où les deux délits sont, je ne dis pas également rares, mais l'un et l'autre peu fréquents.

Encore faut-il distinguer l'alarme de l'horreur que le délit inspire. Nous connaissons tel pays où l'horreur du meurtre est devenue presque nulle. On y craint cependant les meurtriers. On a grand soin de bien fermer les portes de sa maison; de ne pas s'aventurer seul, de nuit, sur les grandes routes, et on serait fort content d'avoir la certitude d'échapper aux coups d'un brigand en lui présentant une poignée d'écus. A Genève, au contraire, on redoute un peu les voleurs; on ne songe guère aux meurtriers; personne n'imagine que, pour rentrer à minuit dans sa maison de campagne, il faille s'armer jusqu'aux

dents ou se procurer une escorte. Mais qu'un assassinat soit commis dans le canton, la population tout
entière est frappée d'une sorte de stupeur. L'alarme
est cependant faible par la rareté du fait ; on n'en
continue pas moins à redouter les voleurs plus que
les meurtriers. Mais si sur cent délits il y avait seulement vingt assassinats, et quatre-vingts vols, peut-
être que l'horreur pour le meurtre s'affaiblirait ; mais
l'alarme serait très-grande, bien autrement grande
que celle inspirée par les vols.

Le vol est peut-être le plus infamant des délits ;
le fait est irrécusable. C'est une preuve de plus que
l'homme croit à autre chose qu'aux résultats du
bilan des plaisirs et des peines. En effet, quel rapport y a-t-il entre le mal fait aux hommes par une
bande de filous et celui qu'ils éprouvent par les
attentats d'un ambitieux qui, pour s'emparer du
pouvoir suprême, excite la guerre civile, ouvre une
large carrière au désordre, au meurtre, au pillage ?
Mais le voleur n'emploie que la ruse ; l'autre a besoin de force et de courage. Le premier ne vise qu'à
quelque argent ; l'autre au pouvoir. Le premier est
infâme par son but et par ses moyens ; le second cache
au vulgaire la turpitude morale de son action par
l'éclat des moyens et la hauteur du but. L'homme
ne redoute pas un filou, mais il le méprise ; il craint
Sylla, mais il l'admire. C'est qu'il y a dans Sylla une
force, une puissance, une supériorité, bien ou mal
employée, devant laquelle une haute raison peut
seule refuser de s'incliner. Mais le mépris n'est ni
la crainte ni l'horreur, et l'horreur n'est point in-

conciliable avec la terreur et l'admiration. On méprise le voleur, mais c'est l'assassin qui inspire à la fois la crainte et l'horreur. L'horreur, parce qu'il a blessé le sentiment moral à une plus grande profondeur ; la crainte, par la gravité du mal matériel. Sylla n'était point méprisé; il frappait les Romains d'admiration, du moins d'étonnement. Mais en lisant les tables de proscription, en voyant jeter aux pieds du tyran les têtes des proscrits, les Romains ne frissonnaient pas moins, ils ne tremblaient pas moins devant l'homme qu'ils admiraient.

Les deux faits ne détruisent pas, ce nous semble, nos observations sur l'appréciation que fait le sens commun du mal du délit.

En donnant des résultats complexes, tirés à la fois du sentiment moral et du sentiment du mal matériel, le sens commun nous donne l'expression de la vérité. La méthode nous prescrit l'analyse distincte du mal moral et du mal matériel, mais, ainsi que nous l'avons déjà remarqué, il existe un lien intime entre ces deux effets du délit, ils peuvent réagir l'un sur l'autre, et c'est l'expression de cette action mutuelle que le sens commun nous donne.

Ces considérations pourraient, ce nous semble, fournir quelque lumière pour arriver à une division rationnelle des délits.

Au reste, ce n'est pas dans cet ouvrage que nous songeons à donner une classification complète. C'est du délit en général que nous traitons.

La classification des délits, nous y insistons encore, est sans doute très-utile comme méthode d'exposition

ou d'enseignement : nous y attachons moins d'importance comme œuvre de législation. Peut-être plus il y
a de prétention scientifique à cet égard dans le travail législatif, plus est grand le danger de ces déductions logiques auxquelles le législateur n'a jamais
songé et qui peuvent altérer complétement sa véritable pensée.

En fait de divisions systématiques des délits, ce
dont nous sommes convaincus, c'est qu'il est important de défaire celles qui existent. Il serait temps de
renoncer à certaines rubriques générales qui, en
créant des associations artificielles d'idées, entraînent
à des jugements souvent très-erronés sur le choix et
la quotité des peines. Il serait trop facile d'en citer
une foule d'exemples ; les traités et les Codes en abondent. Nous avons trouvé celui qui met à sa bouton-
nière un ruban sans en avoir le droit, et celui qui
porte les armes contre sa patrie, placés dans la même
catégorie. Si l'on ne sait pas arriver par l'analyse au
délit simple, si l'on préfère suivre les règles d'une
synthèse arbitraire, le parti le plus commode est de
ne faire qu'une seule classe de délits ; directement ou
indirectement, ils sont tous nuisibles à la société et
aux individus.

Quoi qu'il en soit, le but du tableau que nous avons
tracé est seulement d'indiquer le rapport entre elles
des diverses classes de délits, en considérant le mal
objectif produit par chacune.

CHAPITRE IX.

L'adultère est un mal moral. C'est la violation d'un devoir qui est dans un certain rapport avec les autres devoirs plus ou moins importants que la loi morale nous impose.

L'adultère blesse les droits du conjoint et produit un certain degré de désordre dans la famille.

Considéré abstraitement, l'adultère est un fait nuisible dans toute société civile. Mais quel est le degré de trouble que le délit d'adultère produit dans une société civile donnée? Quel en est le mal social relatif? Ce mal est-il assez grave pour que le législateur protége par une sanction pénale les droits des époux?

La juste appréciation du mal relatif est chose difficile.

Nous sommes loin de mépriser les secours que peuvent fournir les principes d'analyse employés par un célèbre publiciste dans l'évaluation du mal politique. Distinguer le mal en mal du premier ordre, du second et du troisième ordre, en mal primitif et en mal *dérivatif*, en mal permanent en en mal passager, en mal immédiat et en mal *conséquentiel*, etc.,

c'est une méthode qui peut être utile pour apprécier
le mal matériel, soit absolu, soit variable. Nous ren-
voyons avec plaisir à son ouvrage ceux de nos lecteurs qui désirent connaître plus exactement cet
instrument analytique [1].

Mais une exacte application de cet instrument à
chaque espèce de délits, pour en apprécier le mal
relatif, n'est possible qu'à l'aide d'une parfaite connaissance de l'état social. Toute application faite d'une
manière abstraite sera nécessairement fautive. Qui
vous révélera la force du mal de second et de troisième ordre, produit par tel ou tel délit, si ce n'est
l'histoire nationale? Qui vous apprendra l'étendue du
mal *dérivatif?* Qui vous dira si le mal passager est
cependant d'une durée plus ou moins longue, plus ou
moins alarmante? L'histoire du pays. Elle seule a le
droit de résoudre la question.

Parmi les maux produits par le meurtre, il y a le
désir de la vengeance, excité dans la famille de la victime, désir qui devient à son tour une cause puissante
de crimes et qui peut troubler profondément l'ordre
social. Évaluons ce mal à Paris, il est bien faible.
Interrogez les montagnards de la Corse, de la Grèce,
de la Calabre. Ce sont des paroles, ce sont des regards
brûlants de passion et de vengeance que vous obtien-
drez en réponse.

Dans un pays comme l'Angleterre, la falsification
des billets de banque produit un mal matériel (danger
et alarme) extrêmement grave; personne ne saurait

---

[1] Bentham, *Traité de législ.*, t. I, chap. x.

le contester, pas même ceux qui pensent, comme nous, que la peine capitale n'est point un remède efficace contre ce désordre.

Si un billet de la banque d'Angleterre est falsifié en Suisse, lors même que ce serait à Bâle ou à Genève, le mal matériel n'excéderait pas beaucoup l'importance du vol commis par ce moyen, parce qu'il n'y a point de banque en Suisse, que le commerce de ce pays ne se fait guère que par le moyen de la monnaie métallique, et que lors même que tous les banquiers suisses prendraient le parti de ne point recevoir de billets de banques étrangères, l'état commercial ne s'en ressentirait point, à cause de la rareté de semblables transactions. Le mal indirect ne serait que la crainte de voir le délit de faux s'étendre aux lettres de change, billets à ordre, etc., etc.

Mais comme il n'est pas absolument impossible que le commerce prenne en Suisse un grand développement et que l'échange des billets de banque y devienne nécessaire et fréquent, on conçoit que le mal matériel produit en Suisse par la falsification de ces billets peut un jour augmenter de gravité [1].

Il serait superflu de multiplier les exemples. Il est de soi-même évident que les utilités et les inconvénients matériels, étant de leur nature chose variable, le mal relatif du délit varie selon les temps et les circonstances.

Cela prouve combien est absurde cet aphorisme si commun, que les lois aspirent à une durée presque

[1] On en trouve un exemple aujourd'hui dans la banque de Zurich, et dans les billets des banquiers de Genève. (*Note de l'auteur.*)

éternelle et que ce n'est qu'en tremblant qu'on doit
porter la main à l'édifice législatif élevé par nos ancêtres. C'est précisément le contraire qui est la vérité.

Cela prouve aussi combien l'œuvre de la *codification* si difficile à faire, si difficile à modifier ensuite,
est dans un certain sens peu conforme à la nature des
choses et des sociétés humaines.

Cela prouve enfin que l'homme qui du fond de son
cabinet imaginerait de faire des Codes pour des nations lointaines et à lui peu connues, se livrerait à un
travail inutile. Ni le talent ni le génie ne sauraient
tenir lieu de la connaissance des faits locaux.

Cette connaissance est d'autant plus difficile à acquérir, que les faits à vérifier ne sont pas tous des
faits matériels. Il faut aussi prendre connaissance et
tenir compte des opinions, des croyances et, jusqu'à
un certain point, des préjugés publics.

Le pouvoir social doit-il donc plier la loi pénale
aux exigences des opinions erronées, des préjugés
populaires?

Jamais, dans aucun cas, s'il s'agit de dépasser la
justice. Malheureusement, il est assez rare que le législateur soit plus éclairé que le public; cependant
la chose est possible, le gouvernement français est
plus éclairé que le public de la Corse; le gouvernement piémontais en sait plus que le public de l'île de
Sardaigne.

Mais dans les limites de la justice, les opinions
populaires, même erronées, doivent être ménagées.

Imaginons quelques Moréotes trouvant que la religion de l'Alcoran est préférable à celle du Christ.

Ils seraient à plaindre; mais changer de religion, se faire disciples de Mahomet, ils en ont le droit dans le sens absolu du mot. Qu'arriverait-il cependant s'ils voulaient professer publiquement la religion des Turcs en Morée? Ils se feraient égorger; le gouvernement n'aurait aucun moyen de les protéger; s'il l'essayait, il serait renversé; l'ordre social serait profondément troublé. Quel serait le délit *social* de ces Moréotes? de professer l'Alcoran? d'avoir abjuré le christianisme? non, mais d'avoir fait une action funeste à l'ordre public de la Grèce, une action dont ils ne pouvaient pas ignorer les conséquences. Quel serait le devoir du gouvernement grec? de réprimer ce fait temporairement, de favoriser de tous ses moyens l'instruction du peuple, et, lorsque ce même peuple aurait compris que la liberté des cultes est un droit, ou que le gouvernement aurait assez de force pour protéger toutes les opinions, de laisser ouvrir une mosquée.

Considérons maintenant cet exemple sous un autre point de vue. Le gouvernement grec, en se représentant abstraitement le trouble qu'apporterait à l'ordre social l'exercice public du culte turc, promulgue une loi pénale pour l'interdire. Ce serait la loi la plus absurde que des hommes puissent imaginer. Quel est l'être doué de raison qui pourrait regarder comme moralement possible un fait semblable, aujourd'hui, en Grèce?

Aussi faut-il connaître au juste l'état de l'opinion publique, non-seulement pour agir, mais aussi pour s'abstenir.

L'étude des faits sociaux est impérieusement exigée lorsqu'on estime devoir interdire des actes dont le mal absolu est à peu près nul, et qui n'ont d'autre criminalité que celle qui résulte du mal relatif. Tels sont la plupart des actes qu'on appelle délits contre la police, le délit de port d'armes, les infractions aux règlements sur les passe ports, et autres. La différence entre ces lois de police et les autres lois pénales est frappante en ceci, que par les secondes on ne peut commettre qu'une injustice relative, tandis que l'injustice des premières peut être absolue. Punir l'inceste commis sans violence ni scandale, c'est peut-être dépasser les exigences de l'ordre public : mais du moins la loi frappe un homme moralement coupable. L'inceste, surtout en ligne directe, est un acte criminel en soi ; les temps et les lieux n'en changent point la nature morale. Il n'en est pas de même du port d'armes. L'interdiction peut être juste dans un pays et dans certaines circonstances sociales ; vexatoire dans un autre État ; dans un troisième elle pourrait être cruellement injuste. Elle pourrait exposer sans défense les innocents aux coups des malfaiteurs. Lorsque le pouvoir ne sait pas garantir la sûreté des individus, le devoir lui commande de ne pas les désarmer. La loi prohibitive serait toute au profit des scélérats. Celui qui médite un assassinat n'hésite pas à enfreindre la loi qui défend le port d'armes.

C'est à l'abus qu'on a fait des lois de police qu'on doit attribuer, en partie du moins, une opinion généralement répandue et à notre avis aussi dangereuse qu'erronée. On regarde les actes défendus par ces lois comme indifférents en eux-mêmes, et ces lois comme des lois arbitraires dans ce sens qu'elles ne s'appuient d'aucune prohibition de droit naturel; de là on conclut qu'il faut, dans l'application de ces lois, employer, autant que cela est possible, l'interprétation qu'on a appelée restrictive.

Cette opinion est le résultat d'une analyse incomplète du mal moral. Si, par les circonstances particulières du pays, l'ordre public ou la sûreté particulière sont effectivement mis en danger par l'acte en apparence le plus inoffensif, l'action défendue est immorale en soi, et la loi prohibitive est intrinsèquement juste. L'auteur de l'acte prohibé est tout aussi coupable que celui qui, sans aucune intention positive de meurtre, déchargerait une arme à feu dans un lieu fréquenté. Le nier, c'est refuser au maintien de l'ordre public la qualité d'obligation morale.

On peut à la vérité citer des gouvernements qui ont attribué un mal relatif à des actes qui n'étaient en aucune manière nuisibles à l'ordre social, même qui lui étaient utiles. Mais les actes de la tyrannie ne sont point des arguments contre la vérité d'un principe.

De même on peut observer qu'il n'est que trop facile d'outre-passer, dans une intention louable, la mesure du pouvoir légitime lorsqu'on entreprend d'inscrire dans le rôle des délits, des actes qui ne produisent qu'un mal relatif. L'observation est juste; elle prouve seulement combien il importe d'entourer le pouvoir législatif de toutes les garanties propres à en prévenir les erreurs. Mais tout ce qu'on ajoute à

ces deux observations n'est que déclamation et so-
phisme. Ainsi on a eu tort de soutenir que pour les
délits de cette espèce on devait toujours s'efforcer de
donner à la loi pénale une interprétation restrictive.
Encore une fois, si la loi est l'expression sincère des
exigences de l'ordre social, si le mal relatif est réel,
l'acte prohibé est un délit moral et social en même
temps. Éluder la loi par des subtilités, c'est compro-
mettre l'ordre public, c'est manquer à un devoir.

Pour apprécier sainement les atteintes que le délit
porte à l'ordre social, il faut se représenter les effets
de l'impunité de telle ou telle espèce de crimes, dont
les données historiques démontrent la possibilité et la
fréquence.

La plupart des délits sont les résultats de *causes*
assignables.

Tout délit rencontre des *obstacles* qui peuvent le
prévenir, indépendamment de la loi pénale.

Tout délit trouve en d'autres sanctions que celles de
la loi pénale, une *répression* plus ou moins efficace
qui peut en empêcher la réitération.

L'ignorance, le jeu, la fainéantise, la misère, l'abus
de boissons fermentées, les lois sur la chasse, les lois
de douane, la diminution rapide des salaires, le manque d'emploi pour les condamnés libérés, les dénis
de justice, etc., etc., sont les causes de crimes nombreux. Un travail exact de statistique judiciaire, tel
que celui qu'on fait maintenant en France chaque
année et que nous avons essayé de faire imiter en
Suisse, révélerait au bout de huit ou dix ans les
causes principales de crime dans chaque État.

Le délit peut rencontrer, hors de la loi pénale, l'obstacle de la sanction morale, de la religion, de l'opinion publique, de la défense individuelle, de la police préventive.

Le blâme, le déshonneur, le remords, l'aversion de ses semblables, la perte des avantages que procure une réputation sans tache, la crainte des haines que le délit peut exciter, enfin les réparations de la justice *civile*, sont autant de moyens de répression indépendants de l'action pénale.

Ces *causes*, ces *obstacles*, ces *moyens de répression* sont plus ou moins nombreux, plus ou moins actifs, selon le degré de civilisation morale et matérielle d'un peuple donné, selon la nature et le degré d'énergie de ses institutions politiques.

Tels sont les trois chefs auxquels doivent se rapporter tous les résultats d'un travail entrepris dans le but d'apprécier le mal social de chaque espèce de délit. Une fois qu'on aura reconnu pour un grand nombre de crimes du moins, la force et l'étendue des causes impulsives, la force des obstacles et celle des moyens de répression, indépendants de la loi pénale, on aura l'expression de la gravité de l'atteinte que l'impunité du délit porterait à l'ordre social; on aura l'expression du mal relatif.

Ces recherches sont une obligation positive pour tout gouvernement.

Il faut rechercher les *causes* du délit pour les éloigner, les *obstacles* pour ne pas les affaiblir, les *moyens de répression* autres que la peine, pour en connaître la force et en profiter, autant que cela est possible.

Mais rien ne doit être poussé au delà des bornes
posées par la raison et par l'utilité générale. En toutes
choses, le droit est là qui s'oppose à l'extension exorbitante de tout moyen de protection, quelque légitime
qu'il soit dans son principe et dans une certaine mesure. Le pouvoir social, comme tout individu, se
trouve souvent entre deux inconvénients ou entre deux
devoirs. Il est tenu de s'arrêter dans la poursuite d'un
bien, dans l'emploi d'un moyen utile, dès que son
action blesserait un droit, ou porterait atteinte à un
devoir plus important.

1° Il faut écarter les *causes* de délit : la diminution
rapide des salaires en est une. Est-ce à dire que le gouvernement pourra contraindre les entrepreneurs, les
manufacturiers, à continuer une production ruineuse,
à payer la main-d'œuvre au-dessus de la juste part
qui lui revient dans la distribution de la valeur du
produit?

L'ignorance aussi est une cause de délit. L'action
du gouvernement, partout où l'état de la société la
rend nécessaire, peut s'exercer de la manière la plus
utile au profit de l'instruction publique. Qu'on pré-
lève sur les impôts une part destinée à l'enseignement, qu'on multiplie les écoles, qu'on s'assure de
la capacité des maîtres, qu'on engage les parents à
faire jouir leurs enfants du bienfait de l'instruction,
qu'on récompense les élèves diligents, qu'on refuse
certaines capacités politiques et civiles aux ignorants,
rien de plus juste. Mais on dépasserait la limite si l'on
arrachait de force les fils à leurs parents, si on les
faisait contribuer aux frais de l'instruction au delà de

leurs moyens, si l'on faisait violence, sous prétexte
d'élever leurs enfants, à leurs opinions religieuses,
même politiques.

Mais en tout état de cause, même dans les pays où
le gouvernement peut se dispenser d'intervenir dans
l'instruction générale, le pouvoir social a cependant
l'obligation positive de veiller à un genre particulier
d'instruction qui se rapporte directement à l'efficacité
préventive de la loi pénale.

Toutes les fois qu'il s'agit de punir des actes dont
le mal absolu est presque nul, ou de beaucoup inférieur au mal relatif, le législateur doit trouver les
moyens d'instruire les citoyens des circonstances
spéciales et variables d'où résulte le mal du délit, afin
qu'ils puissent l'apprécier, et que la prohibition de
l'acte ou la gravité de la peine ne leur paraissent
pas capricieuses. Le taux de la peine n'est pas toujours un avertissement suffisant. On a trop abusé de
la sanction pénale : l'échelle des peines est une mesure dans laquelle les peuples n'ont pas confiance.
Cette instruction spéciale est inutile pour les lois militaires. La vie des camps donne au soldat une
éducation particulière, qui seule suffit pour lui faire
apprécier tout ce qu'il y a de spécial dans les délits
militaires, et tout ce qui augmente la gravité morale
de certains délits communs lorsqu'ils sont commis
par la force armée. De même chez un peuple instruit
dont les lois sont l'œuvre d'assemblées délibérantes,
la discussion publique et les journaux peuvent tenir
lieu de tout autre moyen d'instruction. Il n'en est
pas ainsi partout ailleurs. Plus d'une loi raisonnable

a été jugée tyrannique, et l'était en effet dans son
application, puisqu'elle frappait des hommes qui
n'en saisissaient point le principe justificatif. Lorsqu'on ne sait avoir à la bouche que la menace et
jamais des raisons, faut-il s'étonner d'être accusé de
tyrannie ?

2° Parmi les *obstacles* au délit indépendants de la
loi pénale, figure en première ligne, comme moyen
de gouvernement, la police.

La police peut être exercée par des règlements généraux et par l'action individuelle de ses agents.

Dans le premier cas, elle rentre dans le domaine
de la justice. Les règles de police font partie de la
loi pénale, et nous avons vu que si ces règles sont rationnelles, si les défenses sont l'expression véritable
des exigences de l'ordre public, leur infraction a tous
les caractères du délit.

Dans le second cas, il y a ce qu'on appelle proprement police ; police préventive et police judiciaire ;
protection de l'ordre par la surveillance, protection
de l'ordre par la recherche des crimes et de leurs
auteurs.

La justice humaine a ses dangers ; la police proprement dite en a encore davantage, nous en convenons. Il est moins facile d'assigner à la police des
règles positives, de contenir son action dans des
bornes nettement tracées. Elle exige une action individuelle plus libre, plus continue et moins solennelle que celle de la justice ; elle ne se laisse pas
soumettre aux mêmes formes, elle ne supporte pas
les mêmes garanties. Un contrôle trop rigide la pa-

ralyse. Il nous paraît fort douteux qu'on parvienne jamais à diriger et contenir d'une manière satisfaisante l'action de la police par des règles générales et positives. Elle aura toujours trop ou trop peu de liberté. La véritable sauvegarde contre les excès de la police préventive ne peut se trouver que dans l'esprit général du pays, dans les formes de son gouvernement, dans la publicité des débats législatifs et judiciaires, et dans la liberté de la presse. Partout où ces garanties existent, la police ne saurait être longtemps tracassière ou corruptrice, ni empiéter d'une manière durable sur la juridiction des tribunaux. L'essentiel consiste à établir nettement, et sans restriction, ce principe absolu et dirigeant en fait de police, que rien de définitif ne lui appartient, et que son action sur les personnes et sur les choses ne peut être que momentanée, provisoire. Il est évident que ce principe n'embrasse point les cas de défense légitime, soit personnelle, soit publique.

Au reste, quelles que soient les difficultés que présente l'organisation de la police proprement dite, nul État ne saurait se passer de ce moyen de protection; tout gouvernement est responsable, moralement du moins, des crimes et des désordres qu'il aurait pu prévenir à l'aide d'une police compatible avec les libertés publiques et la sûreté individuelle.

3° La troisième limitation est évidente par elle-même. Et d'abord l'ordre social n'est pas sensiblement troublé par quelques faits qui, rencontrant d'autres *moyens de répression* que la loi pénale, ne se reproduisent qu'à de grands intervalles.

Un délit de cette nature doit cependant être le sujet d'une sanction pénale au moins dans deux cas : premièrement, si l'impunité du fait en question révoltait la conscience publique et la plaçait en état d'hostilité contre le pouvoir; secondement, si le délit, quoique rare, était de nature à se propager en demeurant impuni.

Mais il y a aussi des actes nuisibles qui, quoique fréquents, sont cependant suffisamment réprimés par d'autres moyens que la loi pénale. Le payement de ses dettes est sans doute au nombre des devoirs exigibles, et le non-payement, s'il est l'effet d'une résolution coupable, est un délit. Il y a *dolus et damnum*. Cependant l'action civile suffit, dans le plus grand nombre de cas, pour la protection des créanciers, quelle que soit d'ailleurs l'immoralité du débiteur. Lorsque la justice civile est impuissante, à supposer même que son impuissance ne dérive pas d'un vice de la loi ou d'un fait imputable au créancier lui-même, une peine proprement dite ne pourrait être appliquée avec justice et avec profit pour l'ordre public, qu'à ceux des débiteurs qu'on pourrait convaincre de mauvaise foi ou de manœuvres perfides au détriment de leurs créanciers. C'est alors un fait spécial, qualifié de stellionat, d'abus de confiance, de soustraction frauduleuse, de banqueroute ou autre, qu'on punit, et non pas le fait pur et simple du non-payement de la dette.

D'après ces principes, on peut se demander, qu'est-ce que la contrainte par corps qu'on applique au débiteur sur la demande du créancier, en quelques pays, pour toute sorte de dettes, en d'autres, pour certaines espèces de dettes seulement?

La contrainte par corps n'est pas un acte de justice pénale, puisqu'elle est appliquée sur la simple preuve de la dette non payée, sans aucun jugement préalable sur la culpabilité du débiteur.

Elle n'est pas une réparation, puisque l'incarcération du débiteur n'est d'aucun profit pécuniaire pour le créancier : le détenu n'est pas obligé de travailler dans le but d'éteindre la dette avec le prix de son travail.

La contrainte par corps ne peut donc être justifiée que comme moyen *indirect* de réparation, comme un mal infligé pour contraindre à *faire*. — Il ne nous appartient pas d'examiner jusqu'à quel point ce moyen est légitime en soi, et quels sont les corollaires qui découlent de ce principe, que la contrainte par corps n'est ni une véritable punition, ni une réparation directe du tort souffert par le créancier.

La part de toutes ces considérations étant faite dans l'appréciation du mal relatif, le calcul n'est pas toutefois parfaitement exact. Il y a une déduction à faire, celle des inconvénients et des dangers de la justice humaine, inconvénients et dangers qui ne sont pas les mêmes pour chaque espèce de délit, dans toute application de la loi pénale.

Nous ne parlons pas de la justice criminelle de certains pays. Celle-là prévient les délits comme une bande de brigands logés dans un bois empêche qu'on aille s'y promener : elle effraye également les hommes probes et les hommes immoraux, elle vexe et dépouille également les uns et les autres.

Mais on ne saurait se flatter d'établir une organisation judiciaire et une procédure telles qu'elles mettent la justice humaine à l'abri de toute faute ; il est impossible que si elle veut éviter toute chance d'erreur grave, elle ne soit pas dans certains cas impuissante ; enfin dans toute action pénale, même la plus juste, il y a nécessairement une certaine quantité de mal matériel qui retombe sur des innocents. *Chances d'erreur, impuissance, souffrances des non coupables*, tels sont les trois inconvénients principaux de la justice humaine. Le législateur a le devoir de les rendre aussi minimes qu'il est possible. Il est au-dessus de son pouvoir de les faire complétement disparaître.

Il faut donc en tenir compte dans l'appréciation du mal social du délit, ou, ce qui revient au même, dans l'appréciation de l'utilité de l'action pénale. La justice humaine doit s'abstenir lorsque son intervention, *quoique légitimée par le délit*, irait à contre-sens du but qu'elle se propose.

CHAPITRE X.

Le mal du délit, considéré en soi, constitue la moralité de l'acte.

Mais si l'auteur du fait décrit et défendu par la loi pénale, n'est pas un agent moral et responsable, il n'y a, dans le cas particulier, ni violation d'un devoir, ni mal matériel produit par un délit.

Une tuile tombe et casse la tête d'un passant ;

Des loups dévorent une partie d'un troupeau ;

Un enfant met le feu à une maison.

La justice demeure inactive ; elle ne trouve pas d'agents responsables.

Attenter à la vie des passants, détruire la propriété d'autrui, est un mal ; mais le mal ne peut être reproché qu'à un agent qui l'a compris et voulu.

Pour qu'un agent soit responsable, la conscience humaine exige trois conditions :

Elle exige que l'agent ait pu connaître l'existence du devoir, la nature de l'acte en soi ;

Qu'il ait compris que son fait était de nature à violer le devoir ;

Qu'il ait été libre de le commettre ou de s'en abstenir.

La tuile a été lancée par un homme ; les brebis

ont été tuées par des chiens excités par un chasseur;
l'enfant est déjà âgé de dix à douze ans.

La justice commence l'exercice de son ministère.
Les faits se rattachent à l'action d'un homme. Elle
peut trouver un agent responsable.

Car l'homme, être *intelligent*, peut connaître,
autant du moins que l'imperfection humaine le permet, la nature, le but et les conséquences de ses
actions; *libre*, il est maître de diriger ou de suspendre l'exercice de sa volonté, de l'appliquer plutôt à un objet qu'à un autre; il est maître de faire,
de ne pas faire, de choisir.

De l'intelligence et de la liberté résulte pour
l'homme la *moralité* de ses actions, leur *imputabilité*.

Il est responsable de ses actions injustes devant la
justice absolue, dans la sphère de l'ordre moral.

Il en est responsable devant la justice humaine,
dans les bornes de l'ordre social.

Comme la moralité de l'acte dépend de la nature
du devoir et du principe d'obligation qu'il renferme,
elle est une question susceptible d'être résolue par
formules générales, dans la loi. La moralité de
l'agent, quoiqu'elle se rattache aussi aux principes
éternels du juste, est cependant une question individuelle, judiciaire, de sa nature; ce n'est jamais par
formules générales, *à priori*, qu'on pourra décider
si tel ou tel agent est ou non responsable, s'il a réellement pu comprendre le devoir et s'il a eu l'intention de le violer.

Quelle que soit la moralité d'un acte considéré
dans son espèce, aucun fait particulier n'est un délit

sans la moralité de l'agent : quelle que soit la moralité de l'agent, aucun acte ne peut lui être imputé criminellement, si l'acte ne renferme pas la
violation d'un devoir.

Pour qu'une action défendue soit *punissable*, il
faut donc qu'elle soit *imputable*, c'est-à-dire produite
*par le concours de l'intelligence et de la libre volonté
de l'agent.*

L'*imputabilité* se rapporte donc aux actions spontanées des êtres intelligents et libres.

L'*imputation* est une déclaration d'imputabilité
appliquée à un acte déterminé, comme ayant été
l'œuvre d'un individu désigné. C'est la conscience
appliquée aux autres, un jugement.

Le meurtre est défendu. Nous voyons un homme
armé d'un fusil le charger à balles, mettre en joue un
autre homme, pousser la détente, le tuer. Notre
conscience prononce : l'homme qui a tiré le coup de
fusil est coupable de meurtre.

Car, voyant que l'auteur du fait est un homme,
nous en concluons qu'il est doué d'une même nature que nous, qu'en conséquence il a dû savoir,
comme nous le savons, que le meurtre est un acte
illicite, que son fait serait la cause d'un meurtre ;
enfin, l'ayant vu placé en des circonstances où nous
aurions été libres de tirer ou de ne pas tirer le coup
de fusil, nous en concluons qu'il a agi librement,
qu'il est la cause du meurtre par une libre détermination de sa volonté, qu'il en est responsable.

On a essayé de soumettre l'imputabilité devant la
justice humaine, l'imputabilité politique à des prin-

cipes autres que ceux qui régissent l'imputabilité morale.

Cette malheureuse tentative était une conséquence du système de la *contrainte morale*, système que nous avons examiné en traitant de la *défense indirecte*.

Les défenseurs de ce système ayant pris le parti de regarder la liberté humaine comme un fait dont, vrai ou faux, le législateur ne doit pas tenir compte, c'est sur une autre base que celle de la responsabilité morale qu'ils ont dû fonder la doctrine de l'imputabilité politique. Ils arrivent cependant, il faut le reconnaître, à des résultats assez analogues ; car ils posent en principe que l'acte n'est punissable que lorsque la menace, la sanction pénale, a pu produire sur l'agent une impression de nature à l'empêcher de commettre l'acte dont il s'agit.

Or cette impression ne peut pas avoir lieu lorsque l'agent n'a pas pu connaître, soit la loi pénale, soit la nature et les conséquences de l'acte qu'il allait commettre.

De même, cette impression, cette contrainte morale ne peut pas être produite lorsque l'agent se trouve sous des impressions contraires trop actives, telles que par l'expérience commune elles sont irrésistibles.

Dans le système dont nous parlons on exige, pour que l'application de la loi pénale soit légitime, que le législateur puisse par des menaces déterminer cette machine douée de la faculté de sentir, qu'on appelle homme, à s'abstenir de l'acte défendu.

Dans le système que nous suivons on exige que

l'accusé ait pu, dans les bornes des forces de l'humanité, se déterminer à conformer ses actions aux préceptes de la loi.

Il est facile de comprendre que les résultats de ces deux principes sont, jusqu'à un certain point, identiques. Par l'un et par l'autre la peine est inapplicable aux enfants, aux fous, aux actes commis par erreur, etc.

Mais il n'est pas moins facile de voir où conduirait le principe tout artificiel que nous venons de signaler, si l'on proposait de le suivre dans toutes ses conséquences.

Nous en avons indiqué plusieurs au chapitre *De la défense indirecte*. Nous n'ajouterons ici qu'une seule remarque qui se rattache plus spécialement au sujet de l'imputabilité.

Tout le monde sent que les blessures provoquées par des violences graves doivent être punies d'une peine moindre que celle réservée aux blessures volontaires, plus encore aux blessures préméditées. La distinction est aussi juste que rationnelle, lorsqu'on admet les principes connus sur la responsabilité morale.

Mais dans le système contraire, la seule question à poser est celle-ci : la loi pouvait-elle par la menace d'une peine empêcher les blessures provoquées? Si elle ne le pouvait pas, nulle peine ne doit être appliquée : il faut traiter l'homme provoqué comme on traite un enfant ou un maniaque : si elle le pouvait, nulle mitigation de peine n'est rationnelle. Au contraire, la peine doit être élevée pour qu'elle puisse

contre-balancer les impressions dangereuses produites
par la provocation. Qu'on dise à un homme en colère : Prenez garde, vous irez en prison pour deux
ans ; peut-être s'écriera-t-il qu'il s'en moque. Mais si
une voix solennelle lui criait : C'est le bourreau qui
vous attend ; peut-être retiendrait-il son bras prêt à
frapper. Si cette menace elle-même est impuissante
pour le retenir, il faut alors, pour être conséquent au
principe, laisser l'homme impuni.

Mais il est temps d'en finir avec un système où l'on
fait profession de ne pas tenir compte d'un fait de
conscience aussi essentiel que celui de la liberté humaine. Il n'est pas permis de mutiler ainsi l'humanité pour la commodité des faiseurs de lois.

Lorsque l'imputabilité morale et l'imputabilité politique coïncident, l'action de la justice humaine ne
rencontre pas d'obstacles et ne doit pas craindre le
blâme. Mais cette coïncidence ne paraît pas exister
toujours.

L'imputabilité morale résulte de la connaissance
de ce qui est mal en soi ;

L'imputabilité politique ou légale résulte de l'existence de la loi pénale.

Il se peut qu'une action immorale ne soit pas défendue par le législateur ;

Il se peut que le législateur ait défendu un fait injuste, mais tel que l'injustice n'en soit pas manifeste
aux yeux du public.

Il est arrivé plus d'une fois que le législateur, égaré,
a frappé d'une sanction pénale un acte licite, même
l'accomplissement d'un devoir.

Dans le premier cas, il n'y a point d'imputabilité légale. C'est une question de législation pratique que de savoir si le pouvoir social d'un pays donné, a agi sagement en n'inscrivant pas dans le catalogue des délits tel ou tel fait.

Pour le second cas, nous l'avons déjà dit, le législateur a l'obligation de ne négliger aucun moyen d'éclairer l'opinion publique sur la nature immorale et malfaisante de l'acte défendu.

Le troisième cas, c'est la lutte de la loi positive avec la justice. Il y a dans celui qui enfreint la loi, imputabilité politique ; y a-t-il imputabilité morale?

Il faut, ce nous semble, distinguer entre la loi pénale qui défend à tort une action agréable, et celle qui défend l'accomplissement ou qui prescrit la violation d'un devoir.

Dans le premier cas, il y aurait imputabilité morale, résultant non du fait considéré en soi, mais de l'atteinte que toute infraction de la loi apporte à l'ordre public qu'on a le devoir de respecter.

Dans le second, il n'y aurait point d'imputabilité morale. L'homme placé entre deux devoirs est tenu d'obéir à celui-là qui est le plus impérieux pour sa conscience. Comment lui imputer ce choix, surtout lorsque c'est par la faute d'autrui qu'il se trouve dans cette pénible nécessité ? Y avait-il imputabilité morale à la charge des généraux français qui ne faisaient pas fusiller les émigrés surpris par leurs troupes en pays étrangers? Ils croyaient remplir un devoir sacré, et toutes les consciences non égarées répondaient à leur noble pensée.

S'il s'agit seulement d'une loi qui gêne inutilement, injustement notre activité individuelle, il faut
s'y soumettre en attendant que par des moyens légitimes on la fasse abroger.

Mais honneur à celui qui sait braver les dangers
d'une poursuite, les souffrances d'une punition légale, pour ne pas obéir à une loi qui lui commande-
rait de violer un devoir !

Cependant, qu'on le remarque, ces divergences
entre l'imputabilité morale et l'imputabilité politique
ne sont qu'apparentes. La différence n'est pas dans
la moralité de l'agent, mais dans celle de l'acte. Dans
tous les cas, l'agent doit avoir la conscience de ce
qu'il fait; son acte doit être le résultat de son intelligence et de sa liberté.

Est-ce à dire pour cela qu'un acte illicite fait avec
le concours de l'intelligence et de la liberté de l'a-
gent, soit toujours également criminel, également
punissable? La culpabilité n'est-elle pas susceptible
de plus et de moins ? Et d'abord quel est le principe
d'après lequel l'imputabilité se modifiant dans l'un
ou dans l'autre de ses éléments, la culpabilité de
l'agent s'élève ou s'affaiblit, et peut même disparaître
entièrement, du moins aux yeux de la justice humaine ?

Ces questions formeront le sujet des chapitres suivants. Nous chercherons d'abord le principe qui mo-
difie la moralité de l'agent; nous essayerons ensuite
de le suivre dans ses diverses applications.

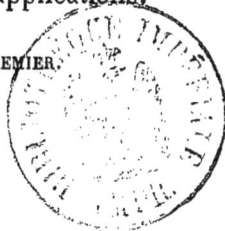

FIN DU TOME PREMIER.

TABLE DES MATIÈRES

CONTENUES DANS LE TOME PREMIER.

———————

LIVRE SECOND.

DU DÉLIT.

FIN DE LA TABLE DU TOME PREMIER.

Saint-Denis. — Typographie de A. MOULIN

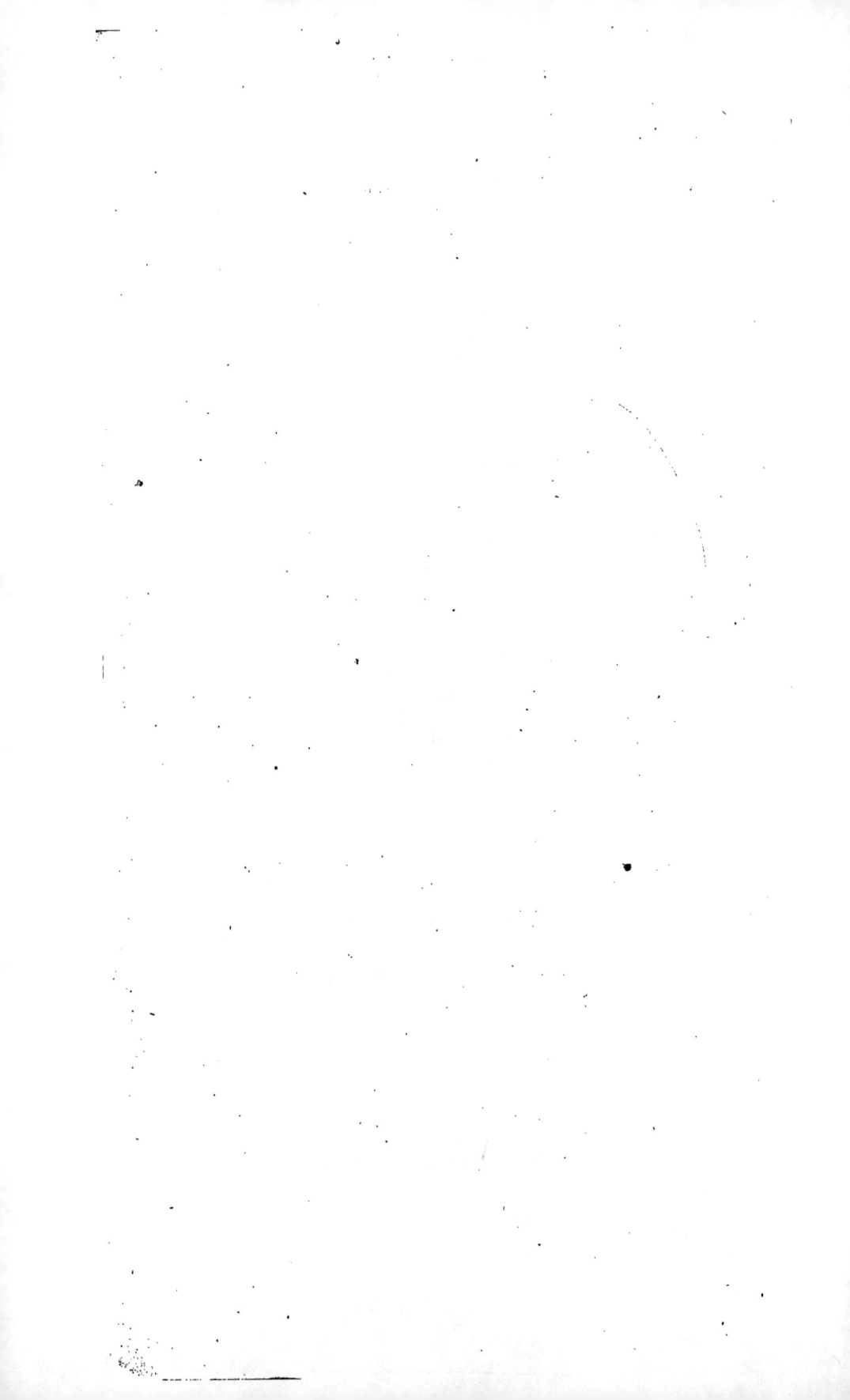

www.ingramcontent.com/pod-product-compliance
Lightning Source LLC
Chambersburg PA
CBHW031626210326

41599CB00021B/3312